档案信息资源开发与管理研究

龚 舒 贾宝柱 秦 婧 著

吉林科学技术出版社

图书在版编目（CIP）数据

档案信息资源开发与管理研究 / 龚舒，贾宝柱，秦婧著． -- 长春：吉林科学技术出版社，2023.3
ISBN 978-7-5744-0312-3

Ⅰ．①档… Ⅱ．①龚… ②贾… ③秦… Ⅲ．①档案利用－研究②档案管理－研究 Ⅳ．①G273.5②G271

中国国家版本馆 CIP 数据核字（2023）第 066125 号

档案信息资源开发与管理研究

著	龚 舒 贾宝柱 秦 婧
出 版 人	宛 霞
责任编辑	高千卉
封面设计	南昌德昭文化传媒有限公司
制 版	南昌德昭文化传媒有限公司
幅面尺寸	185mm×260mm
开 本	16
字 数	330 千字
印 张	15.125
印 数	1-1500 册
版 次	2023 年 3 月第 1 版
印 次	2024 年 1 月第 1 次印刷

出 版	吉林科学技术出版社
发 行	吉林科学技术出版社
地 址	长春市南关区福祉大路 5788 号出版大厦 A 座
邮 编	130118
发行部电话/传真	0431—81629529　81629530　81629531
	81629532　81629533　81629534
储运部电话	0431-86059116
编辑部电话	0431-81629510
印 刷	廊坊市印艺阁数字科技有限公司

书 号	ISBN 978-7-5744-0312-3
定 价	85.00 元

版权所有　翻印必究　举报电话：0431—81629508

《档案信息资源开发与管理研究》编审会

龚　舒　贾宝柱　秦　婧　梁　霞

谢　晖　夏　伟　闫林晓　张雁红

许　婷　梁　珍　周　刚　王建忠

张　浩　张婉双　武秀凤　何世旺

前言

　　档案记录着人们在各项社会活动中的重要信息，是非常重要的信息资源。长期以来，档案信息主要记录在纸质材料上，但纸质材料不易保存，存在很大的损毁风险，且查询不便，利用起来效果不佳。随着科技与信息技术的飞速发展，信息资源已经实现了数字化存储。尤其是在信息时代，档案由纸质信息转化为数字信息已成为档案管理的重要工作内容。相较于纸质存储信息，数字化信息无论是在查询读取上还是在保存上都有着不可比拟的优势。

　　"互联网+"时代的到来为档案管理这一活动提供了十分强大的技术支持与光明的发展前景，但同时也对档案信息资源开发与管理工作提出了更高的标准和要求。在政府努力推进档案管理的信息化进程中，档案管理工作正面临着新的机遇与挑战。

　　本书是一本关于档案信息资源开发与管理方面研究的著作。全书首先对档案资源开发与信息组织的概念进行简要概述，介绍了档案资源开发、档案数字化、档案信息组织技术等；然后对档案信息资源开发的相关问题进行梳理和分析，包括档案资源的收集、鉴定、保管及信息化管理与开发等；之后在档案信息资源管理方面进行探讨，内容涵盖了基于业务规则的档案信息资源管理、数字档案信息资源安全管理及专门档案管理的工作实践。本书论述严谨，结构合理，条理清晰，其能为当前的档案信息资源开发与管理相关理论的深入研究提供借鉴。

　　本书参考了大量的相关文献资料，借鉴、引用了诸多专家、学者和教师的研究成果，并得到很多专家学者的支持和帮助，在此深表谢意。由于能力有限，时间仓促，虽极力丰富本书内容，力求著作的完美无瑕，虽经多次修改，仍难免有不妥与遗漏之处，恳请专家和读者指正。

目 录 CONTENTS

第一章 档案资源开发与信息组织 　　1
　　第一节　档案资源开发 ……………………………………………… 1
　　第二节　档案数字化 ………………………………………………… 11
　　第三节　信息组织技术 ……………………………………………… 17

第二章 档案资源的收集 　　21
　　第一节　档案收集工作概述 ………………………………………… 21
　　第二节　档案馆（室）藏建设 ……………………………………… 26
　　第三节　档案室的收集工作 ………………………………………… 36
　　第四节　档案馆的收集工作 ………………………………………… 43

第三章 档案资源的鉴定与保管 　　53
　　第一节　档案鉴定与保管工作的内涵 ……………………………… 53
　　第二节　档案鉴定工作的制度和组织 ……………………………… 63
　　第三节　档案保管期限表 …………………………………………… 66
　　第四节　档案的库房管理 …………………………………………… 71

第四章 档案资源的信息化管理及开发 　　82
　　第一节　档案信息化管理 …………………………………………… 82
　　第二节　互联网时代的档案信息化开发 …………………………… 105

第五章 基于业务规则的档案信息资源管理 　　119
　　第一节　档案业务规则管理概述 …………………………………… 119
　　第二节　基于业务规则的档案信息资源规划 ……………………… 130
　　第三节　档案业务规则管理系统的功能与结构 …………………… 141

第六章 数字档案信息资源安全管理策略 　　148
　　第一节　建立数字档案信息安全法律保障体系 …………………… 148
　　第二节　完善数字档案信息资源安全管理制度 …………………… 155
　　第三节　加强数字档案信息资源建设 ……………………………… 163

第四节　强化数字档案信息资源安全保护 …………………… 173
　　第五节　其他数字档案信息资源安全管理策略 ………………… 183

第七章　专门档案管理工作实践　　　　　　　　　　　　195
　　第一节　专门档案的内涵 ………………………………………… 195
　　第二节　会计档案的管理工作 …………………………………… 200
　　第三节　人事档案的管理工作 …………………………………… 211
　　第四节　科技档案的管理工作 …………………………………… 224

参考文献　　　　　　　　　　　　　　　　　　　　　　233

第一章 档案资源开发与信息组织

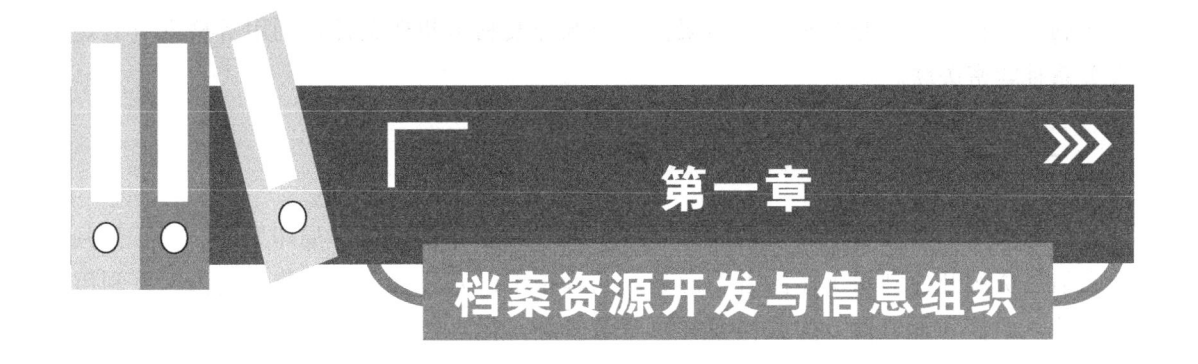

第一节 档案资源开发

档案的资源效应只有在人们的利用过程中才能得以表现,只有在开发利用并服务于社会的实践中才能得以实现。开发档案资源是发掘档案文化内涵,提升档案服务品质,加快档案文化传播,实现档案现实价值的有效途径。

一、基本含义

开发档案资源,适应社会发展进程,服务社会现实需要,是档案机构的重要目标和根本任务。档案资源开发通过档案资源的采集、加工、存储和传递实现档案价值增值,将档案信息由静态信息转化为动态信息、从信息片段转化为信息集合、从实体资源转化为智慧资源,从而最终达到全面挖掘档案潜在信息、有效满足档案利用需要的发展目标。档案资源开发的根本目的在于,按照"广、快、精、准"的基本准则,深入发掘档案资源中蕴藏的有利用价值的档案信息,寻找和获取更为集中系统或有特定价值的知识和智慧,有效提供给社会各领域的具有特定需求的档案用户,从而实现档案资源和档案用户的需求对接、资源关联和服务匹配。

在档案资源开发中,必须充分运用科学合理的技术和方法,实现"五个促进",即促进档案资源价值实现,促进档案机构融入社会,促进档案管理转型升级,促进社会体系科学构建,促进社会事业持续发展。因此,档案资源开发是指为了满足不同的档案需求,对各种载体和形式的档案或档案集合、进行加工处理,以形成各种档案产品或服务的过程。就基本含义而言,通常把档案资源开发看成是档案文化开发、档案文化资源开发、档案信息资源开发、档案开发等概念的同义词或近义词,与档案资源开发利用、档案文化开发利用、档案信息资源开发利用和档案开发利用等概念具有递进关系且紧密关联。

二、主要原则

作为指导档案资源开发的纲领性文件，21世纪初，国家档案局印发的《关于加强档案信息资源开发利用工作的若干意见》明确指出：充分认识档案信息资源开发利用工作的重要性和紧迫性，加强档案信息资源管理，促进档案信息资源利用，深化档案信息资源开发。其中，专门提出："重视档案信息增值服务工作。加大对档案信息内容的研究和开发力度，把档案信息内容转变为档案信息知识。一方面充分利用各级档案部门现有的编研人才，一方面积极支持社会力量对已公布档案信息内容进行研究和开发，努力提高档案信息资源开发利用的深度"。这就充分强调了档案资源深度开发的重要性，强调了档案资源合作开发的必要性。

就社会总体而言，档案资源数量巨大，内容丰富。在档案资源开发中，需要准确地把握档案资源开发的原则，在正确预测和准确把握档案资源利用需求的基础上，有针对性的开发利用档案资源。关于档案开发利用的原则，不同的学者形成了不同的观点，例如，有学者提出档案信息资源开发利用的"六原则"，即需求性原则、效益性原则、便利性原则、合法性原则、规则性原则、安全性原则。因此，要不断提升档案资源开发的能力和水平，必须根据统筹协调、需求导向、创新开放、确保安全的总体要求，遵循科学的开发原则。

（一）主动开发

今天，建设文化强国和档案强国，促进社会主义文化大发展大繁荣需要档案资源开发，国家和社会发展为档案资源开发提供了难得的历史机遇，档案资源开发在建设文化强国和档案强国中大有可为。因此，档案资源开发首先应坚持主动开发的原则。长期以来，档案机构和档案工作者更多地以档案收藏者和保管者的形象出现，档案机构和档案工作者积极主动的心态相对比较缺乏。只有主动地开发、利用和共享档案资源，才是档案资源真正走出馆舍、走进社会、走近群众的唯一途径。

要实现档案资源的价值和使命，必须变被动为主动，积极开发档案资源，一是激发档案机构和档案工作者的主观能动性。要深刻领悟档案资源的文化属性和档案工作的文化真谛，明确档案文化建设在社会文化大繁荣大发展的重要地位，积极投身档案文化建设，主动开发档案资源，在实现档案资源价值的同时实现档案机构和档案工作者的自我价值。二是主动创新档案资源开发的手段和途径。要发挥档案资源重要的社会价值，主动把握档案资源的现实状态，主动了解社会利用者的新需求，主动开发档案产品和服务新形式，主动开辟档案传播新渠道，将档案产品和服务推向社会，将档案资源有效地融入社会发展之中。

(二) 技术驱动

档案资源开发具有深刻的技术背景。在数字时代，各种技术的演化和发展成为档案管理重要而关键的发展动因。信息技术的不断进步不仅有力地推动着档案事业发展观念的进步、方法的变革和效益的提高，而且改变了档案资源开发的基础。现代信息技术具有强大的信息传输能力和先进的信息处理能力，拥有个人移动性和不受限制的通信方式，形成了基于智能化技术的新型信息服务形式。档案资源开发必须高度重视现代信息技术的发展并有效地应用于开发实践之中。

正是在信息技术背景下，技术驱动的档案资源开发有更强大的技术支撑和更广阔的服务空间。传统档案资源开发更多集中于档案的基本编研产品和提供直接的到馆咨询与提供利用服务等。随着科学技术，尤其是网络技术的发展，基于网络的新型档案产品和服务不断出现。精彩纷呈的网络展览和快捷方便的数字化档案服务成为档案服务的重要形式，异地档案信息服务更依赖于信息技术的发展尤其是高速的信息网络和有效的信息沟通。同时，技术驱动的档案资源开发有更高效的开发效率和更优质的开发质量。在传统的档案资源开发中，原始信息获取困难，特别是一些跨机构档案资源开发工作受到极大的限制。随着技术的发展，网络信息共享使得档案资源开发者可以便捷地通过网络查档服务获取档案资源和相关资源，进一步提高工作效率。现代信息技术使档案产品和服务空间得以拓展，档案网站成为重要的档案管理平台，博客、微博、微信等社交媒体的应用使档案传播渠道更加丰富多彩。

(三) 需求导向

档案资源开发必须始终坚持以人为本，以社会利用者为中心。任何档案资源开发都是与特定的社会利用者联结在一起的。档案资源开发主要是满足人们的精神需要，服务于社会的档案需求。档案资源开发过程本身就是不断满足社会利用者的精神和文化需求的过程。同时，档案资源开发的效果、效率最终都要由社会利用者来给予评价，必须从满足社会利用者的精神和文化需求的数量和质量来给予评价。传统的档案资源开发以馆藏资源为本位，有什么样的馆藏就开发什么样的档案产品，缺乏对于用户需求的考量，一定程度上造成了不同档案机构档案产品和服务的同质化。表面上各种编研产品、展览、出版物等形式丰富，但是却缺乏实际的用户基础，没有真正发挥档案资源开发应有的作用。

需求导向的档案资源开发就是要改变这种状况，充分研究社会大众的精神和文化需求，结合档案机构自身的资源优势，做好整体的规划，避免重复开发，降低同质化程度，真正提高档案资源的有效利用率。需求导向的档案资源开发，首先要求有效了解社会利用者的精神和文化需求的影响因素，掌握其需求的规律特征。社会利用者的需求受到个人因素、心理状态、行为特征等影响。其中，个人因素主要是指个人职业、个人经历、工作性质、文化水平、兴趣爱好等个人所特有的因素；心理状态包括求快心理、求准心理、求新心理、求近心理、求知心理等；行为特征主要是指在档案资源利用过程中的行为表现。美国哈佛大学教授齐夫的"最小努力原则"或称"最省力原则"认为，每一个人在日常生活中都必定要在他所处的环境里进行一定程度的运动，也就是在某种道路上行走。无论哪一种运动和哪一种道路，人们在这个过程中都有意无意地按照某一个基本原则来进行，即从多方面加以考虑并结合主客观条件，选择一条符合自己条件和要求的道路，使得自己付出最小努力而获得最大报偿。社会利用者的精神和文化需求及其档案利用行为同样期望并遵循"最小努力原则"。真正在档案资源开发中，遵循需求导向原则，就要把握社会利用者精神和文化需求的影响因素、规律性特征，有针对性地开发档案产品和服务，做到精准开发、精准"营销"，提高档案资源开发的效果和效率。在某种意义上，社会利用者也是档案资源开发的参与力量。不仅要利用者档案利用水平及其对档案产品和服务的满意度作为衡量档案资源开发水平的重要指标，而且要让社会利用者直接参与档案资源开发，提升档案资源开发中的用户互动性。

（四）特色发展

一种文化有没有强大的生命力，主要看其是否具有鲜明的特色。从国家层面来看，越是民族的就越是世界的。从区域层面来看，越是具有浓郁地域特色的就越有吸引力。从行业层面来看，越能凸显行业特色的就越不可替代。档案馆藏和档案资源的旺盛而持久的生命力在于特色。在档案资源开发中，必须以具有鲜明特色的档案产品和服务引导社会档案需求，提升档案资源开发的社会竞争力。

特色是指事物所表现的独特色彩和风格。特色档案产品和服务是对档案管理中服务特性的描述，是具有独特魅力的产品和服务，是在长期的档案资源开发实践中，结合档案部门本身的资源优势和社会需求的基础上，有目的地形成和提供的与众不同的产品和服务。具体来说，特色档案产品和服务主要包括特色内容、特色方式、特色对象等。其中，特色内容就是从资源特色的角度开发档案文化资源，包括地方特色、专业特色、档案载体特色等。特色方式是在传统的社会利用者的到馆利用资源的服务基础上，开展的多层次、多类型、全方位的服务方式。特色对象就是细分社会利用者，根据其群体或个体的特色提供相应的档案产品和服务。

三、基本方法

作为档案服务和档案利用的高级形式,档案资源开发建立在以传递档案信息为主要目的的基于档案实体的档案资源服务之上,是以发掘档案信息内涵为主要目的的基于档案内容的档案资源开发。其中,基于档案实体的档案、资源服务主要是通过档案查阅服务、档案复制服务、档案证明服务、档案咨询服务等方式,更多地以被动方式满足社会的档案信息需求,档案利用者一般需要到馆才能获得档案信息服务。基于档案内容的档案资源开发是要充分挖掘和发现蕴藏于档案资源中的信息内涵,通过一次文献、二次文献和三次文献共同构成的档案文献体系,主动以优质的档案产品和档案服务,切实服务于现实社会的发展,满足社会和广大群众的档案信息需求。

(一) 档案编研

档案编研工作是根据社会的需要,依据一定的原则、方法和步骤要求对档案内容进行选编和研究,为社会提供档案信息资源服务的一项专业性工作。档案编研是解决档案管理与利用矛盾的重要手段,是服务文化大发展大繁荣的时代要求,是提高档案文化建设水平的根本途径。档案编研工作的成果类型正在不断丰富化,尤其是随着网络技术和现代信息技术的发展,出现了许多新的形式并在不断固化之中。档案编研主要成果有:

1. 历史档案汇编

历史档案指形成时间较早,离当前时间较为久远,主要起印证历史、丰富历史文化作用的档案。历史档案是相对现行档案而言的,通常指中华人民共和国成立以前的档案。汇编历史档案,关键要突出地方特色、馆藏特色把握选题的角度。通常,可以从反映重要历史人物、主要历史事件、重要历史机构、重要历史会议、重要文种、本地区某方面内容、特定问题、特定历史时期、特定家族等不同角度进行选题。

2. 现行文件汇编

现行文件汇编收录的是正在发生效力的现行文件,是现行文件汇集的统称。随着各地现行文件服务中心的建设,社会对现行文件信息的需求在不断增长,客观上要求现行文件服务紧贴中心工作,贴近社会需求,有效满足社会各阶层、各领域、各方面对现行文件信息的多样化需求。开展现行文件编研服务,是主动为社会提供系统的现行文件信息服务的一种重要方式。现行文件汇编的常见类型有学习文件汇编、政策法令汇编、重要文件汇编、会议文件汇编、重要发文汇编等。

3. 科技档案资料汇编

汇编科技档案资料,是从分析用户类型及其需求特点的角度去选择编纂题目的,通常可以从科研人员、工程技术人员、管理人员、各级领导和广大群众的不同需求角度去选题。

4. 档案利用效果典型实例汇编

档案利用效果典型实例汇编，是把档案信息利用效果中产生了良好社会效益或经济效益的具有典型性的真实事例收集起来，按编研工作的程序和方法汇集成的一种特殊参考资料。这既是档案机构向社会提供有效服务的真实记录，也是对档案价值和档案文化的宣传。

5. 大事记

大事记是一种以时为经、以事为纬，严格按照时间顺序来系统、简明地记述和反映特定组织机构在一定历史时期内发生的大事、要事的史料型参考材料。

6. 组织沿革

组织沿革是系统记述和反映一个组织的机构设置（包括内部机构）、职能、人员编制、体制变革等若干方面历史情况的史料型档案参考资料。

7. 基础数字汇编

基础数字汇编是以数字的形式反映某一单位、某一地区、某一专业系统全面情况或某一方面基本情况的一种档案参考材料，又称统计数字汇编。编写基础数字汇编是对分散在档案中的各种数字的统计汇总，便于了解情况、研究问题、总结经验、制定计划、决策参考，也可以为举办展览、宣传教育提供典型材料。

8. 文摘型档案编研成果

文摘型档案编研成果，是以内容摘要的形式揭示档案信息的简介类研究成果，不需要增加评论、补充、解释，属于档案信息的二次加工成果。文摘型档案编研成果的常见种类有档案资料文摘、重要会议简介、产品简介、工程简介、设备简介、成果简介等。

9. 手册

手册是以档案材料的内容信息为依据，简明扼要地记述或罗列有关专业知识、基础数据、计算公式、基本方法、措施、工作规范或流程等内容的资料性、知识性的工具书。

10. 年鉴

年鉴是以记述机关单位、社会组织一年内的新情况为主要内容的历史性、资料性工具书。如果把机关单位或社会组织若干年的年鉴依序排列起来，实际就成了编年体史册。按内容范围划分，年鉴可分为综合性年鉴和专业性年鉴两种。

11. 史志

常见的史志编写有两类，一是地方志，二是单位志。地方志是全面、客观、系统地记述本行政区域内自然、政治、经济、文化和社会的历史与现状的资料性文献,是地方性百科全书,是一种以档案为主的编研记载材料,属于提取档案信息生成的三次加工编研成果。单位志的编写可从创立时间开始,记述各时段的基本情况,主要包括单位上下级隶属关系及其变化、单位人数的变化、领导人的更替、内设机构及其负责人的变化;各个时段的工作任务;曾经取得的经济效益、社会效益、工作业绩;曾经获得的荣誉和奖项,以及单位组织或参与的重大活动、领导视察等重要事项。

(二) 档案展览

档案展览是为了配合特定的目标和任务,按照一定的主题和范围,系统地揭示和反映档案机构所保存档案的具体内容和文化影响的一种档案提供利用方式和档案宣传工作方式。档案展览以馆藏档案资源为基础,以档案文化发掘为目的,以服务和支撑社会发展现实为落脚点。档案展览面向广泛的社会大众,展现档案魅力,服务发展现实,实现文化传承,具有十分重要的作用。

1. 根据陈列时间区分

在陈列时间上,档案展览可以是长期的,也可以是短期的。在展览规模上,档案展览可以是大型的,也可以是小型的。具体选用哪些形式,则要根据实际情况,尤其是展览的不同目的、对象、特点来确定。根据陈列时间,档案展览一般可以划分为长期展览和临时展览两种类型。

(1) 长期展览

长期展览又称为主题展览,是档案机构以自有的专门展览空间,选择馆藏档案资源中的精品,在较长时期内面向社会大众开放的展览。在开办后,长期展览的主题、内容和结构一般不再做大的调整,可根据参观者的反馈意见进行适当的修订和完善。长期展览的主题主要围绕国家、地区、城市和特定范围内经济、社会、文化、科技等多个方面,或者特定方面,面向社会开展档案文化传播和宣传教育活动。

(2) 临时展览

临时展览又称为专题展览,是长期展览的拓展和变化形式,是档案机构根据特定时期的特定工作需要,结合社会需求,利用重大纪念日、节日和庆祝日,或者配合重大活动按照一定的专题举办的档案展览。根据需要,临时展览可以根据其效果,或者撤展,或者成为长期展览。

2. 根据陈列方式区分

在档案展览中,展览形式的多样化成为一大趋势。按照陈列方式,档案展览一般可以划分为固定展览、巡回展览和网络展览三种类型。

(1) 固定展览

即传统的实地展览，一般在档案机构内利用专门的场地举办。这是档案展览最为常见的一种形式。

(2) 巡回展览

为了方便社会公众参观展览而在多个地方轮流举办的档案展览，一般选择在公园、闹市区等人流量较大的场所，或者在与展览内容有直接关联的社区、学校和机构展出，不受场地的特别限制，可以更有效地开展档案专题教育活动。

(3) 网络展览

随着网络时代的到来，网络展览以其形式独特、受众面大、影响广泛、参观方便、浏览生动等特点深受社会大众的普遍欢迎。和传统形式的档案展览相比，网络展览可以节省大量的人力、物力、财力，同时参观也不受任何时间的限制。网络展览可以与实地展览等同时举办，越来越成为档案展览的主流方式之一。

（三）档案文献专题片

根据国家广播电影电视总局《关于制作播出理论、文献电视专题片的暂行规定的实施办法》：文献专题片是指宣传反映党和国家重大历史事件以及党和国家领导人生平业绩的电视专题片、电影纪录片。档案文献专题片是以档案为基础拍摄的有关特定历史事件和历史人物，利用电视和网络等多种方式传播的文献专题片。一般而言，文献专题片的主要依据就是档案，因此，在某种意义上，文献专题片就是档案文献专题片。

同时，档案文献专题片不局限于电视专题片，其传播途径更加多元，网络传播甚至比广播电视等具有更好的传播效率。档案文献专题片是以档案资源为基础、档案文化传播为目的、多种媒体技术为手段的文献专题片，在档案文化建设中具有突出的作用，是档案文化建设的新型成果，是档案事业发展的重要体现，是档案文化传播的更好途径。

（四）档案文化礼品

档案文化礼品是具有特定或多项档案文化元素，以档案文化创作、创造、创新为手段，以档案文化内容和创意成果为核心，在档案资源开发中设计、制作和生产的文化礼品。档案文化礼品是文化创意的一个分支。开发档案文化礼品对于扩大档案文化的社会影响力，提高档案机构的社会知名度尤其重要。开发档案文化产品可以实现档案资源的深度开发，促进档案资源与其他文化资源的有效配置，探索档案文化产业化发展的途径和手段。从社会意义上看，开发档案文化产品可以丰富文化礼品种类，带动文化市场的结构完善和整体规模，从而进一步推动社会创意产业的发展。

1. 档案精品读物

以档案编研为基础，编写档案精品读物是档案文化礼品开发最基本的方式。把档案精品读物作为档案文化礼品，在本质上是对档案编研的更高要求，是档案编研精品意识和品牌意识的最终体现。档案精品读物不仅具有阅读价值，而且具有收藏价值。

2. 档案仿真复制

为保持档案原貌特征不变，又不影响对档案的使用，档案仿真复制是最为有效的手段。档案仿真复制是运用现代数字技术、印刷技术等科技手段将档案原件转化为数字文件，再经过相关应用软件处理和后续工作得到档案仿真复制件。目前，可以采用高保真、高精度的数字扫描设备和技术，对档案色彩的数字色空间进行转换和计算，做到对档案的真迹、墨韵、着色等的复制再现，制作出高保真的仿真复制品。传统上的档案仿真复制，主要针对纸质档案而言。随着近年来科技领方兴未艾的一门新兴复制技术——3D 技术的发展和推广，实物档案同样可以仿真复制。

3. 档案衍生用品

随着档案机构不断开放，到档案机构利用档案的社会大众不断增长，提供必要的档案文化礼品是推广档案文化的重要途径。除了档案精品读物和档案仿真复制之外，可以有意识地主动开发档案衍生礼品，例如具有档案文化元素的各类装饰服饰（摆件、衣帽、服装、别针等）、生活用品（随身挂件、手机触摸笔、明信片、老照片等）、办公用品（书签、便签、笔记本、笔筒、鼠标垫、文件夹等）等。所谓档案文化元素，一是在档案衍生用品上展现档案资源的具体内容文字、符号、图像和器物等。例如，可以制作不同主题的档案文化书签，展现档案资源的丰富性和教育性。二是以实物档案为原型设计制作具有使用价值的衍生用品，例如，以档案机构收藏的圆形器物生产具有纪念意义的笔筒等。

（五）其他

在档案资源开发中，充分运用各种文化形式，特别是要善于运用覆盖面广、受众多、当下流行的文化形式，给档案文化插上飞翔的翅膀，让档案文化产品既可登大雅之堂，又可进群居之巷，既可上领导案头，又可上百姓床头，成为雅俗共赏的文化精品，更多、更好、更快、更精地为社会文化建设奉献档案产品和档案服务。

1. 档案文化专栏

在档案资源开发中，与新闻媒体合作越来越成为档案机构扩大档案文化传播途径的重要选择。通过档案文化专栏，可以在充分展示档案文化唯一性、稀缺性及神秘性的巨大诱惑力的同时，为档案文化建设的突破提供了全新的思路。

2. 档案文化讲坛

近年来，档案机构依托馆藏档案，结合社会热点、大众民生，举办各类讲坛和讲座，开展中华优秀传统文化、社会主义核心价值观教育。档案文化讲坛一般形式比较灵活、主题丰富多彩。在高等学校，档案文化讲坛主要结合学校校史教育在新生中开展，成绩尤为突出。

3. 档案文化活动

档案机构独立和联合举办与档案有关的各种文化活动是打开通向社会大门的钥匙，是进一步打造成为社会文化中心的有效手段。近年来，以每年6月9日国际档案日为契机，全国各级各类档案机构围绕特定主题，集中开展了一系列丰富多样的档案文化活动。除此之外，许多档案机构还专门设立开放日，吸引社会大众对档案文化建设的关注和重视。

4. 档案新媒体

运用新媒体开展档案资源开发和档案文化传播，微博和微信等社交媒体基于信息组织技术的档案资源开发
是最主要的方式。同时，关于智能手机App应用等也开始在探索中。各类新媒体的整合成为档案资源开发的新趋势。

5. 数字人文应用

作为应用现代信息技术解决人文领域科学问题的过程中逐步发展起来的新兴研究领域，"数字人文（Digital humanities）"起源于"人文计算（Humanities computing）"，是指围绕人文社会科学的特定研究对象，运用现代信息技术处理和分析相关数字资源，面向主题、关注本体、基于数字仓储、跨学科整合、多机构协同、持续性开发的信息采集、加工、组织、服务、研究、教育活动。

目前，数字人文正广泛地应用于图书馆、档案馆和博物馆等领域。全球已经有数百所大学和科研机构成立了数字人文领域的研究和服务机构，每年开展的数字人文项目达数千项，其中有相当多的项目与档案或历史记忆主题相关。数字人文理论和技术的发展，为图书、情报、档案和文博事业的协同发展和创新发展，为档案资源开发提供了新的技术，开辟了新的天地。

第二节 档案数字化

为适应档案管理服务环境的新变化和新挑战，随着计算机技术、数据库技术、多媒体技术、存储技术的发展，档案数字化已经成为档案管理服务的新热点和新趋势，是不断提高档案管理服务水平、有效提升档案管理服务效率、切实增强档案管理服务实力的根本途径，是档案信息化建设和现代化建设的重要内容。

一、基本含义

在全国数字档案馆（室）建设推进会上，国家档案局明确提出我国数字档案馆（室）建设的目标是：用15年左右的时间，建成以数字资源为基础、安全管理为保障、远程利用为目标的数字档案馆（室）体系，使各级各类档案馆（室）能够实现对电子文件的归档和管理并按规定及时移交；县以上各级国家档案馆基本建成数字档案馆，能够接收和保管各进馆单位归档的电子档案，对馆藏传统载体档案全部数字化，实现馆藏档案的数字化利用、馆藏开放档案的互联网利用以及馆藏电子档案的安全保存和长期可利用；县直机关以上档案室传统载体档案基本数字化并实现数字化利用。根据这一发展目标，档案数字化建设必须提上重要的议事日程。

（一）基本含义

档案数字化是指利用计算机技术、扫描技术、数字成像技术、数据库技术、多媒体技术、存储技术等技术手段，将非数字化档案资源转化为数字档案资源的过程。数字档案资源以数字化形式存储，以网络化方式联结，利用计算机系统进行管理，形成结构有序、多元检索的档案信息资源库，及时、有效地提供档案资源综合利用，实现档案信息资源的全面共享和深度开发，是档案信息化建设的重要内容。

档案数字化运用现代信息技术将各种载体的档案资源转化为数字档案，实现档案资源的数字化存储、网络化利用和现代化管理。档案资源建设是档案资源开发的基础，档案信息化建设的核心是建设现代化的档案资源体系、档案利用体系和档案安全体系。从档案管理服务的整体来看，档案数字化是档案管理服务即档案资源体系、档案利用体系和档案安全体系建设的全面数字化。

广义的档案数字化则是指利用计算机信息技术、扫描技术、数字摄影技术、数据库存储技术等手段，将多种载体的档案转化为数字化档案信息，并且通过计算机网络系统将数字化的档案资源以网络结构联结，以扩大和深入开展档案资源开发为目的，建立一个可以实现资源共享的数字档案资源平台，向社会提供多种档案产品和服务。

就档案资源建设的主要内容而言，狭义的档案数字化是指将不同载体形态和记录方式的档案信息通过扫描、拍摄等形式转化为数字化档案信息的过程，主要包括增量电子化和存量数字化两个方面的内容。所谓增量电子化，就是要按照《电子文件归档与管理规范》等技术规范和技术标准的要求，全面开展原生电子文件的归档、接收工作。所谓存量数字化，就是要大力推进传统载体档案数字化，即非数字形态的各种档案资源的数字化。

作为档案信息化建设的重要内容，档案数字化是以保护数字化档案母体存在和利用为目的一种档案保护和利用手段。档案数字化工作促进了档案管理和利用模式的转变，档案数字化不仅可以更便捷全面地提供档案服务，更可以有效地保护档案原件，确保档案实体安全，应该大力推进，以提升档案管理工作的水平。随着各级各类档案机构的档案数字化实践的不断推进，档案数字化成为档案安全保密体系建设的重要内容。在档案数字化中，建设方式更加规范、管理流程更加优化、成品质量更加精细，尤其是数字化加工方式逐步由档案部门自主加工为主开始转变为社会化服务为主。

（二）基础结构

21世纪初，日内瓦信息社会世界高峰会议第一阶段会议总结出信息社会应达到的10个国际标准。这些标准是：连接所有村庄，并建立社区接入点；连接所有大学、学院、中学和小学；连接所有科研中心；连接所有公共图书馆、文化中心、博物馆、邮局和档案馆；连接所有医疗中心和医院；连接所有地方和中央政府部门，并建立网站和电子邮件地址；根据国情，调整所有中小学课程，以应对信息社会的挑战；确保世界上所有的人都能得到电视和广播服务；鼓励内容开发并创造技术条件，使世界上所有语言均能在因特网上得到体现和使用；确保世界一半以上的居民在可及范围内获得信息通信技术。当今社会已经进入信息社会和数字时代，档案资源成为社会资源的重要组成，档案机构成为社会信息结构的重要节点。

档案资源开发由档案基础结构、档案信息资源、档案信息服务和档案信息系统三个部分构成。三者相互联系，互相融合。其中，档案信息系统（依托社会信息基础结构的档案信息系统）是档案资源开发的支撑和保障，档案信息资源（兼容增量信息和存量信息的数字档案资源）是档案资源开发的前提和基础，档案信息服务（尤其是基于互联网+的档案产品和服务应用）是档案资源开发的目的和宗旨。

档案机构作为信息社会的重要节点，不仅是信息服务的中介者，而且是信息服务的提供者。因此，必须以构建档案信息基础结构为手段，以数字档案资源为基础，全面开发档案资源，才能最大限度地发挥档案应有的价值。在某种意义上，档案机构配备计算机等设施设备，构建信息网络，只是营造了档案信息服务的"高速公路"。这些"高速公路"能否真正发挥效能，取决于有无充足的"货物"——基于数字档案资源的档案产品和服务。档案资源数字化，旨在为档案产品和服务贮备充足的档案数据和服务基础。

二、主要作用

长期以来，大多数档案机构保存的档案信息形态主要以纸质、缩微胶片和底片等载体形式存在，更多地适应于传统的手工管理和单向传播的服务方式。即便是经过档案编研等形成的档案产品和服务，往往是从点到面的传播，其覆盖范围相对较小，难以真正实现档案社会化，更无法充分实现档案信息资源的价值和效用，完全不能适应当代"数字化生存"的新环境。当前，档案开发利用的社会化程度相对较低，档案资源的经济社会价值难以充分实现，档案数字化是档案管理服务工作的重大变革，对档案事业的科学发展发挥着积极的推动作用。

（一）档案管理服务变革的重要基础

现代信息技术的发展为档案管理服务提供技术保障，数字化服务方式将成为档案管理服务的主要途径。提高档案资源利用效率，实现档案资源开放共享，增强档案资源服务能力，必须以数字档案资源为基础，档案数字化是档案管理服务现代化不可或缺的重要保障。在完善功能、丰富馆藏和适应需求的前提下，最大限度地利用档案资源，必须建设数字档案馆。档案数字化是传统档案馆走向数字档案馆的必经之路。因为，不管未来的数字档案馆的具体组成结构、组织管理模式如何发生变化，其"馆藏"的数字化特征是肯定的，传统档案的数字化将是其"馆藏"的重要组成部分。

（二）档案事业"三个体系建设"的重要保障

建立健全覆盖人民群众的档案资源体系、方便人民群众的档案利用体系和确保档案安全保密的档案安全体系是档案事业发展的主要内容和努力方向，档案数字化有助于提高档案利用效率，有助于保护历史档案信息，有助于有效规避安全风险，有助于舒缓档案空间紧张。因此，档案数字化是"三个体系建设"的重要保障。数字档案资源可以有效修复档案材料、丰富档案载体形态，是覆盖人民群众的档案资源体系的重要组成和发展趋势。数字档案资源可以通过"一次建设、重复利用"，实现全面共享、深度开发，使档案利用体系能够更加方便人民群众、更好地服务社会发展。数字档案资源可以代替原始档案使用、开展异地异质保存，有助于全面建设确保档案安全保密的档案安全体系。尤其是通过档案数字化，档案开发利用完全突破了时间和空间的限制，极大地扩大了档案资源的开发利用的力度和强度，真正让档案资源成为一种开放的社会资源。档案资源开发利用是档案管理服务最为重要的着眼点和落脚点，档案数字化为档案资源开发的社会化、高效化提供了现实的可能和充分的保证。

（三）档案事业科学发展的重要动因

在档案数字化条件下，档案机构从传统档案馆向数字档案馆发展的过程中，档案管理服务必须更加标准化、规范化、程序化、制度化。档案数字化可以极大提升档案资源开发利用的效益和效率，有效推动档案机构管理服务方式的根本性改变，大力提高档案管理人员业务素质和服务能力，从而最终实现档案事业的科学发展。只有档案管理服务质量上去了，档案管理服务人才问题解决了，才能真正使档案数字化建设符合正确的方向，才能真正满足社会发展对档案工作的需求。因此，档案数字化是档案事业科学发展的新生动力。

特别需要强调的是，档案数字化在高等学校历史档案资源开发中具有十分独特的作用。

高校档案是高校在人才培养、科学研究、社会服务和文化传承创新中形成的各种档案记录的综合，是高校各项事业科学发展的真实写照，是高校独特的办学传统和优良学风得以形成、继承和发扬的物质载体。尤其是高校长期保存下来的珍贵历史档案更是研究我国高等教育起源、发展和改革的重要资料。例如，四川大学档案馆馆藏1万卷珍贵的历史档案，对研究近代中国西南地区的文化教育史以及中西文化交流史等有重要学术价值和文化价值。随着计算机网络技术、数据库技术、数据存储等各种信息技术的迅猛发展，为历史档案科学保管和开发利用创造了前所未有的技术条件。通过对历史档案数字化加工，形成数字化档案，不仅使得档案利用开发可以做到既不需要翻阅实物，又可以利用现代信息组织技术和数字人文技术等进行历史档案全面开发利用，充分发挥历史档案的价值。尤其是数字化档案的查阅利用不但会更加快捷方便，查准率也会大幅度提高。数字化档案利用取代档案原件利用也起到最大化保护原始历史档案原件的作用。因此，历史档案数字化已经成为高校兼顾历史档案保护和历史档案开发的最理想的发展方式。

三、数字档案资源开发

在现代信息技术的不断推动下，档案信息化建设不断发展，档案数字化建设已经成为现阶段档案信息化建设的重点。数字档案资源与传统档案资源相比，具有存储量大、检索便利、传播快捷、易于开放、便于共享等特点。

数字档案资源开发成为当前的档案领域关注的重点、热点和难点。

（一）基本现状

档案资源是国家的宝贵财富，是社会组织的无形资产。档案资源具有不可再生性，有效维护其完整性、保密性和可用性，是确保档案资源效用和安全的根本措施。尤其是对于珍贵的历史档案来说，一份档案的丢失或损毁往往就意味着一段历史空白。一般来说，传统档案按照记录信息的方式，大致可分为文字档案、图像档案、声像档案、实物档案四类。档案数字化将传统档案转化为数字档案，为档案资源深度开发和综合开发奠定了扎实的基础。

从保护和开发档案的角度，利用现代信息化技术，对各类档案实施全面数字化，实现对馆藏档案尤其是珍贵的历史档案的抢救性保护，包括文字档案的扫描和全文转录、图像档案的扫描、声像档案的格式转换、实物档案的全角拍摄等，是构建数字档案资源体系的重要手段。

在今天，充分利用数字档案资源优势，创新档案资源开发机制，利用现代信息技术，探索档案资源开发新方法，提高档案资源开发效率，向档案利用者提供主动、灵活、便捷、个性化和可交互的档案利用服务，已经成为档案资源开发的必然选择。因此，构建基于内容的档案资源开发是以档案数字化为基础，面向档案需求，立足档案实体，发掘档案内涵的立体式、多元化、综合化的档案资源开发。

档案数字化是当前档案信息资源建设的一项基础性工作，也是信息时代对档案资源开发的必然要求。档案资源开发在利用需求和服务方式上的多元化发展，对数字档案资源体系建设提出了新的要求。实事求是地讲，当前数字档案资源体系建设上还存在一些问题，还不能完全满足档案资源开发的需要。例如，档案数字化建设机制不够健全，管理体制不够完善；档案资源数字化总体程度不高，尤其是档案数字化的全文率不高；档案数字化建设标准相对缺失，难以构建有效的元数据体系；数字档案资源开放明显不足，无法实现资源的共建共享；档案安全保密标准难以把握，缺乏科学的控制。

（二）基本步骤

数字档案资源开发是以数字化为基础的档案资源开发，其基本步骤是：

1. 档案资源的数字化加工

主要根据不同档案载体类型，采用不同的方法，对档案资源进行数字化扫描或拍照、数字化编目、全文录入等。实施档案资源数字化处理是提高档案资源利用效果、提升档案资源开发效率的基础，是对档案资源进行深度开发利用的基础环节。

2. 数字档案资源库的创建

基于数据库技术等专门技术，对第一阶段形成的档案数字化成果（包括以数字化形式存在的增量档案）以文本库、图像库、多媒体库等多种方式存储，形成档案数字化基础数据库。特别需要说明的是，对档案资源进行数字化扫描形成的是图像库而不是全文库，不能据此计算档案数字化的全文率。

3. 数字档案资源的系统组织

在传统的档案目录基础上，利用多种信息组织技术，从不同的开发视角，在档案数字化基础数据库基础上，对数字档案资源进行重新组织，为满足档案开发利用的多元化需求，实现档案资源深层次挖掘提供多角度、多层次、多维度的档案数据关联基础。

4. 数字档案资源的深度开发

运用现代信息技术对数字档案资源进行深层次挖掘，可视化展示数字化资源，构建专题档案知识库，开发档案编研和档案展览等多种档案产品和服务。

（三）主要内容

目前，数字档案资源的开发主要从以下几个方面展开：

1. 建立数字档案基础数据库

针对传统载体形式的档案，开展档案数字化，对各类馆藏档案进行数字化加工，形成基于现代信息技术的数字档案数据库；针对不断产生的原生态电子档案，通过有效地组织和管理，形成规范化的数字档案数据库。一般而言，数字档案基础数据库主要包括目录数据库、图像数据库、多媒体数据库、全文数据库、题名数据库等多种形式的档案数据库，可以为档案资源的全面开发利用提供扎实的基础数据保障。

2. 基于网络的档案查询服务

随着计算机技术的发展，对各类档案实现案卷级和文件级目录的描述和著录，在建立档案目录库的基础上，提供基于档案目录数据的基本检索服务。基于网络的档案查询服务，可以使档案管理者和利用者在网上通过对档案目录的检索获取需要的档案目录信息，方便、便捷地利用档案实体信息或数字信息，从而有效地提高了档案的利用效率。

3. 建立数字档案信息网络

在传统档案资源开发利用方法基础上，应用现代信息组织技术与网络技术，以资源开发和利用为目的，对数字档案资源进行重新组织，建立资源关联关系，形成基于网络的档案资源发布与共享系统。通过建立不同层级的数字档案信息网，实现数字档案的全面开发和利用。

4. 构建数字档案资源检索体系

建立完善的档案资源检索体系，最大限度地揭示档案信息。档案检索工具是记录、报道和查找馆藏档案的手段，是管理档案和提供利用必不可少的工具。它是充分揭示馆藏内容，迅速、准确地提供档案和检索档案的主要途径。档案管理部门在数字档案成果基础上，通过开发科学、实用、多角度、多功能的档案检索工具和系统，有效缩短档案检索时间，提高档案检索的查全率、查准率，提高档案开发利用的效率，提升档案编研的广度与深度。

5. 建立数字档案资源知识库

在传统档案资源开发利用方法基础上，以资源利用为目的，运用多种信息组织技术和数字人文技术对数字档案资源以新的方式进行组织、开发和展示，形成各种专题数字档案资源知识库。

6. 开发数字档案产品和数字档案服务

结合现有的档案编研、档案展览、档案专题片、档案文化产品等档案资源开发方法，根据特定的需要，利用数字档案资源，充分挖掘档案资源的文化内涵，开发多元化的档案产品和服务。

第三节 信息组织技术

信息组织，即信息序化或信息整序，也就是利用一定的科学规则和方法，通过对信息外在特征和内容特征的表征和序化，实现无序信息流向有序信息流的转换，从而保证用户对信息的有效获取和利用及信息的有效流通和组合。

一、信息组织与信息组织技术

信息组织是信息管理的重要环节，是信息开发、利用、传播的前提条件。信息组织就是要鉴别、评价、筛选、揭示、整序、分析、提炼、浓缩、研究信息，使信息从无序到有序、从混乱到条理，是重新定位信息、创造新信息系统、赋予信息新价值的过程，必须消除噪声、排除信息干扰，达到去伪存真、净化信息环境和集合信息、加速信息交流的目的程。因此，信息组织对信息的序化和整理可以在一定程度上解决信息普泛性与信息效用个体性、信息利用规律性的矛盾，从而实现甄别信息、精化信息、重组信息的作用。

现代信息组织需要强有力的技术手段尤其是高新技术的支撑，计算机技术和网络技术成为信息组织技术的重要基础。随着互联网技术的迅速发展和广泛应用，信息组织的对象、形式和成果呈现新的特点，形成了新的信息组织技术方法体系。当前，信息组织技术正在发生革命性的变化，尤其是信息搜索、数据描述、数据挖掘、数据仓库、知识发现、机器翻译、信息推拉、虚拟现实、人工智能等技术的发展，不仅极大地提高了工作效率，而且极大地提高了工作质量；不仅符合信息管理发展的大趋势，而且能更好地满足用户多样化的信息需求。

面对档案事业发展的新环境，包括技术环境、需求环境、资源环境，一方面，要根据新环境提出新课题，寻求新技术解决新问题和以前无法解决的问题；另一方面，要对原有技术进行挖潜更新，使成熟技术在新环境下获得新的发展。

从信息构架到信息界面，从信息描述到信息揭示，从信息分析到信息展示，在现代信息组织技术的发展进程中，以主题图技术等为代表的信息揭示技术、以社会性标签技术等为代表的信息交流技术、信息可视化技术等为代表的信息展示技术等新兴技术的导入和应用，信息组织的发展对新技术的依赖性越来越强，元数据技术、语义WEB技术和语义网格技术在信息组织中的应用更加广泛和深入，信息组织技术呈现智能化、集成化、知识化的发展趋势，正引导着包括档案资源管理在内的信息资源管理服务向新的更高的水平发展。

（一）主题图技术

主题图（Topic Map）作为"信息空间中的GPS"，是一种用于描述信息资源的知识结构的元数据格式，可以定位某一知识概念所在的资源位置，也可以表示知识概念间的相互联系。主题图技术直接用于信息导航系统的知识化浏览，建立资源集合的主题索引或交叉参照，链接复杂主题范围的分布式资源来建立虚拟知识体系，通过主题概念与资源的不同链接在同一资源体系上建立面向不同主题体系或不同用户的资源界面。利用主题图进行信息组织的基本思路就是利用领域本体知识实现无序异构资源的有效组织，明确体现信息资源的语义结构，建立领域知识的可视化的有序结构，通过建立领域知识概念结构实现信息导航和信息组织。主题图最早可以追溯到20世纪90年代初，其目的是希望建立起智能化电子索引并支持相互间的融合主题图的前身是"主题导航地图"（Topic Navigation Maps）。为了更加便于专业信息的组织和顺应跨学科领域的发展趋势，提出了主题图的概念，并获得国际标准组织的认证、成为国际标准。随着主题图技术的不断发展，目前已经出现了一系列专门建立和管理主题图的工具，包括TM4J和Ontopia等开源主题图引擎、Omnigator等主题图可视化浏览与编辑工具，在主题图约束语言（TMCL）与主题图查询语言（TMQL）开发以及主题合并等方面也都取得了很大进展。网络主题图主要广泛应用于网络信息检索、网络信息组织、网络信息挖掘、网络信息资源整合、网络信息过滤和数字资源知识管理等各个方面。

(二) 社会性标签技术

WEB2.0带来了以用户为基础的社会化软件风潮。社会性标签（SocialTag）是一种准确、灵活、开放、自由的信息组织方式，又被称为软分类、合作标签、社会标引等，是一种将特定的术语、名称等（即标签）与在线"社会"环境中的数字资源相关联的方法。社会性标签在WEB2.0技术群和信息组织技术群中占有重要地位。WEB2.0是对传统信息组织方式的一次重大革新，旨在提高网站信息的组织和发布的交互性和用户参与性。社会性标签根据用户添加标签的频度、标签的使用频度以及标签与内容的相关程度来对标签以及内容信息进行自动组织。1998年美国人约舒亚·沙科特首次使用了Tag一词，也就是标签。标签应用于各种WEB网站，在促进用户参与方面起着重要的作用。随着以博客等为代表的社会化网络和社交媒体的兴起，WEB2.0方式大行其道。社会化标签作为一种新的信息组织方式，日益得到更加重视。目前，对社会性标签的研究不断推进，标签的应用原理、标签的呈现界面、标签的组织对象（网页资源，视频资源，音频资源等）、标签的应用效率（标引方式，检索结果处理，相关度排序，搜索引擎和语义处理）等方面的研究进展明显。社会性标签技术广泛地应用于WEB开发应用，尤其是学科导航和网络导航中，极大地促进了专门知识领域和学科领域的信息导航系统和信息服务系统建设。

(三) 信息可视化技术

严格地讲，信息可视化技术不是信息组织技术。但是，信息可视化技术将信息组织成果在特定的信息空间加以有效的展示，与信息组织技术结合尤其紧密，可以看成是信息组织的扩展性技术。

信息可视化（Information Visualization）是利用计算机支撑的、交互的、对抽象数据的可视表示来增强人们对抽象信息的认知。信息可视化是将信息转换成二维或三维图形、图像、动画形式的技术方法和有效工具。用户通过这些可视形式进行观察、交互。关于信息可视化的研究在20世纪90年代中期，就成为国际上热点研究课题。信息可视化技术作为解释大量数据最有效的手段而率先被科学与工程计算领域采用，继而发展为当前热门的研究领域并广泛应用于各个领域。它涉及计算机图形学、图像处理、计算机视觉、计算机辅助设计等多个领域，成为研究数据表示、数据处理、决策分析等一系列问题的综合技术。欧美国家的可视化研究已取得了一批领先的成果，在理论研究方面比较注重可视化模型方法，在应用领域有大量的应用系统已投入了实际使用。东京理科大学的WIDAS（WWW Information Discovery Assistant

System）就是用于网络知识发现的信息可视化和检索集成工具。

二、信息组织技术与档案资源开发

信息组织是信息的有序化与优质化，是按照一定的科学规则和方法，运用多种信息组织技术，通过对信息外在特征和内容特征的表征和排序，实现无序信息流向有序信息流的转换，从而使信息集合达到科学组合以实现有效流通，促进用户对信息的有效获取和利用。

（一）档案资源开发与档案资源组织

档案资源开发的前提和基础是档案资源组织。档案资源组织就是根据档案资源本身的属性和特点，运用各种技术和方法，对其进行加工、整理，使之有序化、系统化，方便人们有效地存储、传播、检索和利用档案信息的过程。其核心任务在于通过对现实和虚拟馆藏档案资源的有序化控制，使之得以方便、有效地传播和利用。

（二）档案资源开发成果与档案资源组织

档案资源组织的成果直接影响着档案资源开发的效率和效果。在档案资源组织中，文本组织、目录组织、数据库组织和超文本（媒体）组织等是最基本的方式。通过档案资源组织，可以有效实现档案资源组织的社会价值和

现实作用，为开发和生产档案产品和档案服务提供保障。

其中，描述性档案产品和服务是仅对档案信息的外表进行揭示，为用户提供档案信息的线索，如题录、目录、目录库等；整体性档案产品和服务是在认识档案信息的基础上，对档案信息的内涵进行高度概括和提炼，如提要、注语、摘要等；周遍性档案产品和服务是以一种或多种相关档案信息或其他信息为加工对象，对有检索意义的档案信息单元进行周遍性或选择性标引，使有价值的档案信息索引化，如全文检索系统、功能信息系统等；鉴选性档案产品和服务是在有关档案信息调查研究的基础上，对档案信息进行鉴别、评价和筛选，采用节录、汇编等方式，对信档案息进行系统化，如档案汇编、精粹信息等；研究性档案产品和服务是以一种或一批相关档案信息或其他信息为加工对象，在对档案信息进行深入的提炼、分析、研究、论证、评判和综合，如档案展览、档案专题片、档案文化产品等；相关性档案产品和服务是根据档案信息与档案信息之间的关系，通过一定的编辑方法把相关档案信息组织成检索系统或非线性知识系统，如档案专题网站等。

第二章 档案资源的收集

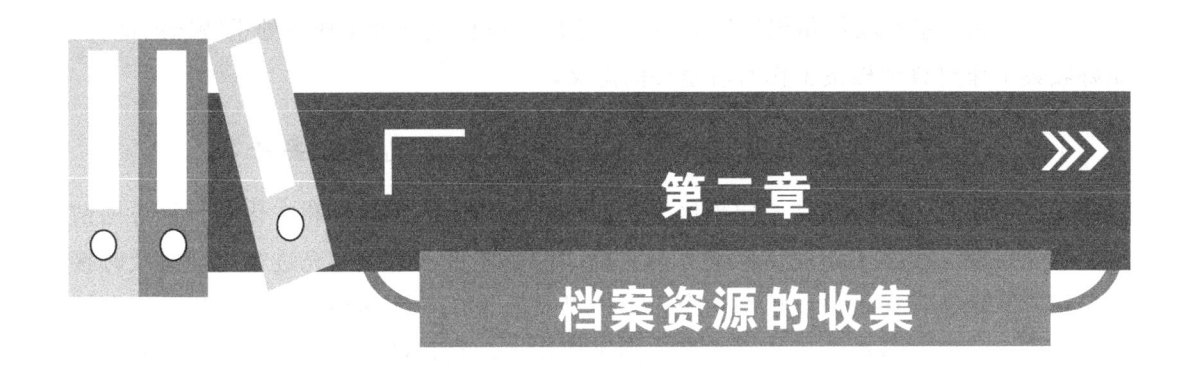

第一节 档案收集工作概述

一、档案收集工作的内容

档案的收集是接收、征集档案和有关文献的活动。具体讲，就是按照党和国家的规定，通过例行的接收制度和专门的征集办法，将分散在各机关、组织、个人手中和散失在社会其他地方的档案，有组织、有计划地分别集中到各有关机关档案室和各级各类档案馆，实现档案的统一领导和分级管理。

档案收集工作的内容主要包括以下三个方面：（1）机关、企业、事业单位档案室对本单位需要归档档案的接收。（2）档案馆对所辖区域内现行机关、企业、事业单位和撤销单位的具有永久、长期保存价值档案的接收。（3）对中华人民共和国成立以前各个历史时期形成档案的接收和征集。

档案收集工作不是一项简单的事务性工作，而是一项政策性、业务性很强的工作。这是因为：一方面，档案收集工作具有明显的选择性。文件转化为档案是有条件的，在档案收集工作中必须严格把握这些条件，在归档和接收过程中认真筛选。档案选择是按照档案馆（室）藏范围的设计合理并全面进行的。另一方面，档案收集工作受档案形成者档案意识水平、价值观以及档案馆（室）保管条件等多种因素的制约，需要综合研究、统筹规划，提高档案收集工作的质量。

二、档案收集工作的意义

档案收集工作是档案业务管理工作的第一个工作环节，是档案馆（室）工作的起点，是档案馆（室）取得和积累档案的一种手段，在档案管理工作中处于特殊的地位。做好收集工作对整个档案工作有着重要的意义。

（一）收集工作是维护党和国家历史真实面貌的必要手段

档案馆（室）的收藏是一定地区、部门在政治、经济、科学和文化教育等方面情况的综合反映。收集工作使得档案齐全完整，内容丰富，应该补充进馆的档案及时接收进馆，并把散存在机关、组织、个人手中以及散失在各地的档案材料收集补充到档案馆（室）。档案是维护历史真实面貌的重要凭证，是贯彻执行党的路线、方针、政策的重要工具，因而收集工作的作用是十分明显的。

（二）收集工作是储存档案信息资源的重要途径

档案是重要的信息资源，它记录着人类社会实践过程中无数有用的事实、数据、理论方法、科学构思，记录着成功和失败的经验教训，人们可以从档案信息中了解和探索未来，可以继承过去的科技成果，发展现代科学技术，可以开拓人们的思路，解决各种疑难问题

随着科学技术和经济建设的发展，社会对信息的需求量越来越大，对信息质量的要求也越来越高。作为知识载体的档案，负有重要的提供信息的使命。收集工作把大量的、丰富的信息资源储存起来，为现代化建设提供了重要的信息基地。

（三）收集工作为开展档案馆（室）各项工作，加强档案馆（室）建设奠定物质基础

档案馆要开展利用工作，没有一定数量的档案是无法进行的，而馆（室）藏不丰富、门类不全，就很难满足社会上各条战线、各种工作、各种人员对档案利用提出的各种要求。编研工作更需要有丰富的档案作为后盾，档案馆（室）其他日常工作，也必须在馆（室）藏丰富的基础上才能做得更好。档案的整理，只有从众多的档案材料中才能清楚、准确地把握档案内在的有机历史联系，才能在丰富材料基础上综观全局、全面考察、权衡利弊，提高工作效率，加快整理工作进度，为档案提供利用等工作创造条件。

总之，只有做好收集工作，才能使馆（室）藏丰富，材料齐全，为档案馆（室）各项业务建设，为提高档案工作科学水平提供必要的物质条件。

（四）收集工作促进档案学理论发展，推动档案工作现代化的实现

档案馆（室）作为党和国家保存档案的重要基地，也是发展档案学理论的重要源泉。假若档案馆（室）藏不丰富，档案馆（室）各项工作开展不充分，就不可能为档案学

理论的突破和发展提供充足的实践依据。馆（室）藏越丰富，各项工作实践也就越丰富多彩，必然提出许多新问题、新要求，提供很多新情况，为档案学理论的发展打下坚实基础，推动档案学理论的发展。

丰富的馆（室）藏也是实现档案工作现代化的推动力量。要实现档案工作现代化，最基本的是要有丰富的馆（室）藏和对现代化的迫切需要。馆（室）藏丰富，利用者便如鱼得水，这无疑会对实现档案工作现代化产生重要的推动作用。

三、档案收集工作的基本要求

（一）及时、全面地把档案收集进馆（室）

档案馆（室）的收藏是否丰富，档案是否完整，是衡量档案馆（室）工作做得好坏的一个重要标志。尤其是档案馆馆藏越丰富、越珍贵，它越能为社会做出更多的贡献，越加受到社会的重视，所以《中华人民共和国档案法》明确规定："对国家规定的应当立卷归档的材料，必须按照规定，定期向本单位档案机构或者档案工作人员移交，集中管理，任何个人不得据为己有。""机关、团体、企业事业单位和其他组织必须按照国家规定，定期向档案馆移交档案。"档案工作人员应根据《中华人民共和国档案法》的上述规定，及时、全面地将属于收集范围的档案收集到档案馆（室）之中，杜绝档案的私人占有和分散保存，应该实现归档、接收工作制度化。

丰富馆藏的标准应该是：数量充分、质量优化、成分充实、结构合理。为了使档案室成为机关工作的必要条件，把档案馆建成为永久保存档案的基地和研究利用档案的中心，必须收藏足够数量的档案和资料。档案收藏的丰富性，包括数量与质量的统一要求。只顾大量收罗，而不求质量，材料再多，也谈不上真正的丰富。在强调丰富馆藏的同时，必须强调优选，馆藏处理不当，也会发生档案膨胀现象。所以，在强调丰富馆藏的同时，既要考虑到档案的数量，又要考虑到档案的质量。

（二）加强馆（室）档案来源的调查研究与指导工作

档案的来源与形成渠道是比较分散的，而档案的提供利用则要求档案集中管理。档案收集工作主要是解决分散与集中的矛盾。档案工作长期实践的经验说明，及时掌握档案分散、流动、保管和使用的情况，处理好局部和整体、当前和长远需要之间的关系，是做好档案收集工作的关键所在。因此，加强调查研究，根据档案分散的情况和档案馆的条件，从全局出发统筹安排，进行宏观指导，是十分必要的。

档案收集工作中的调查研究、统筹兼顾，还包括研究和掌握档案形成规律和档案发挥作用的规律性，不能把档案形成单位尚在经常使用期间的档案，过早地集中起来；

也不能忽视整体的需要，把需要集中的档案长期不向档案馆移交而"据为己有"，或者有的档案馆、室对移交来的档案"拒之门外"不愿接收，任其分散或遭受损失。在接收前，对确定进馆档案的单位，各级档案馆应协同档案行政部门制定相应的规定与办法，对有关单位的档案工作进行监督、指导与控制，切实帮助这些单位进一步建立与健全归档制度，提高组卷与初步鉴定的质量，做好归档与进馆的各项准备工作。同时，档案收集工作应处理好从文件形成到归档、从档案室到档案馆的档案流程周期中的各种关系，既要防止为了急于丰富馆藏，过早接收尚在经常使用的档案，又要防止把档案当作某单位的私有财产而不愿移交，使档案长期分散保存，甚至遭受损失。

总之，档案收集工作应该从全局出发，全面考虑档案的历史价值和档案的保管、使用方面的现状及客观规律，使各机关、组织具有历史价值的档案都有科学合理的归宿，使局部和整体、当前和长远的利用有机地结合起来，从而有利于维护党和国家历史文化财富的安全保管和便于提供利用。

（三）推行入馆（室）档案的标准化

档案管理的现代化是提高档案工作水平的有效途径与发展方向档案工作的标准化，是档案管理现代化的基础。档案工作标准化，不仅为实行电子计算机管理创造条件，而且有助于提高手工管理的水平。档案工作标准化，应该从档案收集工作开始推行。

在收集工作中如何推行档案工作的标准化，我国尚处于摸索阶段，国家档案局制定了《机关档案工作业务建设规范》并就案卷封面、卷皮格式、档案装具的尺寸制定了专业标准，有的省、市统一规定了案卷验收的质量标准等。诸如此类的做法，逐渐扩展为较多的项目和较大的范围，以至全国逐步统一起来，按照标准化要求去工作，档案管理水平将会大有提高。由于文件与档案的转化关系，档案工作标准化必须从文件形成阶段开始同步推行，今后，应当在档案入馆以前，从机关文件形成阶段，对文件结构、文件用纸以及开本尺寸，书写材料的质量和书写规则以及区分全宗、分类、立卷、编目等一系列工作，都实行标准化，将会大大提高归档和入馆档案的质量。

（四）保持全宗的不可分散性和全宗群的相对完整性

全宗是一个立档单位档案的有机整体，保持全宗的不可分散性，是档案管理的一条基本原则，应贯穿于档案管理的全过程之中。因此，在档案收集工作中，必须把一个立档单位的档案作为一个全宗集中在一个档案室或一个档案馆中，不允许把一个全宗的档案人为地加以分割"如果确实需要从一个全宗中抽出部分档案另行集中应以复制件代替，原件仍应归回原全宗集中管理。接收档案时，一个机关的档案，应集中保存在一个机关档案室。一个全宗的档案不宜分散保管，不同全宗的档案也不能混杂。一个机关档案全宗中的全部具有国家和社会历史研究价值的档案，最终应集中收藏在同一个档案馆中。在档案收集活动中，对于那些在同一时间、地点和社会历史条件下保存的，既有严密分工又密切协作、相互依存的若干立档单位形成的档案全宗，档案馆应当注意维护它们之间的相互联系，并将它们集中收藏在同一个档案馆里，以保持全宗群档案的历史有机联系性。

四、档案收集工作的特点

（一）预见性与计划性

档案文件作为人类各种社会活动的伴生物，其产生和形成具有明显的分散性特点，所以必须在调查研究的基础上，科学地分析和预测其形成、使用、管理的规律和特点，才能做好档案的收集工作。此外，档案收藏部门还应坚持历史方法的原则，全面地了解和掌握本档案馆（室）主要档案用户的利用动向、特点和规律，使收集来的档案文献符合档案用户当前的和长远的利用需要。档案收集工作要有计划地、主动地进行。

（二）针对性与及时性

档案收集工作，必须根据各级各类档案馆（室）的收集档案的范围来进行，不能违反国家规定擅自收集不属于本馆（室）收集工作范围的档案，以保证收集工作能够有目的、有重点地进行。档案收集工作还具有及时性的特点。它要求档案人员必须具有明确的时间意识，将应当接收或征集的档案及时收集进馆（室）。档案部门应当尽最大的努力，避免拖延退误，在掌握有关信息线索的前提下，采取相应的方式，尽快将档案收集起来。

（三）系统性与完整性

档案收集工作的系统性，从横的方面来讲，就是收集来的档案在种类、内容方面应当齐全完整，同一项社会活动的档案应当是一个有机的整体。从纵的方面说，要保证收集来的档案能够历史地反映出一个地区、一个部门、一个系统、一个专业、一个单位的历史脉络。此外，在收集档案时，应充分考虑到档案的科学文化价值及其在当前的工作、生产、科研活动中所能起到的积极作用。这样才能使档案室真正成为机关、单位的参谋与咨询部门，使档案馆成为社会各方面开发利用档案史料的中心。

第二节 档案馆（室）藏建设

一、丰富馆（室）藏的重要性

我国的现代化建设蓬勃发展，各部门、各单位要求档案馆（室）提供大量、系统、广泛的档案信息。但是，一些档案馆（室）藏内容单一，数量不多，种类不齐全，时间跨度短，难以适应新形势、新任务的要求。因此，丰富馆（室）藏是档案馆（室）工作的一项重要工作。

造成馆（室）藏不丰富的原因，主要是长期以来对于档案馆（室）的性质、任务和职能缺乏全面、正确的认识，致使一些档案馆（室）单纯注意为政治服务，忽视了为经济建设、科学研究及其他各项工作服务；仅仅注意为党、政领导机关服务，忽视了为业务部门和基层单位服务。凡此种种，造成收集档案范围的狭窄：注意收集党、政、群团领导机关的档案，而放松所属单位的档案收集；注意收集撤销机关单位的档案，而放松现行机关的档案收集；注意文书档案的收集，而放松对科技档案、专门档案的收集；注意收集纸质档案，而放松对其他载体档案的收集；注意接收移交来的档案，而放松征集档案；注意档案材料的收集，而放松与档案有关的家谱、史志、内部资料的收集。

档案馆（室）要适应社会发展需要，就必须扩大接收范围，改善馆（室）藏结构，丰富馆（室）藏。只有把各级各类部门的各种类型、各个历史时期的档案都收集进馆，实行科学管理，才能把档案馆（室）建成永久保存档案的基地。只有积累丰富的档案资料，档案馆（室）才具备为社会服务的物质基础，真正成为科学研究和各方面利用档案史料的中心，担负起维护历史真实面貌的重任，在社会主义现代化建设中，发挥出巨大作用。

二、优化档案馆（室）藏的意义

（一）优化馆（室）藏是完善馆（室）藏建设的一个重要方面

当馆（室）藏数量达到一定的规模时，馆藏建设的主要问题已不再是馆（室）藏的贫乏，而是如何提高馆（室）藏质量的问题。国内外的档案工作实践证明，在馆（室）

藏建设方面，档案文件的数量与质量之间的矛盾始终存在。在馆（室）藏建设的初期，库藏贫乏，所以急需补充大量的档案文件，数量成为矛盾的主要方面；但是，当库藏档案文件的数量增长到一定程度时，入藏档案文件的质量就会转化为矛盾的主要方面。目前，我国的各级各类国家档案馆，经过20世纪70年代末到现在的大力丰富馆藏工作，库藏档案的数量已有了大量增加，从20世纪60年代的500多万卷猛增到现在的几亿卷，为此，我们必须及时地调整档案收集工作的政策，使馆（室）藏建设从单纯的"数量型"，逐步转化为数量与质量"并重型"，走出一条具有中国特色的馆（室）藏建设的科学之路。

（二）优化馆（室）藏也是解决目前档案收集工作中存在问题的一项重要措施

目前，有些档案馆为了增加库藏量，盲目地接收了一些利用价值较小的基层单位的档案文件；有的档案馆还将机关单位形成的不足五年保管期的档案接收入馆；有的档案馆还将大量的重份档案接收入馆。这些问题的存在，都严重影响了馆藏建设工作的科学进行，也给机关的档案利用工作和档案馆本身的业务建设带来了不便。为此，只有加强优化馆（室）藏工作，搞好入馆（室）档案的筛选和质量控制工作，才能有效地解决上述客观存在的问题。

（三）优化馆（室）藏亦是提高案卷质量的一种必要手段

据调查，档案馆（室）接收的案卷中，仍有一部分保管单位存在着组卷不合理、案卷题名不确切、无卷内文件目录、不填写卷末文件备考表、不该归档的文件归档、保管期限划分不准等质量问题。因而，必须重视入馆（室）案卷质量的检查，加强业务指导和监督。对不符合质量标准要求的案卷，必须要求有关单位或人员按标准或规范重新予以整理。

（四）优化馆藏可以使库藏的结构具有一定的层次性，全面反映出社会生活的各个方面的情况

优质的馆藏使库藏的档案文件内容具有较为突出的特色，系统地反映出一个地区、一个机关、一个专业系统的经济、政治、文化等方面的历史情况。它还可以使各类档案馆之间科学地分工协作，减少馆际间，特别是同一个档案馆库藏档案文件的重复现象。

三、优化档案馆（室）藏的主要原则

（一）完整性原则

档案馆（室）的库藏档案文件是否齐全完整，是检验和衡量馆（室）藏优化程度的一项基本原则。库藏档案文件的完整性，主要表现在：

1. 档案文件个体的完整

档案文件个体的完整即不缺张少页。档案文件个体是库藏的细胞，只有首先实现单份档案文件的完整，才能为馆（室）藏优化奠定良好的基础。

2. 同案档案文件的齐全完整

同案，如一项工作、一起事件、一次会议、一个工程项目、一种产品等档案文件要求齐全完整。

3. 档案全宗的文件要齐全完整

即每个立档单位形成的、具有一定保存价值的文件，均应收集齐全，全面地反映各立档单位的历史真实面貌。

4. 档案馆（室）接收范围内档案文件的齐全完整

各级各类档案收藏单位，均应严格遵循国家有关文件与法规的规定，积极主动地组织接收和管理属于自身管辖范围内的档案与资料，并努力保证所接收和征集档案文件的齐全完整。

（二）系统性原则

系统性原则要求馆（室）藏档案应当成为一个由各个全宗与档案综合体构成的档案文件有机体系。馆（室）藏档案的系统性主要表现在：

1. 保管单位内文件的系统性

同一保管单位内的一组档案文件，不能是杂乱无章的文件堆砌物，而应是一组具有密切历史联系和逻辑联系的档案文件有机体。

2. 全宗内档案文件的系统性

全宗内的档案文件必须经过科学的分类，必须是一个便于保管和查找利用的档案文件体系。

3. 使库藏档案的系统性同社会利用需求之间的系统性基本一致

档案馆（室）应当注意分析研究主要的、经常性的档案用户需求的构成、发展趋向，以便使入藏的档案文件能够基本上满足档案用户的当前与长远的利用需求。

（三）实践性原则

这是指馆（室）藏必须符合档案利用实践的客观需要和历史需要，要求档案馆（室）在选择接收和组织库藏档案文件时，要从社会的档案利用实际出发，使馆（室）藏建设工作减少主观性与盲目性，并具有坚实的实践基础。档案馆或档案室的库藏档案满足档案用户利用需要的程度，是衡量档案收藏单位工作质量的一个重要标志。在馆（室）藏建设方面，坚持实践性原则，有助于克服传统的"重藏轻用"的旧观念。提高库藏档案的整体质量，充分实现档案文件的积极作用。

（四）价值性原则

档案馆（室）应当充分利用社会所能给我们提供的人、财、物条件，将具有保存价值的档案文件收集入馆。档案收藏单位在接收或征集档案时，应认真地开展档案保存价值的鉴定分析工作和档案质量的鉴别核查工作，以保证入藏档案文件的质量。对已进馆的档案文件，也要定期进行鉴定或鉴别活动，"去粗取精"，及时剔除失去保存价值的文件，使库藏的档案文件保持最佳的价值形态。

（五）特色性原则

这是指每个档案馆的库藏档案与资料，均应具有相应的地方特色、文化特色、人物特色、历史事件特色、时代特色、民族特色等。据此，各种专门档案馆和部门档案馆，应当将有关专业活动或本专业、本部门形成的档案，及时接收入馆，使库藏档案具有较明显的专业（专门）性特点。各级综合性档案馆，应结合本地区的历史、自然风貌、物产、著名的事件和人物、民俗、名胜古迹、民间艺术、名特优新产品等方面的情况，积极收集相关的档案与资料。只有这样，才能使入藏的档案与资料具有浓郁的地方特色。特色性原则是档案馆藏建设必须坚持的一条原则。

四、优化档案馆（室）藏的标准

（一）内容标准

这是检验馆（室）藏质量高低的最基本的标准。馆（室）藏档案内容贫乏，不能给档案用户提供充分的档案信息服务，这样的档案馆（室）藏就谈不上"优化"。就综合性档案馆而言，它的库藏档案内容，从宏观上讲，应当为研究有关地区的社会政治、经济、文化等各个领域的活动，提供较全面的史料；从微观上讲，应当为档案用户提供有关历史事件、历史过程、历史人物的翔实材料。一个档案馆只有馆藏内容丰富，才能为档案用户提供其所需的档案信息，才能使库藏的档案与资料在功能方面互相补充，发挥更大的作用，创造更多的经济效益和社会效益。

（二）结构标准

所谓馆藏结构，是指组成库藏的各种档案及资料之间的相互搭配和排列。优化馆藏的目的之一，就是使库藏的各种档案、资料之间保持一定的合理比例关系，使馆藏的档案资料成为一个有机整体。结构合理的馆藏一般具有如下特征：

1. 各种门类与载体的档案文件，在数量上应保持一定的比例关系

就综合性档案馆而言，目前应注重对数额较少（甚至过少）的科技档案、专门档案及非纸质档案的收藏，以改变馆藏结构单一的状况。机关档案室也应注意加强对上述档案文件的接收和积累工作，为档案馆档案的补充创造良好的基础条件。

2. 档案与资料之间的比例不能失调

档案馆作为国家永久保存档案史料的基地，应当确立"档案为主、资料为辅"的馆藏建设政策。库藏档案是馆藏结构的主体成分，资料则是作为档案文件的必要补充物存在的辅助成分，这种"主从"关系是不能颠倒的。

3. 馆藏档案应有一定的时间跨度

由于历史原因的影响，许多档案馆的库藏历史档案的数量过少，所以必须大力收集有关的档案及资料。值得注意的是，对那些中华人民共和国成立后形成的、结构不够完整合理的档案全宗，也应注意补充收集，以便将不十分合理的档案结构，控制在最低限度内。

（三）层次标准

馆藏档案应当具有一定的层次与顺序，这也是馆藏优化的一个重要标准。以综合性档案馆为例，其库藏档案要在立档单位的级别、所属历史时期、内容属性等方面，呈现出层次多维的特点库藏的档案，就其立档单位而言，应当既有本级机关、组织等一级单位的档案，又有各主管机关所属的分管某方面工作的二级单位之档案，还要有代表性的、典型的基层单位的档案。库藏档案，就其所属的历史时期而言，应当包括所能接收与征集到的本级各立档单位及其所属机构、基层单位的，具有长远保存价值的，各个历史时期的档案文件。库藏档案，就其内容属性而言，也应具有一定的层次性，不但要收集宏观内容的档案，而且要注意收集反映社会微观活动内容的档案。

（四）类型标准

优化的馆藏，其库藏档案的类型应当具有多样性的特征"以综合性档案馆为例，其收藏档案的门类、形成单位、载体形态等，均应具有多样性。就库藏档案的门类而言，应当包括文书档案、科技档案，专业（专门）档案，以及照片档案、影片档案、录音档案、录像档案、机读档案等多种类型的档案文件。就库藏档案的形成单位而言，应当包括机关、组织、团体、企事业单位的档案和有关著名人物档案等，就库藏档案的载体形态而言，应当包括纸质档案、胶质档案（如胶片、照片、胶卷等）、磁介质档案及光介质档案（如光盘档案等）。

五、优化档案馆（室）藏的指导思想

（一）反映和维护一定范围内的历史真实面貌

按照国家规定，全国每一个档案馆（室）都保管特定范围的档案，一般说来，相互之间不允许有交叉和大量的重复，这就要求每一个档案馆（室）必须以自身的馆（室）藏档案来反映和维护这个范围的历史真实面貌；如果没有达到这一要求，一般无法从其他馆（室）藏档案中得到弥补。例如，综合性档案馆是按照分级管理的原则建立的，一定级别、一定地区范围内只有一个综合性档案馆。机关档案室也是如此，一个机关档案室只负责保存反映本机关活动的档案，这样该机关的历史面貌则必须依赖于该机关档案室的室藏档案给以反映。由于一个档案馆（室）只保存特定范围的档案，或者说，一定范围的档案只归属于唯一的档案馆（室），那么，反映和维护特定范围的历史面貌便成了每一个档案馆（室）责无旁贷的历史使命，应作为馆（室）藏建设中最重要的指导思想。

（二）适应利用需求

档案馆（室）保管档案的目的是满足社会（机关）的利用需求，因此，在馆（室）藏建设中必须充分考虑利用需求这一因素，利用者需要哪些档案，档案馆（室）就应该加以保存。利用者的需求内容和方式是多种多样的：有的需要现实性较强的材料，有的则需要历史材料；有的需要宏观概括性的材料，有的则需要微观的具体的材料；有的需要政治方面的材料，有的则需要经济、文化、科学、技术方面的材料……为此，档案工作者应加强调查研究，掌握利用规律，使馆（室）藏档案尽可能与利用者需求相一致。

（三）力求质量与数量的统一

在馆（室）藏建设中，处理好质量和数量的关系是十分重要的，科学、合理的馆（室）藏体系应该是二者的统一。

1. 一定数量的档案是决定馆（室）藏质量的基本条件

和其他事物一样，没有数量就无所谓质量。在一定条件下，馆藏档案的数量与质量具有一致性，一定的数量就构成了一定的质量。例如，历史久远的档案留存于世的数量很少，无论什么内容的档案都能反映当时一个方面的历史事实，尽管每一份档案所记载的只是一块历史碎片，但这些碎片多一块，对于我们掌握历史事实就多了一份根据和素材。因此，有些珍贵历史档案的数量对于其质量的构成具有重要意义。任何一个档案馆（室）管辖档案范围内的社会活动都具有其联系性和历史延续性，档案数量太少就不可能全面地反映这个范围的历史面貌。

2. 馆（室）藏档案数量与质量的统一

馆（室）藏档案数量与质量的统一是有条件的、相对的，在这对矛盾中，档案质量是矛盾的主要方面，这就是说，档案的质量是构造一个好的馆藏体系的关键。一个档案馆（室）所保存的档案能否全面地反映历史真实面貌，能否满足社会各方面的利用需求，是评价馆（室）藏质量优劣的根本标准。如果馆（室）内被大量价值较低或内容重复的档案所充塞，那么无论其数量多寡，都不能说这个馆（室）藏的质量是好的。因此，我们在重视馆（室）藏档案数量的同时，必须十分强调档案的质量。

六、正确处理改善馆藏结构的诸种关系

（一）档案馆与档案室在馆藏建设方面的衔接与互利关系

在丰富和优化馆藏的实践中，经常出现馆、室间的衔接与互利问题。那种违背档案发挥作用的规律，片面强调丰富馆藏，将机关档案过早接收入馆的做法，不但会给机关工作或生产的查考利用带来困难，同时也会增加档案馆的工作负担，影响档案馆其他业务工作的正常进行。机关档案室收藏的档案，是档案馆档案的主要补充源。所以，要想发展档案馆事业，就必须首先把机关档案室工作做好。档案馆应协助档案行政机关，做好对列入本馆接收范围的各机关、组织的档案室的业务指导、监督和检查工作。只有这样，才能保证列入进馆全宗名册的各机关或组织的档案齐全完整，使馆藏档案的文件源得到优化，提高入馆档案的质量。可见，在馆藏与室藏的建设活动中，两者必须加强衔接，防止脱节，保证档案文件的定向积累和顺利交接。同时也应充分考虑到档案发挥作用的规律与特点，科学地确定机关向档案馆移交档案的时间，做到互利互惠。

（二）处理好综合与特色的关系，地方档案馆应突出地方的特色

我国档案馆网的设置是以中央、省（自治区、直辖市）、市（地、州、盟）、县

（区、旗、市）级综合档案馆为骨干。其中省、市、县等各级地方档案馆首先是综合性的。保存着本地区各机关单位、各种类型、各种载体的档案材料，档案内容能反映本地区的政治、经济、科学、文化、民族等各方面的历史面貌。其次，地方档案馆要具有地方特色，每个地区都有自己的地域沿革、地貌、物产、重大的历史事件和著名人物，有传统的经济产品、名胜古迹、典籍掌故和旅游资源，有民族特色以及风土人情。重视对反映本地历史面貌档案的收集，形成地方特色，使人一看便知是本地区的相关档案，有利于档案信息的开发利用。

（三）处理好深度与广度的关系

1. 广度

广度是指档案接收的范围要广泛，要扩大接收范围。从档案来源上，既要有党政领导机关及一级主管机关、二级党政与企事业单位和部分具有典型意义的三级单位的档案，又要按照国家规定收集、征购、代管某些集体所有、个人所有以及散失在民间的档案，使馆藏档案的门类和载体丰富多彩。

2. 深度

深度是指接收档案内容要深化，除接收内容上具有综合性、指导性、政策性等能反映国家或地区概貌的档案外，还应特别重视收集一些典型性、经验性、地方性的能具体说明在党的领导下社会性质发生的深刻变革和人民群众生产、工作和生活发生根本变化的档案材料，以及一些反映重要活动、重大事件来龙去脉的档案材料。

（四）处理好档案与资料的关系，重视、收集与保存和档案有关的资料

档案馆的主要任务是保管好档案，同时也应保存一定数量的资料，辅助档案提供利用。由于多种原因，有些档案残缺现象比较严重，而提供利用工作，尤其是开展编史修志，仅仅依靠档案还不能充分满足要求和圆满完成任务：因此收集与保存和档案有关的资料，可以弥补档案不全和档案内容记载不详的缺陷，深受利用者的欢迎。资料的收集范围，包括各种文件汇集、资料汇编、统计资料、大事记、组织机构沿革、传记、回忆录、报纸、刊物、图片、年鉴、史志、家谱、族谱和反映本地区、本民族的民间习俗、风土人情、文物古迹等方面的资料。同时与档案关系十分密切的有关实物（例如有些标本、印章、奖品等）也可一并接收。

七、馆藏结构的基本成分

了解和认识馆藏结构的成分，对于做好丰富馆藏工作具有实际意义。馆藏结构应

该是多形式、多门类、多层次的。馆藏结构成分按不同标准可以划分为多种类型。

（一）以档案形成的历史时期划分

馆藏结构以档案形成时期划分为古代档案（1840年以前）、近代档案（1840～1949）、现代档案（1949年以后）。各个档案馆保存的各个时期的档案数量不一，一般说来，现代档案是馆藏结构的主要成分。

（二）以档案内容划分

馆藏结构按档案内容可以划分为文书档案、科技档案、专门档案和人物档案四大类。

另外，在改善馆藏结构时，应当注意接收和采购与档案有密切关系的图书、资料、报刊。收藏图书应以与馆藏档案内容相关的读物、工具书为主。报刊力求齐全、系统，它可以与档案互相补充、订正。出版物，多是收集内部出版物。记叙和反映档案馆所在地面貌的公开出版物，也应该收集。档案馆还应接收和保管与档案有关的一些实物材料，这些实物材料虽然不是档案，但可以补充馆藏内容成分。

综合性档案馆的馆藏成分主要应包括如下几个方面：

旧政权档案：指中华人民共和国成立以前历代政权机关、团体和个人的档案。

革命历史档案：指新民主主义革命时期（1919～1949）中国共产党及其领导的人民政权机关、团体、个人的档案。

现行机关档案：指正在行使职能机关、团体、企业、事业单位档案，以与档案馆级别相对应的本级机关档案为主（如省档案馆以省级机关档案为主，县档案馆以县级机关档案为主），同时接收一些二级机关、三级机关中有代表性或典型性的档案。

撤销机关档案：在档案馆收管范围内撤销机关的档案应全部交档案馆保存。

文书档案：指各级机关、团体、企业、事业单位在贯彻执行党的方针、政策和行政管理活动中形成的档案，又称为党政档案。

科技档案：在基本建设、生产技术和科学研究活动中形成的档案。

专门档案：在某种专门业务活动中形成的档案。专门档案种类很多，难以尽数，较为常见的有：会计档案、人事档案、诉讼档案、审计档案、教学档案、文化艺术档案、地名档案、人口档案、病历档案等。

人物档案：包括著名人物档案和死亡干部档案。著名人物档案是指出生在该地区或曾在该地区工作过的著名革命活动家、革命烈士、学者、专家以及各行各业中的著名人物在活动中形成的个人档案。死亡干部档案是指由组织、人事部门管理的死亡干部的人事档案。这类档案在原组织、人事部门保管一段时间后移交所在地的综合性档案馆。

其他：对于该地区典型的，有代表意义的专业户、个体户、经济联合体的档案，该地区流传下来的民俗档案以及其他类型有价值的档案也应接收进馆。

纸质档案：即以纸张为载体的档案。

声像档案：指以声音和图像记录和反映社会活动过程的档案材料，包括照片、录音带、录像带和光盘等。又称音像档案。

缩微档案：一般是指各种类型纸质档案用缩微摄影方法制成的复制品，大多以缩微胶片（卷）形式保存。

电子档案：是用电子计算机记录和识别信息符号、以磁性材料为存储介质的档案，其形式有磁带、磁盘等。随着电子计算机技术和办公自动化的普及，这类档案将逐步增多。

图书：档案馆收藏的图书有两类，一类是与馆藏档案内容相关的书，另一类是工具书，如字典、辞典、手册、目录、索引、地图、图表以及百科全书、类书、年鉴等。

报刊：主要收藏本地区出版发行的杂志和报纸，中华人民共和国成立前后的报刊都应收藏。

内部出版物：即没有公开发行的出版物。它作为内部情况交流的工具，与档案的关系十分密切。

档案馆收集图书、报刊、内部出版物等资料，是为了辅助解决利用者查阅档案过程中遇到的问题。图书、报刊、内部出版物中对一些历史事实的记载，可与档案内容互相补充和订正。工具书可及时帮助利用者解决一些知识性问题。

实物：档案馆在接收和保管档案、资料的同时，也接收和保管与档案有关的一些实物材料，如印章、锦旗、锦标、证物、标本、样品等。这些实物有助于证明某种事实，可作为对馆藏档案内容的补充。

综上所述，在档案的种类方面，既要收集反映党政机关活动的档案，也要收集科学技术和各种专业活动形成的专门档案。在档案形成单位方面，既要有机关、企业、事业单位的档案，也要收集著名人物的个人档案，如手稿、信件、家谱、族谱、地契等。在内容方面，要全面收集政治、经济、文化、科学技术、军事、外交等各方面的宏观和微观材料。在载体方面，既应包括传统的纸质档案，也应包括现代的胶片、磁带、磁盘、光盘形式的档案。这些不同来源、内容、形式和载体的档案，互相补充，互相印证，可以使收藏的档案丰富而充实。另外，馆（室）藏的各种门类和成分的档案，按一定关系组成为一个整体，而且它们之间保持一定的比例。馆藏档案门类与成分的充实，能够改变馆（室）藏档案结构单一的情况，形成合理的馆（室）藏结构和体系。

第三节 档案室的收集工作

一、建立归档制度的必要性

归档是办理完毕的文件经系统整理归档案室保存的过程。在我国,"归档"已成为党和国家明文规定的一项制度。20世纪中期,《国务院关于加强国家档案工作的决定》指出:各级机关的档案材料(包括机关的收发文电、内部文书、会议记录、电话记录、技术文件、出版物原稿、印模、照片、影片、录音等),应该由机关档案业务机构——档案室集中管理,不得由承办单位或个人分散保存。另外,全面推行文书处理部门立卷,以建立统一的归档制度。中共中央办公厅、国务院办公厅印发的《机关档案工作条例》指出:机关应建立、健全文件材料的归档制度。《中华人民共和国档案法》规定:对国家规定的应当立卷归档的材料,必须按照规定,定期向本单位档案机构或者档案工作人员移交,集中管理,任何个人不得据为己有。这些规定使我国的归档制度,用法律形式固定下来,在全国范围内,切实贯彻执行。

文书立卷归档是文书部门的任务,它是文书工作的终结,又是档案工作的起点。实践经验证明,没有归档制度,或者归档制度不健全,就没有完整的档案,也就没有健全的档案工作。因为档案是由各种文件材料转化来的,而文件材料转化为档案一般又是通过"归档"来实现的。所以,建立和健全归档制度是非常重要的,它不仅能够确保档案室有连续不断的档案来源,为开展各项业务工作提供条件,而且也是为国家积累档案财富的重要保证。档案室要做好档案收集工作,首先应该以主要力量搞好机关内文件材料的归档。

二、建立机关文件归档制度的一般要求

(一)归档制度的制定必须符合国家有关文件的规定要求

各机关、企业、事业单位,必须根据《中华人民共和国档案法》及《机关档案工作条例》等文件的要求,建立起本单位的归档制度。在具体确定归档制度的各项内容之前,必须深刻地学习和研究国家有关文件(诸如《机关文件材料归档和不归档的范围》等),领会其精神内容,并以此为指南,来制定本单位的归档制度,切忌与国家的有

关规定相抵触、矛盾。

（二）归档制度的制定必须符合本机关的工作、生产、科研活动的实际，体现本机关文件材料的形成特点和规律

制定归档制度前，有关人员必须首先了解和掌握本机关、单位的活动性质、职能分工，以及文件材料的产生、运转过程，文件的种类、内容、形成特点和规律，并据此将国家的有关文件归档的规定具体化。这样才能使所制定的归档制度具有实践性，便于执行，保证归档文件的质量。

（三）制定的归档制度，应当同本机关的其他相关制度保持内容方面的统一性

例如，在党政机关或单位，应当使归档制度同行政管理制度、文书工作制度相衔接，将归档制度纳入上述工作管理制度，以保证其顺利施行。此外，还可以将归档制度同机关的科研管理制度、计划管理

制度、生产管理制度、标准化管理制度、岗位责任制联系起来，保证其顺利执行。

（四）完善归档制度的内容

制定归档制度应当内容明确、表达准确、规定具体而详尽，便于在实际工作中执行。同时，机关档案部门还应当广泛地征求有关文书工作人员、业务人员及机关领导的意见，及时补充、修订，使之更加完善。

三、归档制度的内容

归档制度主要包括归档范围、归档时间、归档文件的质量要求、归档手续等内容。

（一）归档范围

归档范围是指办理完毕的文件材料是否应当归档的范围。哪些文件应该归档，哪些文件不应该归档，主要取决于这些文件本身的保存价值。一般而言，凡是反映本机关工作生产活动，具有查考利用价值的文件材料，均属归档范围。国家档案局发布的《机关文件材料归档和不归档的范围》规定，一个机关应该归档的文件材料，应包括以下四个部分：

1. 上级机关的文件材料

这部分文件材料主要有上级机关颁发的属于本机关主管业务并要执行的文件；普发的、非本机关主管业务但需贯彻执行的法规性文件；上级召开的需要贯彻执行的会

议的主要文件；上级机关转发本机关的文件（包括报纸、刊物转载）；代上级机关草拟并被采用的文件的最后草稿和印本；党和国家领导人、人民代表、上级机关领导等视察、检查本地区本机关工作时的重要指示、讲话、题词、照片和有特殊保存价值的声像文件材料等。

2. 本机关的文件材料

这部分文件材料主要有本机关负责召开的代表大会、代表会议、工作会议、专业会议、机关党组及行政领导会议的文件；本机关颁发的各种正式文件（签发稿、印制稿及重要文件的修改稿）；本机关与上、下级机关之间的请示、批复文件；本机关及其内部职能部门形成的工作计划、总结、报告；反映本机关业务及科技管理活动的专业文件；本机关领导人在公务活动中形成的重要信件、电报、电话记录，及其从外机关带回的与本机关有关的重要文件；本机关的统计报表、财务文件、人事文件、会计文件，规章制度文件；反映本机关成立、合并、人员编制、历史沿革、合同、协定、财产、物资、档案等方面的文件；重要的人民来信、来访材料以及其他需要保存的文件材料等。

3. 同级机关和非隶属机关的文件

这部分文件材料主要有这类机关颁发的非本机关主管业务但需要执行的法规性文件，或与本机关联系、协商工作的重要来往文件；有关业务机关对本机关工作检查形成的重要文件。

4. 下级机关的文件材料

这部分文件材料主要有下级机关报送的重要的工作计划、报告、总结、典型材料、统计报表、财务预算及决算文件；直属单位报送的重要的科技文件及下级机关报送的法规性备案文件等。

不属于归档范围的文件材料，主要包括重份文件，如机关印发和收到的文件，本单位内凡有重份的，均由主管单位负责归档，其余都不必归档；一般事务性的无查考、保存价值的文件；未成文的草稿及一般性文件的历次修改稿；未经会议讨论，未经领导审阅、签发的未生效文件；同本机关主管业务无关的文件和非隶属机关送来参考的文件；本机关领导兼任其他机关职务形成的文件；一般的人民来信等。此外，国家规定的不得归档的有关文件材料，禁止归档。

总之，确定归档范围的一般原则是：归档文件必须具有一定的保存价值，必须符合各机关文件材料的实际状况。各机关和单位应根据国家的统一规定和要求，确定本机关归档和不归档文件材料的范围

（二）归档时间

归档时间，是指文书（文件）处理部门或有关业务部门将需要归档的文件向档案室移交的时间。《机关档案工作条例》规定：机关文书部门或业务部门一般应在第二年上半年向档案部门移交档案，交接

双方根据移交目录清点核对。对于那些专业性文件、特殊载体的文件、机密性强的文件、驻地分散的机关文件及形成规律较为特殊的文件，为了便于实际工作的查考利用，也可以适当地延长归档时间。

某些小机关的内部机构简单或不设内部机构，工作人员数量少，文书（文件）处理集中，文书处理和档案工作由一人兼管，可不专门规定归档时间。有关人员只要将办理完毕的文件归入卷夹，组成案卷，（保管单位），编制出案卷目录，就算完成了归档任务。

（三）归档文件的质量要求

根据有关文件的规定，机关档案室一般情况下不接收未经系统整理的零散文件材料。归档案卷的质量要求是遵循文件的形成规律和特点，保持文件之间的有机联系，区分不同价值，便于保管和利用。

应归档的文件要做到种类齐全、份数完整，每份文件不缺张少页，并组成保管单位。立卷时，应按要求将文件的正件与附件、印件与定稿、请示与批复、转发文件与原件分门别类，多种文字形成的同一内容的文件，分别组合在一个案卷内，不得分散。在文书档案文件组卷时，一般应将文件按年度分开，不同年度形成的文件一般不可放在一起组卷。但是，跨年度的请示与批复，应放在批复年度立卷，没有批复的，放在请示年立卷；跨年度的计划或规划，应放在文件内容所针对的第一个年度立卷；跨年度的总结，应放在文件内容针对的最后一年立卷；跨年度的会议文件，应放在会议开幕年立卷；非诉讼案件的文件，应放在结案年度立卷；文件与电报一般应按其内容联系统一立卷；绝密文件和绝密电报应该单独立卷（少量普通文电如与绝密文电有密切联系，也随同绝密文电一起立卷）；录音带、录像带、影片、照片等特殊载体的文件，应同纸质文件进行统一整理、编目，但要分别存放，在案卷目录上要注明互见号，以保持文件间的历史联系，便于查找利用。此外，对于不同保存价值的文件，应当分开组卷，以便日后向档案馆移交，防止拆卷重组问题的产生。

保管单位内的文件排列应条理系统，使之成为一个互有联系的有机整体。卷内文件一般按重要程度或时间顺序依次排列；具有密切联系的文件应依一定的次序排列在一起，即批复在前，请示在后，印件在前，定稿在后，正件在前，附件在后；重要法规性文件的历次稿本可依次排列在定稿之后；非诉讼案件卷的结论、决定、判决性文

件在前，依据性文件往后等。保管单位内的文件，依次排列后应编定页号或件号，逐件登录在卷内文件目录上。音像文件，应用文字标出它们的对象、时间、地点、内容和责任者等事项，以便于保存和利用。

保管单位（案卷）的封面，应按规定逐项填写清楚。案卷的题名简洁明了，并能准确地揭示和反映出卷内文件的基本内容和成分。案卷题名一般应将卷内文件的责任者、内容、主要文件名称反映出来。还应根据机关档案保管期限表，注明每个案卷的保管期限。

向机关档案室归档的案卷，都应按照一定的次序进行排列。排列案卷可据案卷产生和形成的实际情况，选择按责任者、按问题、按时间、按地区（域）或重要程度等方法排列。并要注意保持卷与卷之间的历史联系，逻辑联系，编定案卷号。最后，还应编制案卷目录一式数份。

（四）归档手续

文书处理部门或业务部门向档案部门移交档案时，交接双方应根据案卷目录详细清点，经过认真核对后，交接双方如确认无误，即可履行签字手续，并将案卷目录中的一份由档案部门签字后，交还移交单位妥善保存。必要时，移交单位须编写归档文件简要说明，交接双方还应填写交接清单或移交清单。

在档案工作和文书工作由一个人兼管的小机关，不需要履行上述归档手续。但是，在档案人员调动工作时，应参照上述办法办理交接手续，即"明立案验，依例交割"。

四、档案室在形成文件与组织归档工作中的作用

档案室的基本任务之一，就是对本机关文书部门或业务部门文件的归档工作，进行指导与监督。因此充分发挥档案室在形成文件与组织归档中的作用，是做好档案室收集工作的一个重要组成部分。

（一）机关档案室对形成文件的作用

为了保证归档文件的完整齐全，便于保存和利用，机关档案工作者不仅要通过归档工作力求把已形成的文件收集齐全，而且还应关心文件的形成和办理活动中的相关情况。在工作或生产活动中，机关往往有一些工作已经做了，或者曾经历了一些重要的活动与重要历史事件，但由于种种原因，没有形成原始记录（如电话请示与答复没有记录，主要领导人现场办公处理的重要事件没有记录，召开会议没有记录等），或记录不全（如有的文件只记录了有关工作的内容而没有责任者、日期，或文件办完却没有注明办理情况等）。类似情况，都会影响机关档案文件的齐全完整积累。为此，

机关档案工作者有责任对文书处理工作制度、文件的行文格式、书写材料等方面存在的问题，向有关部门或领导反映和提出意见，力求改善文件的形成渠道。必要时，机关档案部门也可以采取一定的补救措施和办法，对一些较重要的事件、活动等进行补充记录、拍摄工作，以保证机关档案文件的齐全。

（二）指导和督促文书部门或业务部门做好归档组织工作

文件立卷及归档工作是机关文件管理工作和档案工作的"交汇处"，是这两种工作活动交接的一个环节。我国自20世纪50年代开始，就一贯推行文书部门（或业务部门）立卷的制度，即机关的文件立卷和归档工作主要由机关的文书处理部门、业务部门及有关的文书工作人员承担。在此项活动中，机关档案部门一般只负责指导和协助性的组织工作。

推行文书部门立卷和归档制度，经过几十年的实践，主要具有以下优点：

第一，由文件的承办和处理部门立卷，有利于加强对文件的平时形成、积累、整理的控制，便于机关的领导人、业务人员、秘书人员及其他人员在近期内就近使用，便于全面、系统地研究和处理问题。

第二，由文件的承办和处理部门立卷，可以充分发挥文件的承办和处理者熟悉业务和文件产生与办理情况的优势，从而更有效地保证归档案卷的质量，为档案管理打下良好的基础。

（三）非常规性和随机性的文件收集工作

由于种种原因，机关经常有一些文件不能按规定及时归档，散失在机关业务部门或个人手中。在已建立归档制度的机关，那些未经收发登记的文件、内部文件，也容易散失。在归档制度不健全的机关，文件散失和不及时归档的问题就更加突出。因此，机关档案室除了指导和协助做好正常的归档工作外，还应积极地从事散失文件的补充收集工作。一般而言，散失文件收集的重点对象，主要有机关召开的比较重要的会议的文件（如会议记录等）；机关领导或其他工作人员外出开会带回来的、需要贯彻执行的文件；本机关的内部工作计划、总结、报表、规章制度等方面的文件；较重要的人事、保卫、财会工作文件；本机关编印的大事记、历史沿革等参考材料的底稿和印本；本机关的调查报告、合同契约、访问记录；本机关参与外事活动形成的文件；重要文件的附件；本机关形成的其他专业性文件以及照片、录音带、录像带等。此外，各机关还应结合本单位的保密检查、节假日文件清理等工作程序或在人员与机构变动时，及时发现问题，并把散失的文件及时收集起来，以补充归档制度之不足，做好补充收集工作。

(四) 对散失文件的补充收集

一个机关即使建立、健全了归档制度，也会有些文件不能按规定及时归档，特别是未经收发登记的文件和机关本身形成的内部文件，往往分散在个人手中。再加上机构调整、干部变动、环境变化等各种因素，都可能使归档文件不齐全、不完整。因此，在正常的归档工作以外，档案室还需要采取某些补救措施，开展对散失文件的补充收集。收集散失文件时要把重点放在"账外"文件上。所谓"账外"文件是指未经登记的文件，如机关内部文件，机关领导人或工作人员外出开会带回的文件，机关之间签订的合同、协议等也常常不做登记这些文件如果保留在机关业务部门或个人手中，往往不易被发现，因而有时不能按正常手续立卷归档。这项工作往往与保密检查、节假日清理文件、人员或机构变动等活动结合进行，把应该归档的文件集中收集起来，以补充归档制度之不足。

(五) 对档案收集工作的宣传

为了使档案室在档案收集过程中发挥更大作用，推动归档制度的顺利实施，应该有的放矢地做好宣传教育工作，增强机关领导人和工作人员的档案意识，解除各种思想顾虑，以取得他们的支持与配合。宣传内容包括讲明档案是党和国家宝贵的历史财富，不是私人的财产，应当由档案部门集中管理；档案在档案室保管，一般均有专门人员管理，有较好的保管条件和科学的管理方法，使用起来还是方便的；同时，这也是一种良性循环：做好归档后文件的整理、保管和积极开展利用服务，使业务部门和工作人员尝到档案集中管理的甜头，反过来又促进文件的收集工作。

(六) 文件的平时收集工作

建立和健全归档制度是开展档案室收集工作的一项重要措施，而加强对平时文件的收集，是保证归档制度落实、档案齐全完整的有效办法。

平时收集工作包括：

1. 零散文件的收集

在建立归档制度以前，有些单位的档案分散保存在内部机构和个人手中，这些档案仅仅依靠归档制度是不能收集起来的，必须加强平时收集。

2. "账外"文件的收集

有些文件未经过收发登记，不易控制，难以收集齐全。对会议记录、规章制度、基本统计报表等材料，也要通过平时的收集工作，集中到档案室统一管理。

3. 专门文件的收集

专门文件是指特殊载体、特殊规格的文件材料。档案室保存的文件门类不齐全，直接影响到档案馆馆藏的结构。所以在收集工作中，不能忽视对专门业务文件的收集。平时收集工作要落实到人，建立岗位责任制，充分发挥档案室的主观能动作用，开辟多条渠道，广开门路。

（七）基层单位档案的收集

"上面千条线，下面一根针"，城市，乡村党、政机关，工厂企业，商店，学校等基层单位，档案数量不多，但档案种类齐全，成分复杂，对于研究典型单位，尤其是研究微观经济发展变化情况，这部分档案有一定参考价值。基层单位的档案，宜于集中统一管理，因为它的档案数量不多，只要建立正常的归档制度，注意平时收集、平时归卷，这项工作就可以做好。

某些基层单位在收集档案时，一定要抓住反映本单位主要职能活动的档案作为收集的重点，防止只重视上级文件，忽视本单位档案的片面做法。基层单位对于上级机关的来文，按照规定办法处理，有些需要清退，有些不必归档，只装订成册作为资料备查。

某些基层单位的档案工作，往往由身兼多职的秘书、文书或会计兼做。他们平时工作较多，可以见缝插针，充分利用开会时机，及时传阅、清退和归档文件。重点收集的文件包括：会议记录、请示报告、计划总结、工农业生产统计报表、年终分配方案、财务会计凭证、账本、年度报表、乡（镇）、村、队史、大事记和干部花名册等。有条件的乡、村（或社、队），可以把历年来的账本、凭证、报表，集中起来统一保管，以防遗失。

城、乡基层单位，如条件允许，可以建立综合性档案室，对文书档案、科技、会计档案实行统一管理，并安排专门房间作为档案库房，逐步改善档案的保管条件。

第四节 档案馆的收集工作

一、馆藏档案的补充源

档案馆的馆藏档案主要来自以下四个档案源：

(一) 现行机关档案源

这种档案源就是指现在正在进行工作活动的机关、企业、事业单位及其他社会组织。这种档案源的特点是，产生和形成的档案文件数量多、完整、系统，并且具有连续性。根据国家有关文件的规定，各现行机关应将具有长远保存价值的档案，通过一定的移交方式，交给各有关档案馆集中保存。所以，现行机关是各级各类档案馆馆藏档案的主要补充源。

(二) 撤销机关档案源

撤销机关是指中华人民共和国成立前后，由于政权变更、体制改革、行政区划调整等原因而被撤销合并的机关、团体、企业、事业单位及其他社会组织。档案馆按国家规定接收这类机关、团体、组织的档案，也是馆藏档案的重要补充源之一。

(三) 组织和个人保存的散失档案

这种档案源即收藏有革命政权档案、历代王朝和民国档案的机关、组织或个人。这也是馆藏档案的一个重要补充源。档案馆应通过各种有效的方式、措施，将这些散存于社会的历史档案征集入馆，以丰富馆藏。

(四) 档案馆之间交接的档案

一方面，由于行政区划变更和档案馆布局的变化等因素的影响，使有关档案馆的档案收藏范围发生变化，因而产生某档案馆接收其他档案馆的档案的情况。另一方面，由于各国文化交流活动的开展，我们通过交换或购买等方式，将一些收藏在外国档案馆中的我国历史档案（包括其复制品）收集起来，丰富有关档案馆的馆藏。上述两种情况，都是从有关档案馆收集档案，实现补充馆藏的:

二、接收档案的范围

按照《档案馆工作通则》和《各级国家档案馆收集档案范围的规定》的文件精神，档案馆接收的范围是：(1)本级各机关、团体及其所属单位具有永久保存价值的档案，省辖市（州、盟）和县级档案馆同时接收长期保存的档案。(2)属于本馆应接收的撤销机关、团体的档案。(3)属于本馆应接收的中华人民共和国成立以前的各种档案。

对于第(1)条所列"本级各机关、团体及其所属单位"中的所属单位，在具体接收时要明确规定接收到哪一级所属单位。目前一般只接收到二级单位，档案馆各方面条件具备也可以接收到所属的基层单位。比如省、市档案馆，按规定应接收省（市）直属机关、团体、企业、事业单位的档案。如果接收到二级单位，就可以接收省直机关所属的公司（如：百货公司、五金交电公司、服务公司、食品公司等）的档案。如果接收到所有的隶属单位，就要接收各公司所属的工厂、商店的档案，党的组织关系在地方，属于地方和上级主管部门双重领导的单位形成的、以反映地方某项事业或建设活动为主的档案，经有关方面协商，也可以属于第（1）条范围内。

另外，集体所有制单位和典型私营企业形成的有进馆价值的档案和著名人物档案，经协商同意，也属于档案馆的第（1）条的接收范围。

三、档案馆对现行机关档案的接收

按照《档案馆工作通则》等文件的规定，现行机关档案中具有长远保管意义的部分，需要定期向档案馆移交接收现行机关档案室移交的档案，是各级档案馆的经常任务。

（一）接收档案的要求

档案被接收进馆时，应该有一些基本的要求，确保进馆档案的质量。这些要求主要包括：

1. 完整性

按规定向档案馆移交的档案，应该收集齐全，按全宗作为一个整体归入档案馆，不得随意分散。档案馆应该关心文书立卷和机关档案室的工作，加强指导，堵塞漏洞，尽量使应该立卷归档的文件收集齐全，为后代积累完整的档案史料。与档案有关的资料、立档单位的组织沿革、全宗指南及有关的目录、索引等检索工具，随同档案一并接收。案卷目录编制一式三份，其中一份由档案馆签收后退回移交机关。

2. 真实性

进馆的档案必须具有真实性，凡有疑点的档案，都要尽可能加以考证，如果一时难辨清楚，也要存疑，予以证明。存疑或解疑工作应由文书立卷部门去做，而档案部门则负责检查与补缺的工作

3. 地方性

馆藏档案内容除具有普遍性特点以外，还必须反映本地区的特点，有独到的地方特色。国家级档案馆的馆藏内容，具有区别于其他国家的鲜明的中国特色；各省（市、自治区）档案馆的馆藏内容，有别于其他省（市、自治区）的鲜明地方色彩。要把带有地方特点的档案工作为接收的重点，以防止档案内容的大量重复。

4. 坚持质量验收

在接收档案过程中，除了履行必要的交接手续以外，还应坚持质量验收标准，把案卷中存在的问题解决在进馆之前。

档案馆在接收档案前应遵照各地档案管理部门制定的《案卷质量标准和验收办法》，逐年对进馆档案进行检查验收。

案卷质量检查可以采取自检、互检、检查小组检查接收三个步骤进行。

坚持案卷质量验收标准，会受到机关、单位领导和文书、档案工作人员的欢迎，容易引起领导者对档案工作的重视，增强文书、档案工作人员的责任心，提高案卷质量，促进档案业务学习，减少工作中的矛盾。

5. 清点核对

现行机关移交档案时，必须根据移交目录，同接收档案的有关档案馆一起清点核对，并在交接文据上签字盖章，以便明确交接双方的责任，保证进馆档案的完整齐全。

（二）接收档案的时间期限

根据档案发挥作用的特点，本着既便于档案形成机关工作查考，又便于党和国家各项工作利用的原则，现行机关形成的档案应该在本机关保存一段时间，供机关日常工作查考，然后再将需要长久保存的档案移交给档案馆保管。现行机关档案在本机关保管的期限，《机关档案工作条例》《档案馆工作通则》规定为省级以上机关将永久保存的档案在本机关保存20年左右，省辖市（州、盟）和县级以下机关应将永久、长期保存的档案在本机关保存10年左右，向档案馆移交。

档案馆接收现行机关保管期满的档案时，有逐年接收和分段接收两种办法。逐年接收，就是每年对现行机关保管期满的档案接收一次；分段接收，就是要隔一定时期（如3年、5年）对现行机关保管期满的档案接收一次。一般采用后一种办法为宜。

（三）接收前的准备工作

准备工作的主要内容有两方面：一方面是确切掌握被接收档案的情况，为此，档案馆应认真调查了解移交单位档案整理的原基础，鉴定的方法和质量，档案的数量与成分，需要进馆的档案有多少等确切情况，做到心中有数。为了保证进馆档案的质量，档案馆还应派人到移交单位检查准备移交档案的完整程度和整理质量，如发现问题及时解决。另一方面，档案馆还要做好馆内的各项物质准备，安排人力、物力和时间，以确保接收工作的顺利进行。

四、档案馆对二、三级单位形成档案的接收

根据国家档案局发布的《各级档案馆收集档案范围的规定》的要求，下述两种类型单位的档案应向各有关档案馆移交：

第一种，各级人民政府的直属工作部门所属的独立分管某一方面工作或从事某项

事业的行政管理机关和企事业单位。这些单位所形成的档案，往往能反映某方面工作或生产、教学、科研、工程建设、经营管理等的基本历史面貌，具有一定的社会经济、政治、科学文化或历史价值，是人们日后从事有关社会活动和科学研究的必要材料。如各部委、省（自治区、直辖市）直属的各企业、工厂和院、所、学校、医院等。

第二种，有代表性的第二、第三级单位形成的档案亦应向有关档案馆移交。如工厂、学校、商店、居民委员会、村委会等职能、性质和任务相同或相似的单位之中具有代表性者，应将其所形成的档案中有长远保存价值的部分，移交给有关档案馆。其他不具有代表性的第二和第三级单位所形成的档案，一般不需向档案馆移交，但是其中具有重大影响或重要凭证作用的档案，也应向有关档案馆移交。

在接收二、三级单位档案的工作中，各级档案馆应注意以下问题：

（一）避免不加选择，盲目接收

某些档案馆，为使馆藏数量增加，大量接收二、三级单位的档案，致使馆藏档案质量下降，数量"暴涨"，入馆的这种档案分类混乱、"玉石不分"、重复件增多（如统计报表、劳动及组织人事文件重复严重），给档案馆增加了人员、库房设备等方面的压力，给档案管理（如标准化工作）带来了沉重的负担。

（二）避免不分重点，普遍接收

对二、三级单位形成的档案，档案馆必须择其有代表性的、典型的单位档案予以接收，而不能一味追求数量，采取普遍接收的办法。我们之所以要有重点地接收一些二、三级单位的档案，就是要使未来的研究者弄清各级和各种类型机关、社会组织的职能活动的具体情况，洞悉其特点，从而较全面地揭示历史发展的全貌。接收二、三级单位的档案，档案馆应做好调查工作，将本级机关或组织的所有的二、三级单位一一列举出来。在此基础上，按一定条件进行筛选，最后确定入馆单位的名单。选择的条件一般为：历史较为悠久，室藏较为丰富的；在国民经济、社会发展中占有较重要的地位的，具有一定的社会影响（如生产名优产品的工厂等）的；在职能、规模、任务相同的单位中具有较强的代表性的，能够体现地方特色的单位等。

五、档案馆对撤销机关档案的接收

中华人民共和国成立以后，由于社会主义事业发展的需要以及各类组织的改组和体制的改革，行政区划的变动等原因，撤销了一些机关、企业、事业单位。这些单位撤销以后，档案馆应及时组织力量将全部档案认真收集、整理、鉴定，并认真接收进馆或责成接管机关代管各级档案馆接收撤销机关的档案，与接收现行机关保管期满的档案的办法与要求相同。

撤销机关档案，具有易分散、整理不系统、存在尚未办理完毕的文件等方面的特征。为此，档案馆在接收撤销机关的档案时，除了应按接收现行机关档案的要求对所接收的档案进行检查外，还应注意以下问题：（1）机关撤销、合并时，严禁把机关在历史活动中形成的档案分散、毁弃或丢失。撤销机关应负责组织人力，将全部档案进行认真的清理和鉴定并保管好，按规定向各有关档案馆移交，或由其职能继任机关代管。（2）机关撤销或合并时，如有尚未办理完毕的文件，应转给原机关的职能继任者或有关机关继续办理后整理保存。（3）一个机关并入另一个机关或几个机关，几个机关合并为一个新的机关，其合并以前形成的档案，应按机关分别组成有机整体，向有关档案馆移交，而不能将这种档案与合并后形成的档案混在一起假若接管撤销机关职能的有关机关，因工作方面的日常查考需要，要求保管撤销机关的档案，可在征得有关档案管理机关同意后，暂为代管。代管机关应负责撤销机关档案的完整与安全，绝对禁止将撤销机关档案同本机关的档案混杂，并担负日后向档案馆移交撤销机关档案的义务。（4）一个机关撤销后，业务分别划归几个机关时，它的档案不能分散，而应当作为一个有机的整体，整理并保管好，由有关单位采取协商处理的办法，或交给某个接管机关代管，或向有关档案馆移交。（5）一个机关的一部分业务或其中的一个部门划归给另一个机关时，原来该机关在从事此部分业务工作活动中形成的档案，应作为原机关档案的有机整体的一个组成部分；如果接收机关需要查考使用这部分档案，双方可通过协商等方式，用借阅、复制等办法解决。

六、档案馆对历史档案的征集与接收

档案界习惯上所称的历史档案，是指在中华人民共和国成立前，，各机关、团体、部队、企业、事业单位以及著名人物在社会活动中形成的档案，其中包括革命政权的档案、历代王朝、北洋军阀和民国时期的档案。

归档、接收档案，这是丰富馆藏的重要途径之一。但是，由于各种复杂的因素，有些档案长期分散在各处，甚至在个人手中。依靠正常途径的归档移交、接收等方式收集不到这些档案，必须广开门路，通过多条渠道进行收集，这种方式称为档案的征集。

档案的征集是一项社会性的工作，它要与社会各方面发生关系，社会是档案的发源地。档案部门靠守摊支撑门面，不主动向社会调查挖掘档案，要想使馆藏丰富，显然是很有限的。社会上还藏有大量珍贵的档案，要靠我们去发现、去挖掘、去征集。

（一）接收与征集历史档案的意义

所谓历史档案，通常是指中华人民共和国成立以前形成的档案。这种称谓从术语

学角度考查虽不够科学,但是考虑到人们的一般用语习惯,我们仍然采用这一概念。收集历史档案的主要意义如下:

1. 它是保护祖国历史文化财富的一项重要措施

我国是一个拥有数千年文明史的古国,历史上的历代王朝衙署、组织及个人曾形成过大量的档案文件,但由于各种社会因素与自然因素的影响,绝大部分档案已遭毁灭,其他一些原因又使幸存下来的档案一部分散失国外。民国时期的档案,虽然有许多被保存下来,但由于负面因素的影响,也受到了程度不同的损害,许多民国档案失散于社会。中国共产党及其领导下的革命政权机构、军队、社会团体等形成的档案,尽管产生时间较近,但是,由于长期的地下斗争和武装斗争的社会环境的影响,保存下来的档案数量也较少,其中某些档案文件依然散存在民间。为此,必须抓紧时间,加强对幸存于世的历史档案的征集和接收工作,尽早将散失于社会各个角落以及国外的历史档案收集入馆,使祖国的历史文化财富得以长远留传。

2. 收集历史档案是档案开放利用工作的需要

历史档案记录和反映了我国各个历史时期的社会政治、经济、文化、科学技术等方面的情况。它是人们从事史学研究、科学研究(如地震、水文、天文、医学等方面的研究),总结历史经验等项社会工作的不可缺少的原始素材。为了适应历史档案开放和社会的利用需要,各档案馆必须努力收集历史档案,丰富馆藏,以便向社会提供更多的档案。

3. 收集历史档案是一项抢救历史文化遗产的艰巨性工作

由于历史档案长期在社会流散且年深日久,具有收藏对象复杂、收藏地点不明、来源分散等特点,而且许多历史档案正在遭受自然与人为的破坏,不少档案已经发霉变质,字迹模糊,彼此粘连或破烂不堪。所以,档案部门必须加强历史档案的接收与征集工作,做到发现一批,抢救一批,发现一件,抢救一件,把这些濒于毁灭边缘的历史档案收集起来,并通过各种有效的传统方法与现代方法(如托裱、复制、加固、字迹恢复等)进行抢救。这是现在与今后档案部门的一项艰巨的工作任务。

4. 收集历史档案是发展我国档案馆事业的重要手段之一

一个档案馆收藏的历史档案的数量和质量,往往是社会和用户衡量与评价其工作水平的一个重要标志。一个档案馆收藏的历史档案量多质优,它就会具有较高的威望和社会地位,就会以其收藏档案的年代久远、门类多样、内容丰富、版本珍贵而享誉国内外。因此,档案馆应将收集历史档案视为一项重要的工作内容。为广大的专家、学者、实际工作者等档案用户提供更多更好的历史档案材料。

（二）收集历史档案的对象与途径

1. 收集散存于一些国家机关、社会组织中的历史档案

历史档案的收集，实际上在中华人民共和国成立时就已经开始了。随着各级各类国家档案馆的陆续成立，使长期处于分散状态的历史档案，基本上得到了集中统一管理。然而由于某种历史原因，仍然有部分较重要的历史档案分散在一些机关和组织。

随着改革开放的进行，我国的经济文化事业有了进一步发展，各方面都迫切需要利用历史档案，特别是开放档案的方针确定后，更进一步促进了社会各有关方面对历史档案信息的利用需求，如若继续听任历史档案的分散保存状态的存在，必然会影响档案信息的综合开发利用，使许多历史档案丧失发挥作用的时机。因此，必须按照国家规定，将明、清（包括明、清代以前）中央机关形成的档案集中于中国第一历史档案馆保存；将民国时期的中央机关形成的档案，集中移交给中国第二历史档案馆保存；将民国时期各地方机关的档案，移交各有关地方档案馆保存。

2. 征集收藏于个人手中的历史档案

从历史档案的征集实践经验来看，我国的历史档案，由于种种历史原因，有不少仍然掌握在个人手中。保存这些历史档案文件的有社会知名人士、革命老干部、专家学者、普通群众，也有当时的官员、职员、士绅、商人、古物收藏者及其亲属和后代。有的档案已被废品收购部或造纸厂等单位收买，正在面临灭顶之灾，需要及时抢救；有的档案被当事人埋藏起来，有待于了解线索，尽早进行发掘；有的档案被人放置在潮湿阴暗的处所，急需抢救。实践表明，只要措施得力，方法得当，坚持不懈，就可以将失散在个人手中的历史档案的原件或复制品收集入馆。

3. 征集少数民族地区的历史档案

我国的少数民族地区也有着悠久的历史，保存着内容丰富的历史档案。这些档案，通常是保存在寺庙、土司、头人及其后裔和当地少数民族同胞手中。这部分档案中，有些时间久远，具有较高的史学及文物价值，是我国各民族的宝贵文化财富。将这些档案征集入馆，可以使档案馆的收藏品具有较突出的地方特色并为研究各少数民族地区的历史和文化创造良好的条件

4. 收集党史征集办公室、政协文史组织及其他学术历史研究部门所征集到的历史档案

档案馆应当加强同上述部门之间的工作业务联系，并在每一部史书、志书或其他学术著作编撰完成后，及时协商，将有关档案接收入馆，并为这些部门和单位的研究人员提供良好的服务。

5. 收集散失国外的历史档案

近代以来，我国的许多珍贵历史档案散失国外，数以万计。今天，随着我国同世界各国交往的增加，许多流失国外的档案原件或其复制件已经重新回到了祖国的怀抱。它们在史学研究、编史修志等方面已经发挥了积极作用，是不可多得的宝贵史料。诚然，这项工作只是刚刚开始，若想使更多的历史档案返回祖国，还需要档案界和社会各有关方面的不懈努力。

（三）接收与征集历史档案的方法

收集历史档案是一项涉及面广、政策性强的工作，所以必须掌握一定的工作方法，才能做好此项工作。目前，档案部门采取的收集历史档案的方法主要有以下几种：

1. 发布通告

这是一种典型的以走群众路线为特征的方法。它的宗旨是整个社会了解收集历史档案的重要意义和收集档案的内容范围，取得广大群众的支持，从而掌握更多线索，以便于接收和征集历史档案。

2. 调查研究

通过深入细致的工作，调查了解本地区范围内，历史上曾经设置过什么样的机关、团体、组织，曾出现过什么著名人物，以及这些组织及个人的详细情况。在摸清情况的基础上，主动走访当事人及有关部门，有针对性地开展工作，对于所收集到的相关信息线索，应做好记录，建立调查信息档案。

3. 广泛宣传

充分利用各种现代传媒工具（如电台、电视台、报纸杂志等），播送或刊载征集广告及文件。其宣传内容既要包括收集历史档案的意义、历史档案的价值、收集范围及办法，又应包括向国家捐赠档案的个人先进事例等。

此外，档案部门还可以采用制定制度、下发通知、张贴布告、印发宣传品、放映幻灯、举办展览会，以及利用有关会议等方式，开展收集历史档案的宣传工作。档案馆还应同古旧书店、文物单位、造纸厂、废品收购单位等建立联系，多加宣传，并签订合同，进行协作，使这些单位收购到的历史档案和资料，及时收集入馆。

历史档案的收集工作是一项长期的、艰巨的工作任务，档案部门应以《中华人民共和国档案法》为依据，采用精神鼓励和物质奖励相结合的办法，对失散于社会的历史档案实行国家接收、个人捐献或购买等多种方法进行收集。档案部门应努力做到使历史档案的收藏者政治方面放心，精神方面光荣，经济方面有利，利用方面便利，这样才能保证历史档案的接收与征集工作顺利进行。

(四) 在征集档案过程中，要正确处理好几种关系

1. 个人收藏与档案馆集中保管的关系

就某些个人收藏的历史档案来看，情况是很复杂的：有的是组织上委托保存的；有的是从故去的人那里继承下来的；也有的是为了珍藏而收集来的。其中多数人是愿意献交的。即使少数人思想不通，也不能过急，经过艰苦细致的工作还是能够献交的。

2. 征集档案与利用档案的关系

通过上述渠道征集到的档案，要一律交给各级档案馆保存，不断丰富档案馆的馆藏。档案馆既要征集和收藏档案，还要发挥馆藏档案的作用征集是为档案提供利用打基础，没有征集来的档案谈不上利用，而档案的提供利用又能促进档案征集工作的开展，征集与提供利用是相辅相成的。提供利用工作做得越好，越有利于征集工作的开展。

3. 征集档案与留作纪念的关系

征集档案一般采取无偿征集和有偿征集两种方式。动员持有档案者将档案捐献给国家，对于捐赠者可给予一定的表扬与荣誉，赠送复制品，并在今后使用上给予方便。一般可以通过感谢信、奖状以及赠送装潢精美的纪念品的方式来表示。对于有些人上交收藏多年珍贵的档案，也可采用有偿购买方式，经双方协商付给原保存者一定的物质报酬，以资鼓励。

4. 征集原件与征集复制件的关系

一般说来，征集档案应尽可能征集原件，但在某种场合，如一时征集不到原件，也可采取征集复制件的方法，以此来丰富档案馆（室）藏的内容。

第三章 档案资源的鉴定与保管

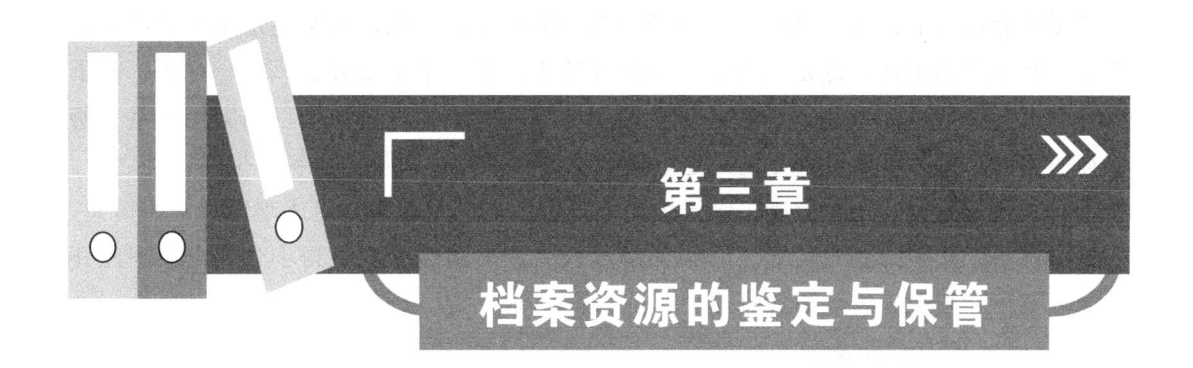

第一节 档案鉴定与保管工作的内涵

在档案管理中，档案鉴定与保管是两项十分重要的内容。做好档案鉴定工作，可以优化档案质量，以便于安全保管和有效利用；做好档案保管工作，可以有效维护档案的完整与安全，尽量避免和减少因自然因素和人为因素给档案带来的损害，延长档案的寿命，为档案工作奠定物质基础。

一、档案鉴定工作的内涵

（一）档案鉴定工作的含义与意义

档案鉴定工作包括档案的价值鉴定和档案的真伪鉴定两个方面的内容，而目前档案界所称的档案鉴定主要是指档案的价值鉴定，即各个档案机构按照一定的原则、标准和方法来鉴别和判定档案的价值，确定档案的保管期限，并据此销毁失去保存价值的档案的工作。

在档案管理中，开展档案鉴定工作有着十分重要的意义，具体表现在以下几个方面。

1. 便于明确档案是否需要进行保管以及保管的年限

档案鉴定工作是十分严肃的，一方面，对档案进行鉴定有比较大的难度，要持续地对文件的保存价值进行甄别，并对文件的保管期限以及所属案卷进行划定，实际上是对某一特定文件在未来是否具有重要的作用进行预测。但是，这种预测要想做到完全准确是极为困难的，可档案鉴定工作又要求这种预测尽可能准确。因此，档案鉴定工作者必须具备较为完善的有关档案鉴定的专门知识，并要具有较高的档案鉴定能力。这样一来，他们就能够借助于档案利用反馈信息，对各种文件今后可能发挥的作用，作出尽可能准确的估计，从而确定存毁和保管的年限。因此，档案鉴定工作是决定文件存在和销毁的工作，这是它与其他管理环节不同的一个重要方面。另一方面，由于档案是不同的组织和人物在特定的历史活动中形成的原始记录，所以档案馆（室）所保存的档案，大多数是不重复的，这是档案部门与图书、情报、资料单位的区别之一。如果对文件的价值判定不准确，错误地销毁了有用的档案，将会造成难以弥补的损失。在整个档案工作中，档案鉴定工作以其难度较大和严肃性强而显得十分突出，因此开展这项工作必须十分慎重和认真。

2. 便于应对突然事变

突然事变主要是指水灾、火灾、地震等天灾人祸。如果不开展鉴定工作，致使有保存价值的和无保存价值的，以及保存价值大的和保存价值小的档案混杂在一起，一旦发生突然事变，不易及时抢救重要的珍贵档案，甚至"玉石俱毁"。通过鉴别档案的价值，则可分清"玉""石"，区别主次，有利于在必要时有重点地保护和抢救档案，力求它们的完整和安全，并尽可能地减少档案的损失。

3. 便于查找利用有价值的档案

对档案进行保存，一个重要的目的就是便于对档案进行利用。若是不论档案是否具有价值都存放在一起，则人们查找需要的档案（有价值的档案）会变得十分困难。因此，很有必要开展档案鉴定工作，对有价值的档案进行保存，这样人们在查找档案时便会较为容易。

（二）档案鉴定工作的内容

通常而言，档案鉴定工作要包括以下几方面的内容。

第一，制定鉴定档案价值的统一标准及各种类型的档案保管期限表。

第二，具体分析档案的价值，划分和确定不同保存价值的档案的保管期限。

第三，挑出无保存价值的文件或档案予以销毁或做相应的处理。

（三）档案鉴定工作的原则

在展开档案鉴定工作时，需要遵循一定的原则，具体来说有以下几个。

1. 利益性原则

档案作为一种历史文化财富，是属于整个国家和人民的，而且档案的存在与作用发挥会关系到国家各方面的利益。因此，在开展档案鉴定工作时，必须遵循利益性原则，即要站在国家和人民的整体利益的角度对档案的价值进行衡量，绝不能以个人的好恶和小团体的利益为准则来衡量档案的价值。

2. 全面性原则

档案鉴定工作的全面性原则，具体表现在以下几方面。

（1）要综合档案的各个方面对档案的价值进行判定

实际工作中形成的文件，其构成要素是不尽相同的，大量文件是因其内容重要而具有较高价值的，而在分析档案价值时通常应结合文件的来源、形成时间等因素才能获得比较正确的认识。同时，有的文件或因时间久远、或因载体特殊、或因有名人手迹等因素而价值增高，因此在分析档案价值时只有全面兼顾文件的内外特征，才能准确判定档案的价值。

（2）要全面把握被鉴定档案与其他档案之间的关系

各个单位、各项工作中形成的文件之间具有密切的联系，因此在鉴定档案时，不要孤立地判断单份文件的价值，而应将有关的文件材料联系起来分析，然后再作出判断。只有这样，才能准确理解档案的内容和用途，从而对其价值作出正确的判断。

（3）要对档案的社会需要进行全面预测

档案能够对社会的多种需要进行满足，而且社会对档案的需要也是多角度、多方面的。也就是说，某一档案对某一单位来说有利用价值，但对其他单位来说则没有利用的需要；对某一方面意义不大的档案，可能对其他方面具有重要的查考利用价值等。这就决定了档案鉴定工作要综合考虑社会多方面的需要，切忌只根据某个方面的需求来判定其价值。

3. 历史性原则

档案是人类从事实践活动的产物，其形成总是依托于一定的历史环境。也就是说，档案的内容、形式与其形成的历史条件有着密切的联系。因此，在对档案的价值进行鉴定时，要将档案放到它所形成的历史环境中进行分析，并结合当前和将来的利用需要来考虑其保存价值。

4. 发展性原则

社会对档案的利用需求是动态变化的，而且档案的价值本身具有一定的时效性。因此，在对档案的价值进行鉴定时，要有发展的眼光，既要看到其现实作用，又要看到其长远作用，继而对档案的价值进行科学预测。

5. 效益性原则

这一原则指的是在对档案的价值进行鉴定时，要考虑到收益与付出之比。只有当档案发挥的作用超过因保存档案所付出的代价时，才能判定其具有保存价值。

6. 规范性原则

这一原则要求机构、组织开展档案价值鉴定工作，应自觉遵从国家法律、法规、行政规章、地方规章及地方法规的有关规定进行。机构、组织及各级各类档案管理部门开展档案价值鉴定工作，应依据《档案法》《档案法实施办法》《机关文件材料归档范围和文书档案保管期限规定》（国家档案局第8号令）、《企业文件材料归档范围和档案保管期限规定》（国家档案局第10号令），各专业主管部门制定的相关实施细则、部门规章，地方人大和人民政府制定的行政规章、行政法规等规范性文件中的有关规定执行，并注意遵循"法无规定即禁止"的原则要求。

（四）档案鉴定工作的标准

档案的价值具有客观性，而人们在对档案的价值进行鉴定时，却有着很强的主观性。因此，为保证档案鉴定工作的科学性、客观性和准确性，必须制定档案鉴定工作的标准。具体而言，档案鉴定工作的标准应该包括以下几个方面。

1. 档案的来源标准

档案的来源是指档案的形成者，档案形成者在社会上以及机关的地位、作用和职能可以影响甚至决定档案的价值。根据来源标准对档案的价值进行鉴定时，以下几方面应特别予以注意。

第一，要注意区分不同的作者。一般情况下，应该注意主要保存本单位制成的文件。对于外来文件，则应具体分析来文单位与本单位的关系，以及来文内容与本单位职能活动的关系。通常情况下，有隶属关系机关的来文比非隶属机关的来文值得引起重视；针对本机关主管业务的、需要贯彻执行的文件比非本机关主管业务、参考性文件价值要高。

第二，要务析本单位制成的文件的作者的职能。在本单位制成的文件中，单位领导人、决策机构、综合性办公机构、主要业务职能机构、人事机构、外事机构制发的文件能够比较直接地反映本单位的主要职能活动和基本情况，因而具有长久保存价值文件的比例比较高；而一般行政事务性机构、后勤机构及某些辅助性机构所制发的文件中具有长久保存价值的比例则比较低。

第三，要分析档案馆接收对象的地位和作用。档案形成者的地位、作用和职能情况是各级各类档案馆确定档案收集范围的基本根据。一般来说，一个地区党政机关的档案，在本地区影响较大的、具有典型性和代表性的单位的档案，以及著名人物的档案等价值较高，长久保存的比例较大；而基层单位形成的档案，普通人士形成的档案，其价值则较低，长久保存的比例较小。

2. 档案的职能标准

在对档案的价值进行鉴定时，依据其职能标准就是依据立档单位在整个政府系统中所具有的地位及其重要性。也就是说，最高级别的机关所形成的档案相比一般机关所形成的档案来说，会具有更大的价值。同时，立档单位的级别与地位不同，其所形成的档案的保管期限也会有一定的差异，通常是级别越高所保存的永久档案越多。此外，机关档案部门在保存档案时，要尽可能确保其能够对本机关的存在、发展以及历史作用进行证明，能够对本机关的职能起到凭证或评价的作用。也即是说，机关档案部门所保存的档案要能够充分反映本机关的发展演变及其职能演进。

3. 档案的内容标准

档案的内容指的是档案所记载的事实、现象、数据、思想、经验、结论等，其最能体现档案的价值。在依据内容对档案的价值进行判定时，除了要分析档案内容的真实性、完备性外，还要注意分析以下几方面。

第一，分析档案内容的重要性。档案是对既有事实的记载，而这些事实本身的重要程度直接影响档案的价值。一般说来，反映方针政策、重大事件、主要业务活动的文件比反映一般性事务活动的文件重要；反映全面情况的文件比反映局部情况的文件重要；反映本单位主要职能活动、中心工作和基本情况的文件比反映非主要职能活动、日常工作和一般情况的文件重要；反映典型性问题的文件比反映一般性问题的文件重要。在工作、生产、科学研究、维护权益以及总结经验方面具有凭证、查考作用的档案，多具有较高的价值。

第二，分析档案内容的独特性，即分析档案是否具有独特的、新颖的内容。事实证明，越具有独特且新颖的内容的档案，其对利用者的吸引力就越大，价值自然也越大。此外，档案内容的独特性要求档案馆（室）在保存档案时，要最大限度地减少馆藏档案的重复现象，为此必须控制普发和多发文件的进馆。

第三，分析档案内容的时效性。档案作为处理事务、记录事实、传递信息的手段，在行政上、业务上等都具有时效性。档案的时效性也对档案的价值产生直接影响，因此在鉴定档案价值时，应该通过分析文件内容的时效性及其变化情况来判定文件价值。

4. 档案的形式标准

档案的价值在某些情况下与其自身形式具有一定的关系，因此档案的形式也是对其价值进行鉴定的一个重要依据。这里所说的档案的形式，主要包括以下几方面的内容。

第一，文件的名称既影响着文件的作用，也对文件的价值具有一定的影响。通常而言，能够对重要的方针政策、重大事件等进行反映，具有较高权威性的文件的价值较大，如命令、决定、纪要、条例等；而用于对一般事务进行处理的文件的价值相对来说比较低，如简报、通知、来往函件等。

第二，文件的形成时间对档案的价值也有一定的影响。年代越久远的档案，其价值就越大。这是因为，档案产生的时间越早，保留下来的就越少。此外，在国家或机关重要历史时期形成的文件具有特殊保存价值。

第三，文件的稿本，即文件是草稿还是定稿，文件是正本还是复印本等。文件的稿本不同，其保存价值也会有一定的差异。比如，草稿、修正稿都不是定稿，从法律上来说并不具有效力，因而通常没有保存的必要。但是，在某些情况下，如国家重要领导人直接对草稿、修正稿进行了修改与批示，则这样的草稿、修正稿需要进行保存。

第四，文件的外观类型，即文件制成材料、记录方式、笔迹、图案等，它们的特殊性在一定程度上也影响档案的价值。比如，有些文件因载体材料的独特、古老、珍稀而具有文物价值；有些文件因出自书法家之手或装帧华美而具有艺术价值等。因此，在鉴定档案时，对于外观类型独特的文件要通过具体分析其特殊意义才能判定价值。

（五）档案鉴定工作的程序

在开展档案鉴定工作时，通常而言应遵循下面的程序。

1. 文件归档鉴定

这是各单位对于处理完毕的文件所进行的划定归档范围的工作。归档鉴定所依据的原则是国家档案局发布的《机关文件材料归档范围和文书档案保管期限规定》的内容。各个单位也可以根据国家的规定确定本单位的归档范围。这项工作通常由单位的文书人员或秘书人员承担。

2. 划定文件的保管期限

由于各种因素的影响，同属于一个归档范围的文件常具有不同的保管期限，为此，在确定归档范围之后还需要对文件划定具体的保管期限。这项工作也应由单位的文书人员或秘书人员承担。

3. 档案价值复审

除了永久保存的档案外，其他定期保存的文件在保管期满之后，需要对其价值进行复审，以确定是继续保存还是予以淘汰。档案价值复审主要采取两种形式：一是到期复审，即对于短期或长期保管的档案，在保管期满后重新审查其是否确实丧失了保存价值，对保管期满档案的复审周期可以逐年进行，也可以若干年度进行一次；二是移交复审，即档案室向档案馆移交档案时，档案室人员和档案馆接收人员共同对所移交的档案的保管期限进行的审查工作。

4. 销毁无价值档案

对于经归档鉴定和价值复审确认为没有保存价值的档案，应按照规定的手续和方法予以销毁。这项工作通常由档案部门承担。

二、档案保管工作的内涵

(一) 档案保管工作的含义与意义

档案保管工作是指在档案入库后所进行的存放、日常维护和安全防护等管理工作。开展档案保管工作，目的是维护档案的完整，并尽可能保护档案不受损害。

在档案管理中，开展档案保管工作有着十分重要的意义。具体表现在两个方面。一方面，档案保管工作有助于对真实的历史进行反映。档案中所记录的是真实的历史，只有将这些档案原件保管好，使这些档案的内容永久保存，方能够对历史的原貌进行真实反映，也能够方便党和国家在未来开展工作时对这些档案进行有效利用。另一方面，档案的寿命与档案保管工作具有密切的关系，当保管工作适宜且得当时，档案的寿命会相对延长，反之则会缩短档案的寿命。因此，必须要有效开展档案保管工作。

(二) 档案保管工作的任务

档案保管工作的任务，具体来说有以下几个。

1. 防止档案的损坏

档案保管工作的基本原则就是"以防为主，防治结合"。防是档案保管工作中的根本问题，要防止人为地破坏档案，防止各种不利因素损毁档案，特别是对重要档案、核心档案，要注意重点保护，立足于防，最大限度地消除各种不利因素的影响。

2. 延长档案的寿命

要从保管工作制度、办法以及技术处理措施上，提出保护档案的具体要求，延长档案的寿命，以适应档案长期保存的需要，从而有利于档案的长远利用。

3. 维护档案的安全

档案的安全主要涉及两方面的内容：一方面是档案实体的物质安全；另一方面是档案内容特别是机密内容的政治安全。因此，在开展档案保管工作时，必须积极采取有效措施来维护档案的安全。

4. 建立和维护档案的存放秩序

为了使档案入库、移出、存放井然有序，能够迅速地查找档案，并随时掌握档案实体的状况，档案室（馆）要根据档案的来源、载体等特点，建立一套档案入库存放的规则和管理办法，使档案不管是在存放位置上还是被调阅移动都能够处于一种受控的状态。

(三) 档案保管工作的内容

基于档案保管工作的任务，档案保管工作要包括以下几方面的内容。

1. 正确认识和全面把握档案的安全现状和破坏档案的各种因素

档案的安全现状和破坏档案的各种因素直接影响着档案保管工作的内容。首先，正确认识档案的安全现状包括了解馆(室)藏档案进馆(室)前后的保管措施、保管过程、有无损坏、损坏程度如何等，以便于确定今后的工作目标和工作内容；其次，破坏档案的因素多种多样，表现形式不一，对档案损坏的过程和损坏程度不同，只有全面把握威胁档案安全的各种因素的特点、表现形式，工作才能有的放矢，有针对性地将各种因素对档案的破坏降至最小。可见，正确认识和全面把握档案的安全现状和破坏档案的各种因素，是对工作对象和工作先天影响因素的深入剖析，回答了"管什么""为什么管"的问题，是档案保管工作有效开展的前提。

2. 提供档案保管的基本物质条件

档案安全、妥善的保管，离不开基本的物质条件。基本物质条件的好坏，直接影响着档案的寿命。良好的物质条件保证，有利于档案的长久保存；反之，恶劣的物质条件，直接危害着档案的安全。

确保档案妥善保管的基本物质条件包括档案库房、档案装具、档案保管的设备、档案包装材料等，这些条件要满足有利于档案长久保存的原则、规范和标准。不同载体的档案，如纸质档案、胶片档案、磁性载体档案、光盘档案、电子文件等材料和形成原理不同，影响其耐久性的因素不同。因此，在保管中档案库房、装具、设备等基本保管条件也存在较大的差异，尤其对于电子文件，如何在保管中确保其长期可读、可用，已成为档案保管工作的新内容。

3. 制定和完善档案保管的各项制度和标准

制定关于档案保管工作的制度，有利于档案工作者和档案利用者规范自己的行为，明确在档案保管和利用过程中应该做什么、如何做，有何责任和义务，避免人为原因造成的对档案的损害，最大限度地保护档案。

档案保管工作标准有利于工作的规范化，有助于降低工作成本，减少工作中因人而异产生的对档案保管的变化，有利于为档案保管创造最佳的条件和环境。在档案保管工作中，从国家层面，到地方各级各类档案馆(室)应形成完整的档案保管工作制度和标准体系，以实现档案保管工作的标准化和规范化，维护档案的完整与安全。

4. 做好日常的档案保管工作

日常档案保管工作从内容方面看，包括防盗、防水、防火、防潮、防尘、防鼠、防虫、防高温、防强光、防泄密等；从工作地点来看，包括档案库房中的保管和档案库房外的保管,在库房外的保管又可分为在流通传递中的保管和在利用中的保管。在库房中的保管,主要由档案工作人员来完成,而在库房外的保管,则需要档案工作人员和档案利用者共同来实现,因此,使利用者同样以"爱惜"的态度,科学合理地利用档案也是日常档案保管工作的重要内容。日常档案保管工作繁杂琐碎,但又是档案保管的基础性工作,因此,需要档案工作人员精益求精、细心、耐心地来实现。

5. 开展有针对性的档案保护工作

采用专门的技术和方法对受损程度较大、有重要价值的或其他急需修复的档案进行保护,延长档案的寿命,这是档案保管工作的一项重要内容。

对档案产生破坏的种种因素中,虽然有些因素我们是难以控制的,但我们可以采取相应的保护措施,利用先进的技术,将损失降到最低。比如,通过纸质档案修裱技术能帮助一定程度破损的档案恢复原貌,已成为抢救档案的一项不可缺少的且具有中国特色的专门技术。这些专门的保护措施专业性较强、技术性较强,且细微细致,需要专门的人才,需要大量的财力、物力的保障,但它在延长档案寿命、保护人类文化历史遗产等方面发挥着重要的作用。因此,每个档案馆(室)在做好日常保管工作的同时,应根据馆藏状况,将有针对性地开展档案保护工作纳入档案保管工作的整体规划。

(四)档案保管工作的要求

档案保管工作的要求,具体而言有以下几个。

1. 注重日常管理工作

在开展档案保管工作时,需要做好档案库房管理的日常管理工作,包括归档和接收的案卷及时入库;调阅完毕的案卷及时复位;定期进行案卷的清点和检查,发现问题及时处理。只要持之以恒地坚持严格的日常管理,就能保证库房内档案的良好状态。

2. 重点与一般兼顾

档案的保管期限与其自身所具有的价值有着密切的关系,因而在开展档案保管工作时要遵循重点与一般兼顾的要求,对于单位的核心档案、重要立档单位的档案、需要长久保存的档案,应该加以重点保护,尽量延长档案的寿命。同时,对于一般性、短期保存的档案也要提供符合要求的保管条件,确保其在保管期限内的安全和便于利用。

3. 预防为主,防治结合

在档案保管工作中,保护档案实体安全的方法概括起来主要有两类:一是如何预防档案实体损坏的方法;二是当环境不适宜档案保管要求时或当档案实体受到损坏后如何处置的方法。在归档或接收的档案中,实体处于"健康"状态的档案占绝大多数。因此,在档案保管工作中,积极"预防"档案受到各种不良因素的破坏是主动带本的方法。我们应该采取各种措施，确保这些档案的长期安全。同时，还应该通过加强日常管理和检查，及时发现档案实体出现的"病变"情况，以便于迅速地采取各种治理措施，阻断或消除破坏档案的有害因素，修复被损害的档案，使其"恢复健康"，预防为主，防治结合，才能全面保证档案实体的安全。

4. 立足长远，保证当前

对档案进行保管，最为重要的一个目的便是方便党、国家以及相关单位对其进行利用。因此，在对档案进行保护时，必须充分考虑到档案的利用特别是未来问题，不可只关注眼前方便利用而危害未来的长远利用。也就是说，在进行档案保管时，必须遵循"立足长远，保证当前"的要求，以切实处理好档案的当前利用与长远利用的矛盾。

（五）档案保管工作的物质条件

档案保管工作的有效开展，必须要以一定的物质条件为支撑。档案保管工作的物质条件即档案保管所需的一切物质装备，具体包括以下几方面的内容。

1. 档案库房

档案库房建筑是档案保管最基本的物质条件，是档案保管中长期起作用的因素，其质量直接影响档案保管中各项设备的采用与效果。为此，国家档案局制定了《档案馆建筑设计规范》，作为档案管理机构建设档案库房的标准。

在实际工作中，因受职能、规模、财力等因素的限制，各档案室（馆）在库房建筑配置上不可能完全一致，因此应该分情况解决。档案馆应该按照《档案馆建筑设计规范》的要求建造档案库房；档案室在档案库房的选址或建造上也应该尽量向《档案馆建筑设计规范》的要求靠拢。在无法达到其要求的情况下，也必须满足以下几方面的要求。

第一，档案库房要有足够的面积，开间大小要合适。

第二，库房必须专用，不能与办公室合用，也不能同时存放其他用品。

第三，档案库房必须是坚固的正规建筑物，临时性建筑不能作为档案库房。

第四，档案库房应该远离火源、水源和污染源，符合防火、防水、防潮、防光、防尘、隔热等基本要求。因此，全木质结构的房屋和一般的地下室均不宜作档案库房使用。

第五，档案库房的门窗应具有良好的封闭性。

2. 档案包装材料

档案的包装是非常重要的，它既可以有效地防止光线、灰尘、有害气体对档案的直接危害，也可以减少管理过程中对档案的磨损。现在通用的国家标准的档案包装形式有三种。一是卷皮，它是包装文件的基本方式，分为软卷皮和硬卷皮两种。卷皮不仅是为了保护文件，同时它本身也是案卷的封面，对查找利用也是很方便的。二是卷盒。

采用卷盒来保管案卷在目前是一种比较好的方法，它不仅能够防光、防尘和减少磨损，同时科学的卷盒也便于管理。但是制作卷盒费用比较大，因此，一般只对珍贵的档案用卷盒包装。三是包装纸，有些文件可以用比较结实的纸张把它包装起来，但这只是一种临时措施。

3. 档案装具

档案装具是指用以存放档案的柜、架、箱，它们是档案室（馆）必需的基本设备。档案装具应该坚固耐用、存取方便、密封良好，并有利于防水、防火等，因此最好用金属材料制成。

目前的档案装具中，活动式密集架在有效利用库房空间、坚固、密闭方面具有较好的性能。活动式密集架平时各架柜合为一体，调卷时可以手动或自动分开，比常规固定架柜节省近2/3的库房面积。新建库房如果使用活动式密集架则可比使用常规固定架柜节省近1/3的建筑费用。但是，安装活动式密集架要求地面承重能力较大，还必须考虑整个建筑物的坚固程度以及使用年限等相关因素。

4. 档案保管设备

档案保管设备是指在档案保管、保护工作中使用的机械、仪器、仪表、器具等技术设备，主要有空调机、去湿机、加湿器、温湿度测量及控制设备、报警器、灭火器、电脑、复印机、装订机等。

5. 消耗品

消耗品是指用于档案保管工作的易耗低值物品，如防霉防虫药品、吸湿剂、各种表格及管理性的办公用品等。

档案库房、装具、设备、包装材料和消耗材料在档案保管工作中构成一个保护链条，共同发挥着为档案创造良好环境、防护档案免受侵害、维护档案完整和安全的作用。因此，档案室（馆）在开展档案保管工作时，应根据档案保管的整体要求和自身的情况，本着合理、有效、实用、节约的原则对这些物质条件进行配置。

第二节　档案鉴定工作的制度和组织

一、档案鉴定工作的制度

为了保证档案鉴定工作的质量和防止有意破坏档案，使档案的鉴定和销毁工作有组织、有监督地进行，必须建立和健全档案鉴定工作制度。通常而言，档案鉴定工作制度应包括以下几方面的内容。

(一) 制定档案鉴定工作的标准

档案鉴定工作必须以一定的标准为依据。通常而言，档案鉴定工作要由党和国家及其档案行政管理机关制定统一的鉴定标准，各地区、各系统、各机关据以制定具体的鉴定标准。

比如，国家档案局发布的《机关文件材料归档范围和文书档案保管期限规定》（以下简称《规定》）所规定的文书档案保管期限划分标准就属于统一的标准，各机关应根据该《规定》，结合本机关职能和各部门工作实际，编制本机关的文件材料归档范围和文书档案保管期限表，经同级档案行政管理部门审查同意后执行。有垂直领导关系的中央、国家机关应依据该《规定》，结合本系统工作实际，编制本系统的文件材料归档范围和文书档案保管期限表，并经国家档案局审查同意后执行。各个机关或系统在编制本机关或本系统文件材料归档范围和文书档案保管期限表时，应全面分析和鉴别本机关（本系统）文件材料的现实作用和历史作用，准确界定文件材料的归档范围和划分档案保管期限。各个机关、团体、企业事业单位都必须根据规定的标准进行鉴定。

(二) 建立档案鉴定工作的组织

在明确了档案鉴定工作的标准之后，就需要进一步有组织、有领导、有计划地开展档案鉴定工作。档案室和档案馆的档案鉴定工作，必须有组织、有领导地进行。按照《机关档案工作条例》和《档案馆工作通则》等文件规定，机关的档案鉴定工作，必须在机关办公厅（室）主任的主持下，由档案部门和有关业务部门组成鉴定小组共同进行，鉴定工作结束后，应提出工作报告。档案馆对无须继续保存的档案进行鉴定和处理须征求有关部门的意见，并经领导机关批准。

(三) 制定销毁档案的批准制度和监销制度

《机关档案工作条例》和《档案馆工作通则》等文件规定，机关应定期对已超过保管期限的档案进行鉴定，鉴定工作结束以后，应提出工作报告，对确无保存价值的档案进行登记造册，经机关领导人批准后销毁。档案馆经过鉴定需要销毁的档案，必须报请主管领导机关的批准。销毁1949年以前的档案，同时还需报国家档案局。未经鉴定和批准，不得销毁任何档案。机关销毁档案，应指定两人负责监销，防止档案遗失和泄密，同时监销人要在销毁清册上签字。

在制定销毁档案的批准制度和监销制度时，还需要制定完整的档案销毁制度，具体包括以下几方面的内容。

1. 编制档案销毁清册

档案销毁清册是登记经鉴定需要销毁档案的内容、成分、数量的表册；其作用是提供给有关领导人或有关领导机关对需要销毁的档案进行审查和批准，以及日后作为查考档案销毁情况的依据。

档案销毁清册封面的项目有全宗号、全宗名称、编制档案销毁清册单位名称、编制时间等。档案销毁清册主表的项目有序号、年度、档号、案卷或文件题名、文件数量、原保管期限、销毁原因、鉴定时间、备注等。上述登记项目可以酌情增减。

2. 编制立档单位和全宗简要说明

为了便于本单位领导人或主管领导机关了解待销毁档案的情况，作出正确的决定，档案馆（室）还需要编制立档单位和全宗简要说明。立档单位和全宗简要说明的内容包括：立档单位和全宗历史概况、档案所属年代及其保管期限、销毁档案的数量及其内容、档案鉴定的概况和销毁档案的主要理由等。销毁档案的数量及其内容部分可以粗略地分类进行介绍。档案（馆室）应将立档单位和全宗简要说明与档案销毁清册一并向本单位领导人或主管领导机关送审。

3. 明确销毁档案的方法

准备销毁的档案在未获批准之前应单独保管，以便审批时对其进行检查，或不批准销毁时恢复保存。准备予以销毁的档案经批准后，一般可将其送往造纸工厂作纸张原料。若档案室（馆）远离造纸厂或待销毁档案特别机密，则可采取自行焚毁的方式。

为保守党和国家的机密，严禁将需要销毁的档案作其他用途，更不允许作为废旧纸张、书刊出卖。

销毁档案无论采取何种方式，均需指派两人以上执行监销任务。档案监销人员在销毁现场监督，直到确认档案已经销毁完毕，然后在销毁清册上注明销毁方式、"已销毁"字样和销毁日期，并签字，以示负责。

对于已经获批准确定销毁的档案，为慎重起见，不必立即执行销毁，可以"暂缓执行"，搁置一段时间，经审查没有发现问题后再实施销毁。

二、档案鉴定工作的组织

就当前来说，档案鉴定工作的组织主要有两类，即档案鉴定小组和档案鉴定委员会。

（一）档案鉴定小组

档案鉴定小组是现行单位的档案鉴定工作组织，现行单位一般由机关档案室会同文书处理部门、有关业务部门人员和部门领导或分管领导共同组成"档案鉴定小组"负责档案的鉴定工作。其具体职责有以下几个。

第一，讨论和制定档案鉴定计划和具体的档案鉴定标准，如本单位的《档案保管期限表》。

第二，实施组织和具体操作本单位的档案鉴定工作，并就档案鉴定工作中遇到的疑难问题作出决断。

第三，评议档案鉴定结果并提出评估意见，并为单位领导最后审批鉴定报告提供依据。

（二）档案鉴定委员会

档案鉴定委员会是档案馆的档案鉴定工作组织，一般由档案馆馆长、馆内有关业务人员、同级档案行政管理机构相关人员共同组成，在具体鉴定某一部分档案时，还应邀请有关单位的人员参加。由于档案馆保存的档案大多都是经过鉴定的，因此，档案馆的鉴定工作一般主要表现为对需要永久保存的档案加以复审，对保管期限已满的档案进行销毁鉴定，具体审查销毁清册，并对档案的存毁作出决定。但是，档案馆内往往也保存有一些以前没有经过鉴定的文件，对这些文件的鉴定往往需要档案鉴定委员会领导和监督有关鉴定事项的正常进行。

第三节 档案保管期限表

为了保证档案鉴定工作的质量、提高档案鉴定工作的效率、保证档案鉴定工作的顺利进行，必须编制档案管理的指导性文件，档案保管期限表便是其中一种形式。

一、档案保管期限表的含义

所谓档案保管期限表，就是借助于表册的形式对档案的相关内容（如档案的内容、档案的保存期限等）进行呈现的文件。各档案馆（室）在对档案的价值及其保存期限进行确定时，都需要依据档案保管期限表。

二、档案保管期限表的作用

档案保管期限表的作用，具体来说有以下几个。

第一，借助于档案保管期限表，档案鉴定工作者能够更好地开展工作。在档案保管期限表的指导下，档案鉴定工作者对于档案鉴定工作的依据与标准能够形成统一认知，这对于保证档案价值鉴定的准确性具有重要的作用，同时也能够有效避免档案鉴定工作人员因观点不同而出现争执现象，继而有效提高档案鉴定工作的效率。

第二，档案保管期限表能够帮助单位档案部门对档案的保管期限进行确定。；

第三，档案保管期限表上具体规定何种档案必须保存，何种档案应该销毁。在这一规定的指导下，能够有效避免档案被错误销毁，继而确保档案的完整和安全。

三、档案保管期限表的类型

就当前而言，我国主要存在以下几种类型的档案保管期限表。

（一）通用档案保管期限表

通用档案保管期限表是由国家档案行政管理机关编制的，供全国各类单位鉴定档案时通用的保管期限表。国家档案局发布的《文书档案保管期限表》就属于这种类型。通用档案保管期限表相比其他的档案保管期限表来说，有以下两个鲜明的特点。

1. 通用性

通用档案保管期限表对全国各机关所共有的文件种类的保管期限进行了明确规定，是全国各机关确定共有文件的保管期限的重要依据与标准。

2. 依据性

各类单位和系统在对适合自身的档案保管期限表进行制定时，必须依据通用档案保管期限表。通常而言，各类单位和系统所制定的档案保管期限表的保管期限可比通用档案保管期限表的保管期限略长。

（二）专门档案保管期限表

这类档案保管期限表是各类单位和系统在对专门档案的价值进行鉴定并明确其保管期限时的一种指导性文件，通常由国家档案行政管理机关会同有关主管部门进行编制。财政部和国家档案局联合颁发的《财政总预算、行政单位、事业单位和税收会计档案保管期限表》就属于这种类型。该表供全国各级财政机关、行政机关、团体、企业、事业单位鉴定会计档案时使用。

（三）同系统机关档案保管期限表

这类档案保管期限表是类属于同一系统的各个机关在对档案的价值进行鉴定时的依据，通常由各个系统的主管领导机关进行编制。此外，这类档案保管期限表在制定后需报送国家档案局备案，并要抄送各省（自治区、直辖市）档案局。煤炭部制定的《煤炭部行政、企业系统档案保管期限暂行标准》便属于这种类型。

（四）同类型机关档案保管期限表

这类档案保管期限表是归属于统一类型的各个单位对档案价值进行鉴定的依据，通常由档案行政管理部门或主管领导机关进行编制，如《XX高等院校文书档案保管期限表》等。

（五）机关档案保管期限表

这类档案保管期限表的编制者是各个机关，而且其只是本机关对档案价值进行鉴定的依据。《XX市教委文书档案保管期限表》《XX大学文书档案保管期限表》均属这种类型。

四、档案保管期限表的结构

档案保管期限表通常由顺序号、条款、保管期限、附注以及总的"说明"等部分组成，其中最为基本的项目是条款和保管期限。条款较多的保管期限表，还须把条款加以分类。此外，档案保管期限表可以采用表格的方式，也可以采用文字说明的方式。

（一）顺序号

顺序号是档案保管期限表的各条款经系统排列后在各条款前统一编定的自然数顺序号。这一号码对于固定条款位置具有重要的作用。此外，档案鉴定工作人员在借助档案保管期限表对档案进行鉴定时，可以将顺序号作为引用条款的代码。

（二）条款

条款是一组类型相同的文件的名称或标题，如"本单位召开会议的文件材料""本单位召开的工作会议和重要的专业会议文件材料"等。在档案保管期限表中，条款是一项不可或缺的内容。

1. 条款的拟定

在对条款进行拟定时，通常要求能够将文件的重要内容都反映出来，包括文件的来源、文件的形式以及文件的内容等。此外，拟定条款的文字必须简洁、明确，没有语法逻辑错误。不过，条款在结构上并不绝对要求文件的来源、内容、形式三者齐全，应视档案保管期限表的适用范围、各种文件的特点及其价值作适当调整。

2. 条款的排列

档案保管期限表的条款排列形式主要有两种，具体如下。

(1) 条款分类排列

条款分类排列就是按照一定的方法对条款进行分类，以便于档案鉴定人员进行查找与使用。通常而言，对档案条款进行分类的依据有内容、来源、形式等。比如，《财政总预算、行政单位、事业单位和税收会计档案保管期限表》中将档案分为会计凭证类、会计账簿类、财务报告类、其他类四个类别，十分便于查找。

(2) 条款不分类排列

条款不分类排列就是因条款的内容少或是条块的内容不容易进行划分而不对条款进行分类，但需要按照一定的逻辑顺序对条款进行排列。比如，国家档案局发布的《文书档案保管期限表》中的条款没有分类，而是按照"会议文件""上级机关文件""本级机关文件""同级机关文件""下级机关文件，，的顺序排列的。

(三) 保管期限

保管期限即某一档案需要保存的时间，其通常需要依据档案的价值进行确定。就当前而言，档案的保管期限主要分为两种，即永久保管和定期保管。其中，定期中又分为长期和短期两种。在表述习惯上，往往不采取这种逐层划分方法，而平列地直称永久、长期和短期三种。

1. 永久保管

凡是反映本机关主要职能活动和基本历史面貌的，对本机关、国家建设和历史研究有长远利用价值的档案，列为永久保管。通常来说，永久保管的文件主要包括以下几类。

第一，本机关制定的属于法规政策性的文件。

第二，本机关召开重要会议、举办重大活动等形成的主要文件材料。

第三，本机关职能活动中形成的重要业务文件材料。

第四，本机关关于重要问题的请示与上级机关的批复、批示，重要的报告、总结、综合统计报表等。

第五，本机关机构演变、人事任免等文件材料。

第六，本机关房屋买卖、土地征用等重要的合同协议、资产登记等凭证性文件材料。

第七，上级机关制发的属于本机关主管业夸的重要文件材料。

第八，同级机关、下级机关关于重要业务问题的来函、请示与本机关的复函、批复等文件材料。

2. 定期保管

凡是反映本机关一般工作活动。在较长时间内对本机关工作有查考利用价值的文件材料，列为定期保管。通常来说，定期保管的文件主要包括以下几类。

第一，本机关职能活动中形成的一般性业务文件材料。

第二，本机关召开会议、举办活动等形成的一般性文件材料。

第三，本机关人事管理工作形成的一般性文件材料。

第四，本机关一般性事务管理文件材料。

第五，本机关关于一般性问题的请示与上级机关的批复、批示，一般性工作报告、总结、统计报表等。

第六，上级机关制发的属于本机关主管业务的一般性文件材料。

第七，上级机关和同级机关制发的非本机关主管业务但要贯彻执行的文件材料。

第八，同级机关、下级机关关于一般性业务问题的来函、请示与本机关的复函、批复等文件材料。

第九，下级机关报送的年度或年度以上计划、总结、统计、重要专题报告等文件材料。

此外，根据《关于机关文件材料归档范围和文书档案保管期限的规定》，机关形成的人事、基建、会计及其他专门文件材料的归档范围和档案保管期限，按国家有关规定执行。

（四）附注

附注是在条款之下对条款及其保管期限所做的必要的注解或说明。比如，对条款中"重要的"和"一般的"可以注解为："重要的，是指方针政策性或重大问题的、具有科学历史价值的文件材料"；"一般的，是指一般业务和事务性问题、科学历史价值不大的文件材料"。又如，一些合同、协议书、借据的保管期限，往往需要从有效期满后算起，可在保管期限后注明"失效后"的字样。

（五）说明

在档案保管期限表的说明中，通常应包括以下几方面的内容。

第一，档案保管期限表的制定依据。

第二，档案保管期限表的适用范围。

第三，档案保管期限表的结构。

第四，档案保管期限表中保管期限的计算方法。

第五，其他需要说明的问题。

以上只是档案保管期限表一般的结构，可以根据各种档案保管期限表的特点，增加或减少某些项目。

五、档案保管期限表的编制

在对档案保管期限表进行编制时，需要做好以下几方面的工作。

（一）准备工作

在编制档案保管期限表之前，必须对机关的具体情况（如机关的地位、职能、任务等）以及机关之前所制定文件的相关状况（如文件的种类、数量、利用情况等）进行详细考察。在对机关之前所制定文件的相关状况进行考察时，往往可以借助于立卷类目、案卷目录等材料。

在对通用的、专门的、同系统机关和同类型机关的档案保管期限表进行制定时，不能仅仅对个别机关及其文件制定情况进行考察，而是需要对若干具有代表性的机关及其文件制定情况进行综合考量，总结出带有共性、规律性的认识。

（二）起草工作

在对机关的自身情况及其文件制定情况进行了充分了解与研究后，便可以起草档案保管期限表了。在这一过程中，需要对档案保管期限表的结构体系、格式以及内容进行明确。如果档案保管期限表的条款较多，为了将条款加以分类，在拟写条款之前还应考虑和拟出条款的分类方案，使所拟条款符合分类的体系。

（三）征求意见和修正草案

档案保管期限表的草案编成后，应分送各单位征求意见，经修正的草案，须送领导审查批准。一些比较小型的机关，由于产生文件较少，文书工作与档案工作往往集中由一个单位或一人来进行，也可把机关档案保管期限表与机关文件立卷用的立卷类目合编，在立卷类目的每一条款下指明其保管期限。

第四节　档案的库房管理

档案库房管理工作是档案保管工作的主要内容，做好经常性的、具体的库房管理工作，是做好档案保管工作的基础，是整个档案工作顺利进行的必要条件。具体而言，档案的库房管理需要做好以下几方面的工作。

一、确保库房建筑符合档案长期安全保管的要求

档案库房是长期保管档案的重要基地。库房建筑是否符合档案长期安全保管的要求，将直接影响到档案的保护环境，影响到档案的寿命。一个建筑布局合理的库房，不仅可以延长档案的寿命，同时也能大大降低档案保管费用。因此，库房的建筑对于档案的保护是有重要影响的。为此，在选择库房建筑的地址、形式等时，都需要符合一定的要求。

（一）库房建筑的地址

档案库房建筑地址的选择是一个既重要又复杂的问题，通常来说应符合以下几方面的要求。

第一，库址应选在地势较高、场地干燥、排水通畅的地段，不应选在江、河、湖泊或地势低洼的地方，也不应选在地下水位高的地方。

第二，库址应选在空气清洁和空气流通的地段，不应选在工矿企业区，也不应在其下风处，以避免有害气体及灰尘对档案的不利影响。

第三，库房在档案馆中应集中布置，自成一区，与其他建筑应有一定的距离，不应选在邻街位置，也不应选在易爆物附近，以确保档案的安全与防火要求。；

第四，库房周围应适当留有用地，以满足不断扩建的需要。

在实际选择库房地址的工作中，各种要求往往难以同时满足，有些要求甚至还会相互矛盾，因而选择库址应从实际出发，权衡利弊，慎重考虑，最后作出正确的选择。

（二）库房建筑的形式

档案库房是一种特殊建筑，它既不同于民用建筑，也不同于一般的仓库。由于档案本身的价值，要求档案库房不仅能存放档案，而且能将档案长期或永久地保管下去，这就必然要对档案库房建筑在防热、防潮、防光、防有害气体等方面提出一些更为严格的要求。

第一，库房屋顶直接承受太阳的辐射热和雨水的冲淋，对库房的温湿度影响较大，因此库房屋顶的建筑要有利于防热防水。隔热的措施主要有：采用实体材料来隔热，即在屋顶中铺设一层导热系数小的隔热材料来提高屋顶的隔热效果，建筑上常用泡沫混凝土、膨胀珍珠岩、稻草板、矿棉、泡沫塑料等做隔热材料。使用隔热材料时，应注意采取必要的防水措施，加做防水层来防止隔热材料渗水。采用空气间层隔热，即利用空气导热系数小的特点，把空气作为隔热材料来使用，利用封闭空气间层来做隔热屋顶，变实体结构为空心结构。另外，在我国南方地区气候炎热多雨，人们为了隔热防水，创造了双层瓦通风屋面和大阶砖通风屋面。屋顶的防水措施通常有卷材防水、

刚性防水和构件自防水三种。卷材防水是使用沥青和油毡重叠组合在一起,覆盖在全部屋面上,做到严密无缝,形成一个以堵住雨水渗漏的不透水的防水层。一般的做法是二毡二油。油毡最大的缺点是年久老化,有时甚至起鼓、腐烂、不耐久。刚性防水是利用水泥及其制品(水泥砂浆、混凝土、钢筋混凝土)的密实性做成屋面防水层来防水。其缺点是自重大,施工工序多,操作不够方便,而且由于热胀冷缩及材料本身干缩开裂而导致渗漏或结构变形撕裂而漏水。所以,为了提高刚性防水层的防水效能,可在刚性材料中掺入一些防水剂和加气剂。构件自防水是靠屋顶构件自身的密实性达到防水效果,较多使用的是槽瓦、小青瓦、平瓦等。这种屋面重量较轻,施工方便,维修也比较容易。

第二,库房墙体受外界的气温变化,风吹雨淋、日晒等大气侵蚀的影响较大,因此,库房墙体也要采取一定的防热防潮措施。通常的做法是加厚墙体。墙体越厚,传热量越小,外界气温对库房温度影响越小。

第三,根据档案库房的隔热防潮要求,门窗应少而小,能满足通风要求即可。为了减少阳光直接射进库房的面积和时间,窗子应尽量开得窄一些,库房每间开窗洞面积与外墙面积之比,不应大于1:10。东西墙不开窗,因为太阳辐射热对西墙影响最大,东墙次之,南墙较小,北墙最小,所以开窗以南北窗为宜。对于天然采光的库房,应采用防紫外线玻璃,也可安装毛玻璃、花纹玻璃、彩色玻璃来防光。也可在窗子上采用不同形式的遮阳措施,以减少太阳辐射热的影响。此外,库房门应做成双门,在两门之间形成一个过渡间,以减少库外空气对库内的影响。门以木制厚门为好,因为木材导热系数小,有利于隔热。

第四,走廊本身是一道较厚的空气层,有保温隔热的作用。利用走廊的空间铺设管道和安装空调等设备,可省去对库房空间的挤占,并可利用走廊空间做一些可行性管理工作。由于西墙是隔热重点,因而内走廊应首先考虑设在西向,其次是东向。不设内走廊的库房,也可在西侧设楼梯,同样也能起到隔热作用。

(三) 库房建筑的其他要求

第一,库房建筑的承重量要符合负载要求,应做到既不浪费又符合安全需要。

第二,库房开间面积应根据存储档案的类别、数量等情况酌情考虑,宜采用大小开间混合设计。一般来说,大开间面积为201～300平方米,中开间面积为101～200平方米,小开间面积在100平方米以下。库房的高度一般以2.5～2.8米为宜,库房过高,不仅会造成空间的浪费,而且也不利于对库房温湿度的控制。

第三,库房照明应以普通白炽灯为宜,为防止灯泡炸裂,可在灯泡外面罩上一个防尘玻璃罩。已使用日光灯的库房,应对日光灯进行紫外光处理,以减少日光灯发出的紫外线的照射作用。库房灯光的设置,应在相邻两个架(柜)的中间、灯与架(柜)

顶端的垂直距离不应少于 40 cm，灯的瓦数以能看清架（柜）最底层的档案卷号为准。

第四，库房的供电导线应用铜心线，配电盘不应装在库房内，配电线路宜装保护管暗敷在非燃烧体结构内。电源箱内要安装两相和三相各种插座，以备去湿机、空调器或吸尘器等电器的使用。

二、建立良好的库房管理秩序

良好的库房管理秩序对于库房管理工作的顺利开展具有重要的作用，具体而言可通过以下几个途径建立良好的库房管理秩序。

（一）对档案库房进行编号

为了有序地管理档案库房，也为了方便档案库房的管理工作，应对拥有多间或多幢档案库房的档案馆（室）的库房进行统一编号。

档案库房编号有两种方法：一种是为所有的库房编统一的顺序号，这种方法适用于库房较少的档案馆（室）；另一种是根据库房的所在方位及库房建筑的特征进行编号，如"东一楼""红三楼"等。楼房内的库房自下而上分层编号，每层的房间从楼梯入口处自左至右顺序编号；平房应先分院或排，然后从左至右统一按顺序编号。

（二）对档案装具进行合理排列与编号

1. 档案装具的排列

库房中档案装具应排列有序，不同规格、不同式样的档案架、柜、箱应该分开排列，做到整齐划一。如果是有窗库房，档案装具应与窗户呈垂直走向排列，以避免强烈光线直射；对于无窗库房，档案装具的排列也要注意有利于库房的通风。

此外，档案装具的排放应注意最大限度地利用库房的空间，同时，也要宽度适宜，以便于档案的取放和搬运。一般情况下，档案装具之间的通道宽度应便于档案管理人员的工作与小型档案搬运工具的通行。在排放档案装具时应注意其不要紧贴墙壁。

2. 档案装具的编号

为了便于对库房内档案的管理，所有档案装具应统一编号。一般的编号方法是自库房门口起，从左至右、自上而下依次编档案装具的排号、柜架号、格层号（箱号），其号码采用阿拉伯数字。

（三）按股全宗排列的方式存放档案

在库房，档案的存放要按全宗排列。全宗排列方法，主要有按全宗顺序号流水排列法和全宗分类排列法两种。前者对库房空间和全宗实体的安排比较方便，后者对全宗的系统管理和全宗的信息控制比较有利。此外，档案按照全宗进行排列并不是说在任何情况下各种不同类型的档案都必须存放在一起，一些特殊类型的档案，如照片、影片、录音、录像档案以及会计档案、科技档案等，应该分别保管。为了保持文件之间的历史联系，应该在案卷目录、全宗指南等检索工具中说明属于同一全宗、因类型不同而分别保存的档案的保管情况，并在全宗末尾放置全宗保管位置参见卡，指明存放地点。

在对库房的档案进行全宗排列时，还应特别注意以下几个方面。

第一，应按一个全宗接一个全宗的顺序依次集中排列，不得打乱全宗混合排列。

第二，各全宗应按分类顺序排列，不得打乱类别顺序混合排列，排定后应编制库房号、柜架号、栏格号，以便存取。

第三，案卷应竖放，特殊档案（如宽幅面图纸）可平放，但要注意存取方便和防止因重压受损。

第四，声像档案应按载体材料的特殊要求排放。

（四）对档案架进行合理排放与编号

库房中档案架的排放，应特别注意以下几个方面。

第一，应排列一致，横竖成行，大小式样不同的架子可分类，尽可能做到整齐一致。

第二，有窗库房的架子排列，应与窗户垂直，以避免强烈光线的直射；无窗库房架子的排列，纵横均可，但应注意不要有碍通风。

第三，应注意最大限度地利用库房的地面与空间，但是也要便于档案的搬运和取放，不宜太松或太紧。

（五）编制档案存放地点索引

档案存放位置索引是以表册或卡片的形式，记录档案在库房及装具中存放位置的一种引导性管理工具；其作用是指引档案管理人员准确无误地调取、归还案卷，以及进行其他项目的管理工作。由于档案存放位置索引能够清晰地反映各个全宗、案卷的存址，因此，它在档案馆（室）档案的迁移中具有更为突出的引导和控制作用。

档案存放位置索引的体例，主要有以下两种。

第一，指明档案存放处所的存放位置索引，这种索引是以全宗及各类档案为单位编制的，指明它们存放于哪些库房及装具中。

第二，指明各档案库房保存档案情况的，这种索引是以档案库房和档案架为单位，指出它们保存了些什么档案。

此外，档案存放位置索引还可以制作成大型图表，张贴于办公室或库房入口的醒目之处，以方便管理人员使用。

（六）设置档案装具所存档案标识牌

装具所存档案标识牌是在每一列、每一件、每一层（格、箱）装具表面醒目处设置的标牌，以标明每一个档案架、柜、箱中所存放档案的起止档号，以便检查和调还档案。

（七）编制档案代理卡

由于提供利用或档案馆（室）内部工作需要，经常将库房中已经上架的档案暂时移出库外。为了便于库房管理人员掌握档案的流动情况和安全检查，对于调处时间较长的案卷，可以填制一种卡片放在档案原来存放的位置上，这就是通常所说的"代理卡"或"代理卷"。

档案代理卡的使用方法是事先准备好印有固定栏目的卡片备用；每当从库房中调出一个或一组卷号相连的案卷，就填写一张代理卡，然后放置于所调出案卷的位置上；案卷归还时再将其取下。

档案代理卡是一种行之有效的微观管理手段，库房管理人员如果能够在调卷时认真填写、正确使用，还卷时仔细核对，则可以有效地防止档案放错位置的现象。尤其是在档案利用频繁、档案出入库数量大的情况下，其效用更为明显。将使用过的档案代理卡积累起来，还可以作为统计、分析档案利用情况和规律的数据。

（八）建立全宗卷

全宗卷是档案馆（室）在管理某一全宗的过程中形成的，记录和说明该全宗历史情况的专门案卷；它是一个全宗在形成和管理活动中形成的"档案"。在开始档案的库房管理工作时，应在每一个全宗的管理中建立全宗卷，以记载立档单位和全宗历史演变情况。

通常而言，全宗卷需要包括以下几方面的内容。

第一，在收集环节所产生的材料，如档案交接凭证、征集历史档案的记录等。

第二，在整理环节产生的材料，如整理工作方案、档案分类方案、全宗内档案数量及状况记录。

第三，在档案鉴定环节产生的材料，如档案保管期限表、档案销毁清册、档案鉴定记录、立档单位与全宗历史考证等。

第四，在保管环节产生的材料，如安全检查记录和对破损档案采取的补救措施等。

第五，在统计登记和提供利用过程中产生的材料，如登记统计记录、全宗指南、机关大事记、组织沿革等。

全宗卷的建立是一个由少到多、不断积累的过程。全宗卷在管理上不宜装订，而适宜使用活页夹或档案袋（盒）进行保存，以便于材料的积累和整理。全宗卷内的材料积累到一定程度，应该进行清理。

全宗卷是围绕全宗的管理活动而形成，并以一个全宗为单位组合成的案卷。因此，全宗卷不属于全宗内的一个案卷，在管理上不能与全宗内的档案混合在一起，而应单独存放。其存放方式是每个全宗的全宗卷，可以按照全宗号进行排列并专柜保管，也可以置于每个全宗排列的卷首。

三、进行档案的安全检查

对档案进行安全检查也是库房管理工作中的一项重要工作，通过开展这项工作不仅能发现工作中的缺点，及时纠正，而且能有效维护档案的安全和完整。

档案的安全检查可以分为两种形式，即定期检查和不定期检查。其中，定期检查期限不宜过长，一般以半年为宜，最长不超过1年，以便及时发现问题和妥善解决。不定期检查应在下列情况下进行：一是档案库房发生水灾或火灾之后；二是发现档案有遗失、被盗情况或其他可疑现象时；三是发现档案有虫蛀、鼠咬、霉烂、水湿等现象时；四是档案保管人员调换工作时。

在检查中发现的问题，如不能自己解决的，要及时报告上级主管部门或者有关领导，请求予以解决。

四、做好库房卫生工作

档案库房卫生工作是库房管理中一项经常性工作。库房卫生搞得好，不仅可以为档案的保存提供一个整洁的环境，同时也可以防止有害生物的产生。

（一）库房卫生工作的要求

库房卫生工作的要求，具体来说有以下几个。

第一，四壁、天花板、地面清洁无尘、光洁明亮。

第二，档案装具无土无尘。

第三，库内器具物品放置有序。

第四，库房内不得堆放与库房管理无关的杂物。

（二）库房卫生工作的开展途径

为保证库房卫生，应做到以下几点。

第一，经常打扫库房卫生，擦去墙壁、地面、天花板等处的浮土浮尘。

第二，对档案装具及全库进行定期消毒，以免害虫滋生。

第三，对于新增添的装具、将入库的档案，入库前必须进行擦洗、除尘和消毒。

第四，管理人员入库应穿工作服、换鞋。非库房管理人员禁止入库，尽量少接待和不接待库房参观。

第五，库房周围不应有污水沟、污物堆放处，否则会影响库内卫生。

五、做好库房的保卫保密工作

档案是党和国家的文化财富，其中许多是有机密性的，因此，做好库房保卫保密工作是极其重要的。在开展这项工作时，可具体从以下几方面着手。

第一，库房管理人员首先应做好防盗，必须堵塞一切可能失窃的漏洞。库房管理人员和值班人员必须恪尽职守，严防任何盗窃和破坏事件的发生。

第二，非库房管理人员未经批准，不得随便入库。进入机密库房时，应严格执行出入库房制度。

第三，珍贵的绝密档案应放入保险柜，在专门的地点保存。

第四，出入库房的档案，应进行仔细的清点和登记。

第五，要杜绝一切失密的可能，管理人员非因工作不得谈论档案内容。

六、营造良好的库房外部环境

营造良好的库房外部环境，最为关键的是有效控制库房的温湿度。

（一）控制库房温湿度的重要性

库房空气温湿度是影响档案寿命的诸因素中最重要的因素之一，因此必须加强对档案库房温湿度的控制。不适宜的温湿度，不仅直接影响档案材料的耐久性，而且还会加速其他一切不利因素对档案材料的破坏作用。如果库房温度过高，会使纸张纤维素发生水解反应，使纸张干燥发脆，强度降低，高温还会使耐热性较差的字迹记录材料（如复写、圆珠笔记录）发生油渗扩散现象，使字迹模糊不清，无法阅读。同时，高温也有利于害虫、霉菌的生长繁殖。温度过低，会使纸张中的水分结冰，影响纸张的耐久性。

库房潮湿，纸张中的纤维从空气中吸收水分，使档案纸张变潮，在其他因素的作用下，就会使纤维素水解过程加快，从而影响纸张的强度。同时，库房潮湿会使耐久性较差的纯蓝墨水、红墨水等字迹材料逐渐发生扩散甚至褪色现象。潮湿还有利于档案有害生物的生长与繁殖，会促进空气中有害气体、灰尘、光线等不利因素对档案材料的破坏作用。库房湿度过低，会使纸张中的纤维变干、变硬、变脆，纸张强度下降。

如果库房温度忽高忽低，湿度忽大忽小，同样会使纸张纤维热胀冷缩变化太快、吸潮防湿太频繁而导致纸张强度受损。可见，库房温度过高过低或忽高忽低，湿度过大过小或忽大忽小，都会影响档案材料的耐久性。因此，将档案库房温湿度控制在一定范围内，对于改善档案的保管条件，延长档案的寿命是十分重要的。

（二）控制库房温湿度的方法

当档案库房的温湿度指标超出规定的范围时，就应采取一定的措施，改变库房的温湿度，将库房的温湿度控制在适宜的范围内，常用的方法有以下两个。

1. 密闭

密闭就是将库房或特定的空间范围尽可能地封闭起来，以防止库外不适宜的温湿度对库内发生影响，以达到延长档案寿命的目的。密闭是一种比较简单的控制库内温湿度的方法。具体方法有门窗密闭和档案装具密闭两种。

2. 通风

通风即根据空气流动的规律，有计划地使库内外的空气进行交换，以达到调节库内空气温湿度的目的。

通风的方式有自然通风和机械通风两种。其中，自然通风是利用库房内外空气的温度差和气压差进行通风换气。库房内外温度差和气压差越大，通风效果越好。但风力过大，空气中含尘量增加，此时通风，不利于档案库房的防尘。因此，通风时库外风力以不超过四级为好。自然通风不需要动力投资，也不存在噪声问题。所以，如是一种经济有效的通风方法，但受气象条件限制，故有一定的局限性。机械通风是指借助机械力量，使库房内外空气进行交换，以达到较高、较快的通风要求。

机械通风种类很多，最简单的一种是在库房通风口上安装通风机，条件允许的单位，可安装空气调节设备进行通风。机械通风不受气象条件限制，通风速度快、效果好，但需要一定的动力，投资较高。

不论采用何种方式通风，都应注意以下两点：一是通风时，要不断注意库内外温湿度的变化，测得准确数值，作为判断能否通风的依据。如果通风已达到目的，应停止通风并密闭库房，以保持通风效果能稳定一个较长时间。二是如果利用自然条件通风，还要注意库房外的风力和风向。库房内外温差太大，风力太大或风中吹来有害气体，此时库房不宜进行通风。

七、做好档案的各类预防工作

（一）防火

档案的制成材料是易燃物品，一旦发生火灾，造成的损失将是难以估量的。因此，在开展档案的库房管理工作时，档案工作部门必须建立防火制度，做好档案的防火工作。具体而言，档案工作部门可从以下几方面着手来开展档案的防火工作。

第一，实行防火责任制，加强消防安全检查，消除一切发生火灾的可能性。

第二，建立健全管理制度，库房内严禁吸烟，严禁明火取暖，库房周围严禁堆放易燃物品。

第三，配备充足的灭火设备，做好灭火的准备。

第四，要提前拟定档案抢救方案与措施。

（二）防盗

档案是党和国家的文化财富，一旦失窃，不但档案受损失，甚至机密泄露，将会给国家造成重大危害。因此，做好档案的防盗工作，是一项十分重要的工作。从某种意义上说，它比防治档案的自然损毁更重要。档案工作部门应采取一定的防盗措施，防止档案失窃。常用的防盗措施有以下几个。

第一，加强档案工作人员的防盗教育，增强他们的防盗意识。

第二，底层库房门窗安装防盗门、防盗窗（网）。

第三，尽量安装防盗报警装置，对借阅档案的人员进行监督检查。

第四，非库房管理人员未经批准，不得随便进入库房，同时对这类人员进出库房要严格登记检查。

第五，珍贵的、绝密的档案应放入保险柜，在专门地点保存。

第六，档案出入库房，应进行仔细的清点和登记，防止抽掉档案和篡改档案内容。

（三）防光

光（包括太阳光和人造光）对档案文件的破坏作用很大，其中破坏作用最大的是太阳光，尤其是太阳光中的紫外线。太阳光能破坏档案纸张，使档案纸张断裂、发脆，同时会加速纸张的氧化反应，使纸张变脆，失去耐久性；还会加速墨水、复写纸、圆珠笔迹、油墨等有机染料字迹褪色。因此，做好库房的防光工作，是延长档案寿命的重要工作之一。

在库房管理中，常用的防光措施有以下几个。

第一，在库房窗子上，采用遮阳板等遮挡阳光、以减少太阳光对档案的破坏。同时，可在窗户内侧挂窗帘、安装百叶窗、在玻璃上涂刷紫外线吸收剂，以减少紫外光的进入。

第二，档案应放在柜子里、卷盒里，不要放在靠窗的阳光处。

第三，禁止在阳光下阅读文件，特别是珍贵文件。

第四，陈列文件用复制件，不用原件。

第五，当大量文件受潮而又无其他办法救急，必须放在室外吹凉时，切忌放在阳光下曝晒。

第六，库房内使用人造光源时，应使用白炽灯（普遍钨丝灯泡），不使用日光灯。因为日光灯紫外线含量比白炽灯高，并且日光灯装有整流器也对安全不利。

（四）防尘

灰尘也会对档案造成一定的损害，因而档案工作部门必须做好档案的防尘工作。为此，库房及装具必须有良好的密封性；可配备吸尘器，加密封门或过渡门，安装空气过滤器，防止灰尘和有害气体进库；搞好库房及装具卫生；加强库房周边的绿化，及时排除污染源等。

（五）防虫

档案害虫对档案的危害非常大。轻者蛀蚀成洞，重者使档案成为碎片，失去利用价值。因此，应采取有效措施，防治档案害虫。常用的防虫措施有以下几个。

第一，档案入库时要对其进行灭菌消毒，并要在库房内放置防虫药品。

第二，破坏档案害虫的生态环境，防止档案害虫的生长繁殖。比如，控制库房的温湿度，做好库房的清洁卫生工作，定期对档案库房进行消毒，定期对档案进行翻阅检查，在档案架（柜）的适当位置放置樟脑等驱虫剂等。

第三，一旦发现档案中有害虫时，若档案中只有少量害虫，可以把档案竖起来，用手轻轻拍动，使害虫掉下，消灭即可；若档案中有大量害虫，可用磷化铝片剂对库房进行熏蒸来杀虫，也可采用低温冷冻法进行杀虫。对于档案架（柜）上的害虫，可在架（柜）上放敌敌畏或灭虫灵来杀虫。

除此之外，还需要做好防水工作，档案的库房应建在地势较高、有利于防洪的位置，同时库房内及附近不能有水源；防潮工作，每天测量库房湿度，发现湿度过高时及时调整；防霉工作，定期检查档案文件，防止防霉药品，发现有霉变迹象及时通风等。

第四章 档案资源的信息化管理及开发

第一节 档案信息化管理

一、档案数字化管理

(一) 数字化设备

数字化设备是指将传统模拟档案信息转换为数字档案信息的设备。数字化设备是形成数字化文本、图像、声音和影像档案资源必不可少的设备，正确选择和使用数字化设备直接关系到档案数字化的质量和效率。

1. 纸质档案的数字化设备

纸质档案是指以纸张为载体的档案，占据了我国馆藏档案的绝大多数，因此，对其进行数字化加工是实现档案数字化的主要任务。由于传统照片、底片记录的照片档案数字化与纸质档案数字化类似。

（1）扫描仪

扫描仪是利用光电技术和数字处理技术，以扫描方式将图形或图像信息转换为数字信号的设备。扫描仪是目前纸质档案数字化的主要设备。正确选择扫描仪对提高纸质档案数字化的效率和质量十分重要。

扫描加工是将馆藏中纸质、照片、缩微品等档案转变为数字化信息的主要方法，数字扫描仪是进行数字化处理的主要工具。在选择和使用扫描仪时，需要了解扫描仪的工作原理、分类方法、技术指标等，以实现对扫描设备的正确选择和科学使用。

1）扫描仪基本工作原理

扫描仪通过对原稿进行光学扫描，将光学图像传送到光电转换器中变为模拟电信号，又将模拟电信号变换成数字电信号，并通过计算机接口传送至计算机中。在扫描仪获取图像的过程中，有两个元件起到关键作用：一个是CCD（Charge-coupled Device，电荷耦合元件），它将光信号转换成电信号；另一个是模拟数字转换器（即A/D转换器），它将模拟电信号变为数字电信号。这两个元件的性能和技术指标直接影响扫描仪的工作质量。扫描仪的工作方式主要有反射式和透射式两种。

①大多数平板扫描仪采用反射式扫描原理

在扫描仪内部，有一个由步进电动机驱动的可移动拖架，拖架上有光源、反射镜片、透镜和CCD光敏元件等。扫描时，原稿固定不动，拖架移动，其上的光源随拖架移动，光线照射到正面向下的原稿上，其过程类似复印。图片反射回来的光线通过反射镜片反射到透镜上，经过透镜的聚焦投影到CCD光电耦合元件上，经过光电转换形成电信号，然后进行译码，将数字信号输出。

②采用透射式扫描原理的扫描仪

一般有两类，一类是胶片专用扫描仪，另一类是混合式扫描仪。胶片专用扫描仪的结构紧凑，反射镜片、透镜、CCD和光源安装在固定架上，不能移动，可移动的是胶片原稿。扫描时，固定在移动架上的胶片原稿由步进电动机带动进行缓慢移动，光源发出的光线透过胶片照射到反射镜片上，经过反射、聚焦，由CCD元件转换成电信号，最后经译码传送到主机中。混合式扫描仪是在普通平板扫描仪上增加一个带有独立光源的配件，该扫描仪具备了透射式扫描仪的特点，可扫描胶片的芯片和负片。在扫描时，胶片原稿固定不动，移动拖架在步进电动机的带动下移动，顶部的独立光源也同步随之移动；该光源的光线穿透胶片照射到移动拖架上的反射镜片、透镜和CCD元件上，变成电信号，最后经过译码把数字化图像传送到主机中。

2）扫描仪的种类

由于广泛的社会需求，近年来，数字化扫描技术迅速发展，扫描仪的种类越来越多，用途越来越专业。目前，按扫描速度可以将扫描仪分为高速、低速两种，按工作原理可以将扫描仪分为手持式、平板式、胶片专用、滚筒式和CIS扫描仪等多种类型。

第一种，高速扫描仪。扫描分辨率为50～600dpi。在200dpi以下，黑白或灰度扫描，每分钟可扫描90多幅影像；彩色扫描，每分钟可扫描60多幅影像。扫描幅面从小卡片至A3纸张都适用，既可单面扫描，也可双面同时扫描。它的优点是扫描速度快、图像处理功能强大；缺点是扫描时容易卡纸、损坏档案，字迹质量较差的档案不易扫清楚，扫描后的图像处理工作量比较大。高速扫描仪适用于纸张质量状况较好，统一为A3、A4幅面的文书档案或尺寸较小的票据、单证等，也可扫描纸张尺寸较大的A4报表。

第二种，宽幅扫描仪。这是一种大型的扫描仪，最大进纸宽度可达到54英寸，最大扫描宽度达到51英寸，扫描厚度达15毫米。这种扫描仪的分辨率为50～800dpi，有黑白、灰度、彩色等扫描模式。自带扫描和图像处理系统，具有全面支持色彩管理、快速预览、处理大型文件、改进批量扫描等功能，能有效提升扫描的效率和品质。它的优点是能扫描零号及零号以下的工程图纸，大幅的地图、字画及超长、超厚的文书档案等；缺点是扫描速度比较慢，价格比较昂贵。

第三种，零边距扫描仪。扫描分辨率为100～1200dpi，有彩色、灰度、黑白三种扫描模式，可自动适应A3、A4大小的纸张，可自动进行页面校正。这种扫描仪的外形类似平板扫描仪，不同的是它有一侧无边框，因此适用于扫描原件不能拆除或装订的图书、资料和珍贵的档案。缺点是扫描速度较慢，价格高于平板式扫描仪。

第四种，底片扫描仪。照片底片，又称负片或透明胶片，主要用来扫描幻灯片、摄影负片、CT片及专业胶片，高精度、层次感强，附带的软件较专业。底片扫描仪直接对底片进行数字化处理即模数转换及处理，并将处理结果输送至计算机进行存储。目前，市场上的底片扫描仪分专业级和普通级两种。专业级底片扫描仪一般体积较小，只能扫描底片。它采用透射光源，分辨率极高，可扫135、120底片，也可扫描4×5英寸或者更大幅面的底片，如医学底片，价格比较贵。普通级底片扫描仪是在普通扫描仪上增加透扫适配器，采用的是反射光源，分辨率也是主流扫描仪的指标，实质上是"带底片扫描功能的平板扫描仪"；价格与普通扫描仪相当，一般只能扫135底片。对于大多数档案部门来说，其底片的数量不多，只要求扫描图像清晰，不追求"艺术效果"，因此，普通级底片扫描仪也是不错的选择。

第五种，手持式扫描仪。价格便宜，使用方便，光学分辨率一般为100～600dpi，大多是黑白扫描模式。

第六种，平板式扫描仪。平板式扫描仪主要扫描反射稿，扫描分辨率为100～2400dpi，色彩位数从24位到48位，扫描幅面一般为A4或A3纸张。它的优点是扫描图像清晰，色彩逼真，不易损坏纸张；缺点是扫描速度比较慢，图像处理功能比较弱。适用于纸张状况较差，如纸张过薄、过厚、过软或破碎的档案。

第七种，滚筒式扫描仪。以点光源一个像素一个像素地进行采样，采用RGB分色技术，优点明显，是真正的专业级扫描仪，价格也很昂贵。

第八种，CIS扫描仪。它是"接触式图像传感器"，不需要光学成像系统，结构简单、成本低廉、轻巧实用。但是对扫描稿厚度和平整度要求严格，成像效果比CCD差。现在有CCD扫描仪带TMA（透扫器），可扫胶片。

3）扫描仪的主要性能指标

扫描分辨率、扫描精度、色彩位数、灰度级、扫描幅面、扫描速度、兼容性、接口型等都是选择和使用扫描仪时应重点考虑的技术指标，了解扫描仪的性能指标有利于正确选购适用的扫描仪设备。

第一，扫描分辨率。主要是指扫描仪CCD的光学分辨率，是决定扫描清晰度的主要参数指标，dpi的数值越大，扫描的清晰度就越高，决定了扫描仪记录图像的细致度。描述分辨率的单位一般为dpi，代表垂直及水平方向每英寸显示的点的数量；分辨率越高，图像越清晰，同时数字化图像所占的容量也越大。光学分辨率是扫描仪的光学系统可以采集的实际信息量，即扫描仪感光元件的分辨率；最大分辨率是通过处理软件或算法可以捕获的信息量。购买扫描仪时应当首先考虑光学分辨率指标，因为它不仅决定了扫描仪对原始图像的最大感知能力，还决定了扫描仪的价格、档次。当前市场上扫描仪的光学分辨率一般有300dpi×600dpi、600dpi×1200dpi、1000dpi×1200dpi等类型。扫描分辨率越高，扫描图像的品质越高，但这是有限度的：当分辨率大于某一特定值时，只会使图像文件增大而不易处理，并不能显著改善图像质量。所以，分辨率选择应根据用途、原件字体大小来决定。一般须兼顾显示、打印或识别的要求，适当考虑存储空间效率。过高的分辨率不仅无法显现效果，反而会放大原件的干扰信息，而且会对存储空间造成浪费。事实上，档案馆采用300dpi×600dpi分辨率的扫描仪就可以完成一般档案的数字化了。

第二，扫描速度。扫描速度是指扫描仪从预览开始到图像扫描完成的过程中光头移动的速度。在保证扫描精度的前提下，扫描速度越快越好。扫描速度主要与扫描分辨率、扫描颜色模式和扫描幅面有关，扫描分辨率越低、幅面越小、单色，扫描速度越快。扫描速度有多种表示方法，因为扫描速度与分辨率、内存容量、存取速度以及显示时间、图像大小都有关系，所以通常用指定的分辨率和图像尺寸下的扫描时间来表示。档案数字化工作量大，高速扫描有利于提高工作效率，缩短档案数字化的时间。但是，必须在保证图像质量、不损害档案原件的前提下正确选择高速扫描仪。

第三，色彩分辨率。色彩位数用以表明扫描仪在识别色彩方面的能力和能够描述的颜色范围，它决定了颜色还原的真实程度；色彩位数越大，扫描的效果越好、越逼真，扫描过程中的失真就越少。色彩分辨率是表示扫描仪分辨彩色或灰度细腻程度的指标。从理论上来说，色彩位数越大，颜色越逼真。灰度级是扫描仪从纯黑到纯白之间平滑过渡的能力，灰度级位数越大，相对来说扫描结果的层次就越丰富，效果越好。目前市场上扫描仪的色彩位数一般有24位、30位、36位、48位等几个档次。如果是一般的文稿或图片本身质量就不高的话，24位色彩位数的扫描仪就够用了。

第四，扫描幅面。扫描幅面表示扫描图稿的最大尺寸，平板扫描仪、零边距扫描仪、高速扫描仪一般可选择A4或A3幅面，宽幅扫描仪可以扫A0以下幅面的图纸。

第五，接口方式。扫描仪与计算机之间的接口方式主要有SCSI、EPP、USB和IEEE 1394四种类型，其中SCSI、USB较常用。SCSI接口的最大优势是它工作时占用的CPU空间很小。扫描仪软件接口标准（TWAIN 1.0）已经得到广泛的使用，适应

32位、64位的软件和驱动程序也正在开发中。

EPP即打印机端口，其特点是使用方便，对计算机要求低，但扫描质量较差。USB接口速度较快，安装方便，可以带电拔插。随着USB应用的日益广泛，采用USB接口的扫描仪已成为主流。SCSI扫描仪安装时需要在计算机中安装一块接口卡，安装较复杂，价格较高；但速度快，扫描稳定，扫描时占用系统资源少。其实，无论是EPP、USB还是SCSI接口，都不是决定扫描仪扫描速度的主要因素，扫描速度与扫描仪本身性能息息相关，因而使用任何一种接口方式，扫描速度上并无太大差别。但从接口上看，最适合档案馆使用的是USB接口。当然，如果配置SCSI接口卡，则扫描仪性能更佳。

SCSI接口的扫描仪需要一块SCSI卡将扫描仪与计算机相连接，早期的扫描仪大都是SCSI接口。其优点是传输速度较快，扫描质量高；缺点是需要打开机箱安装一块SCSI卡，要占用一个ISA或PCI槽以及相应的中断，有可能和其他配件发生冲突。EPP接口是采用计算机连接打印机的接口，同SCSI的扫描仪相比速度较慢，扫描质量稍差，但安装方便，兼容性好。大多数采用EPP接口的扫描仪后部都有两个接口，一个接计算机，另一个接其他并口设备。

USB接口采用串口方式进行连接，当前已经成为连接标准，优点是速度快，可带电插拔，即插即用。有的扫描仪可直接由USB口取电，无须另加电源。

IEEE 1394接口是苹果公司开发的串行标准，中文译名为火线接口。同USB一样，IEEE 1394也支持外设热插拔，可为外设提供电源，省去了外设自带的电源，能连接多个不同设备，支持同步数据传输。作为高性能的快速通信接口，它尤其受到专业扫描仪厂商的青睐。不过，对IEEE 1394规范，苹果公司采用收费授权的方式，也就是使用IEEE 1394规范的产品都必须向其支付一笔使用费。IEEE 1394接口虽然是具有里程碑意义的发明，但是由于其较昂贵的价格，还很难在家庭用户中普及。所以，采用IEEE 1394接口的扫描仪的价格比使用USB接口的扫描仪高许多。

随着扫描仪的广泛使用和普及，人们对扫描仪的精度、准确度、灵敏度、速度等都提出了较高的要求，扫描仪的生产厂家也在RGB同步扫描技术、高速图像处理技术、色彩增强技术、光学分辨率倍增技术等方面不断研究和进取。同时，为了更好地满足用户的特殊使用要求，生产厂家将各种技术、图像处理系统与扫描仪相结合，开发出以人为本的功能更强大、性能更好、使用更方便的零边距、无边距、无盲区、无变形、自动翻页等扫描仪。如全息无损、自动定位、高速采集、超大幅面、智能化图文优化、图像文件批处理等都是一些新型产品具有的特点，大大提高了扫描工作的效率，降低了扫描工作人员的劳动强度。

（2）数码翻拍仪

随着数码影像技术的飞速发展，一种新型的数字化设备——数码翻拍仪正在悄然流行起来。数码翻拍仪，又称数码拍摄仪、数码缩微仪等，是一种将数码相机安置在可垂直调节高低的支架上,用以拍摄文件材料或其他实物的数字化设备。目前,市场上的数码翻拍仪按照翻拍性能、翻拍对象、尺寸等可分为多种类型。

1)数码翻拍仪与扫描仪相比所具有的优越性

第一,数字化速度快。平板式扫描仪每扫描一页文件都有扫描灯管的往复移动和翻盖的过程,扫描速度较慢。若采用200dpi来扫描A4幅面真彩图像,每分钟扫描加工数量一般为1~2页。而高速扫描仪对档案的纸张质量要求较高,容易损坏档案,因此有一定的局限性。用数码翻拍仪拍摄文档没有机械运动的过程,只是曝光一下,速度不到1秒,扫描加工数量一般可以做到每分钟8~20页。

第二,对档案材料损害小。用平板式扫描仪扫描装订的档案时,难以做到平整扫描,扫描的图像往往会倾斜或扭曲,导致后期处理工作量增加;而使用高速扫描仪,不拆档案根本无法加工。数码拍摄可以省略档案拆装过程。运用数码翻拍仪提供的低畸变镜头和图像变形处理软件,可以解决拍摄档案倾斜、线条变形等问题,这不但大大提高了数字化处理的效率,而且可避免档案在拆装过程中造成的损失。

第三,加工对象直观。用扫描仪扫描文档,若要在扫描前浏览扫描图像的效果,一般需要选择扫描仪预览功能,这样就降低了扫描加工的速度。而数码翻拍仪的全部操作过程直观可见,即真正做到了"所见即所得"。

第四,加工对象不限于纸张。扫描仪一般只能扫描纸张材料,数码翻拍仪除了可扫描纸张材料以外,还能翻拍特殊载体的档案,如奖旗、奖牌甚至奖杯等立体的物体。

第五,便于调节扫描幅面。一般扫描仪只能扫A4幅面的纸质材料,扫大幅面图纸的扫描仪价格十分昂贵,利用率又不高,不适宜于一般机构配置。数码翻拍仪只要调节数码相机与底板的距离,就能灵活地选择拍摄不同幅面的纸质档案,这对扫描尺寸频繁更换的档案特别具有优势。

2)数码翻拍仪与传统翻拍仪相比所具有的优越性

传统的翻拍仪采用传统相机进行档案拍摄和缩微,与之相比,数码翻拍仪具有以下显著优势:

第一,使用成本低。传统的翻拍仪拍摄需要胶片,拍摄后需要冲洗显影,阅览需要购置专门的缩微阅读仪,使用成本和人力成本都比较高。数码翻拍仪的翻拍与普通数码相机一样,使用时不需要耗材,拍摄图像有问题时可立即重拍;拍摄形成的照片,任何计算机系统都可以阅读。

第二,图像处理便捷。传统的翻拍仪形成的缩微胶片图像很难进行处置。数码翻拍仪形成的影像电子文件可以被灵活加工处理,如纠偏、去污点、去黑边框等。应用翻拍仪自带的OCR软件进行字符识别,将扫描形成的图像文件识别成可编辑的word、pdf、txt等格式文件,进行二次编辑与加工;应用图像处理软件对扫描中出现的线条扭曲、图像变形等问题进行处理,有些数码翻拍仪还自带防畸变镜头,可自动纠正大幅面图纸拍摄中四周弯曲的线条。

第三，便于计算机技术应用。传统翻拍的缩微胶片不便于查找、传递、编辑、整理，这些缺点正是数码翻拍技术的优势所在。数码翻拍仪形成的电子文件，具有采集高效、处理灵活、传播迅速、检索快捷、多媒体集成、生动直观等缩微技术难以比拟的优势。

第四，充分整合了数码相机技术。传统的翻拍仪一般只能翻拍成黑白胶片；数码翻拍仪不仅能翻拍成黑白图像，还能翻拍成彩色图像。数码翻拍仪借助高分辨数码影像技术，拍摄的图像清晰逼真、色彩丰富；支持色差、亮度、对比度、饱和度、伽马值等后期图像增强功能；能通过USB接口直接连接电脑，将拍摄的档案文件直接在电脑中显示或通过邮件发送出去，实现档案的无障碍传播；USB能直接给翻拍仪供电，不需要另插电源；将所有拍摄操作按钮都整合在底板上，操作十分简便；突破传统使用扫描枪扫描条形码识别的方式，用户只需轻点鼠标即可完成条码识别，不但提高了工作效率，也省下购买扫描枪的费用；可拍摄录像，将动态的图像如手工翻阅档案的过程记录下来，用作视频编辑的素材。

第五，灵活使用各种数码拍摄设备。有些数码翻拍仪的活动支架可以固定数码相机、手机等各种拍摄设备，用户可以借助拍摄设备翻拍档案材料。

3）数码翻拍仪的应用范围

数码翻拍仪是传统的复印、扫描、投影、拍照、录影等技术的集合体，由此兼具这些技术的优点。无论是对传统的翻拍缩微还是扫描技术来说，数码翻拍仪的出现都是一场变革，受到社会各领域的普遍关注。目前，该技术已经广泛用于政务领域红头文件、往来信函等文件翻拍；银行传票、合同、抵押担保、会计凭证和信用卡等文件翻拍；证券期货行业股东账户开户、买卖合同、股东身份等文件翻拍；保险行业合同、发票、身份证等文件翻拍；工商税务行业税务年检等业务文件翻拍；学校学生学籍、成绩单等档案翻拍；国土行业房屋地契、图纸、合同等档案翻拍；司法行业往来信函、红头文件、法律文件、卷宗等档案翻拍；医疗行业病历、处方等档案翻拍；公安部门案件档案翻拍等。

4）数码翻拍仪在纸质档案数字化中的应用前景

尽管数码翻拍仪已经在各政府机关、企事业单位得到广泛的应用，然而其在档案信息化中使用较少。其主要原因是档案界人士对这种设备的发展现状和趋势不够了解，以为它就是传统的缩微翻拍仪。由上述分析可知，它特别适用于以下情况：一是中小型企事业单位办公室或业务部门对尺寸频繁变化的文件材料进行数字化；二是各级各类档案馆或机关档案室对纸质材料老化、不便于拆卷的档案进行数字化；三是建筑设计、制造业等企业未购置大型扫描仪，又需要对大幅面图纸档案进行数字化；四是对奖旗、奖牌等实物档案进行数字化；五是对尚无条件对纸质档案进行数字化，但在利用时临时需要对查阅的档案进行数字化，以便通过网络提供远程查档服务。鉴于数码翻拍仪具有使用成本低、拍摄精度高、速度快、操作简便,又便于进行OCR字符识别和其他图像处理等特点,相信它会吸引越来越多的档案用户。随着数码翻拍仪应用范围的扩大,数码翻拍仪的功能和性能将会不断改进和完善,因此,它有可能在不久的将来部分取代扫描仪,成为纸质档案数字化的得力工具。

(3) 缩微胶片扫描仪

如果已经对纸质档案进行了缩微复制,可以采用专用设备——缩微胶片扫描仪对缩微胶片上的影像进行数字化转换处理。缩微影像转换技术的应用包括对缩微胶片进行扫描,把缩微模拟影像转换成数字影像并进行存储、还原和检索输出等。

1)缩微胶片扫描的优缺点

与纸质档案扫描相比,缩微胶片扫描的优点主要有:扫描速度快,节约时间和成本;没有尺寸和形状的限制,可以同时对各种幅面的纸质档案进行扫描;缩微胶片可以继续留存,作为数字档案备份的一种形式;可以进行批量处理,操作简便易行;便于对图像做调节亮度、对比度及拉直和裁剪等优化处理;易于对输出的图像信息进行检索、阅读、打印和传递。缩微胶片扫描的缺点主要有:所得的图像已经是第二次或第三次转化,失真明显,图像虽然可以强化,但有时效果不明显;一些胶片的状况较差,出现了划痕、装订线阴影等,影响扫描影像的质量;扫描仪的分辨率不足以捕捉原件所有有价值的信息。

2)缩微胶片扫描设备的选择

与纸质档案扫描仪相比,缩微胶片扫描仪的扫描效率要高得多。目前,缩微影像转换成数字影像的技术日趋成熟。选购缩微胶片数字扫描系统时既要考虑产品的技术领先,又要考虑是否适用以及性价比。选购时应考虑胶片类型,如缩微平片、封套片、开窗卡片、16毫米胶卷、35毫米胶卷等;放大倍率的范围;扫描速度,即单位分辨率,如4.5秒/400dpi;光学分辨率和输出分辨率,如300~800dpi等。

(4) 纸质档案数字化的软件配置

纸质档案数字化除了具备必要的硬件设施外,还需要有运行硬件设施所需的档案数字化工作软件。该软件有两大类:系统软件和应用软件。系统软件包括操作系统、数据库管理系统等平台,如Windows、SQL Server等。应用软件是在具备上述软硬件平台的基础上实现数字化流程如文档扫描、图像处理和数据存储等功能的软件。这些软件可以从市场上购置,或从网络上免费下载,或由硬件设备配送获得,如购置扫描仪时获得ACDSee、Photoshop或专用的图像浏览、处理软件,购置刻录机时获得EasyCD Creator等刻录软件。对于大批量纸质档案的数字化处理而言,仅仅靠上述分散的、专用的软件工具是不够的,必须采取系统集成方式将整个数字化流程集合为一个统一的制作、加工系统,开发出专用的"档案数字化加工管理系统",实现对包括档案整理、目录建库、档案扫描、图像处理、图像存储、数据质检、数据挂接、数据验收、数据备份、成果管理等档案数字化加工全过程的流水作业和安全质量控制。

2. 录音档案的数字化设备

现存的模拟录音档案一般已有30年以上的历史,其内容十分珍贵。然而随着时间的流逝、使用次数的增加,加上受不适宜的环境条件影响,其声音很容易受损或消失,甚至由于没有了播放设备而无法还原。利用多媒体数字技术把模拟录音带转录成数字音频档案,有利于录音档案的及时抢救、长期保存、编研制作和共享利用。随着数码音像技术的普及,模拟录音档案的数字化也被提到重要议事日程上来。录音档案数字化比较容易实现,主要硬件有放音设备、存储设备和计算机等。录音档案数字化软件较多,可根据个人习惯和熟悉程度加以选择。

(1) 录音档案数字化的硬件

1) 传统放音设备

根据拟数字化录音档案的规格、型号配置相应的放音设备,如开盘式放音机、钢丝带放音机、盒带录音机、电唱机等。放音设备必须能将声音源以电平信号的方式通过音频输出插孔输出,若原设备不具有音频输出插孔,应进行改装。

2) 模数转换设备

模数转换设备是录音档案数字化的核心部件,品质好的模数转换设备有低失真、低时延、高信噪比的特点。模数转换设备主要是声卡。声卡是多媒体技术中最基本的组成部分,是实现模拟信号和数字信号相互转化的一种硬件,其基本功能是将来自磁带、光盘、话筒等的原始声音信号加以转换。它的工作原理是将获取的模拟信号通过模数转换器,将声波振幅信号采样并转换成一串数字信号,存储到计算机中。重放时,这些数字信号被输送到数模转换器,以同样的采样速度还原为模拟信号。声卡的技术指标主要有两个。一是采样频率,采样频率越高,声音越保真。目前,声卡的采样频率一般应达到44.1kHz或48kHz。二是样本大小,当前声卡以16位为主。8位声卡对语音的处理也能满足一般需要,但播放音乐的效果不是很好;16位声卡可以达到CD音响水平。

3) 内部声音混合调节器

内部声音混合调节器的主要功能,是把不同输入源中输入的声音信号进行混合和音量调节,通常要求该混合器是可编程或可控制的。

4) 监听、拾音设备

如监听音箱、监听耳机、话筒等。

(2) 录音档案数字化的软件

数字化转换软件主要为音频制作软件,如Creative WaveStudio, Gold Wave,

Music-Match，JukeBox 等，一般反映使用 Creative WaveStudio 较好。此外，Gold Wave 也是一种功能强大、占用空间少、免费共享的绿色软件，并且可以在互联网上免费下载。刻录软件也较多，如 Easy CD 等。

3. 录像档案的数字化设备

录像档案数字化的整个设备系统由四个部分组成：提供模拟视频信号输出的放像设备，如与录像带相配套的录像机、放像机等；对模拟视频信号进行采集、量化、编码的视频采集设备，通常由视频采集卡来完成；对数字视频进行编辑的编辑系统；数字录像档案的存储设备或存储系统。

（1）录像档案数字化的硬件

1）放像设备

放像设备要根据录像档案载体的不同而做出不同的选择。受到数字设备的冲击，许多传统的放像设备已经退出市场。曾经十分流行的模拟录像带及其播放设备，按照制式划分主要有 VHS、Beta 和 8 毫米等类型。VHS 是家用录像系统的英文缩写，这种录像机采用带宽为 1/2 英寸的磁带，习惯称"大 1/2 录像机"。目前，档案馆保存的模拟录像带中绝大部分是 VHS 带。Beta 录像机采用不同于 VHS 的技术，图像质量优于 VHS 录像机；所用磁带的宽度也是 1/2 英寸，但磁带盒比 VHS 小，故又称"小 1/2 录像机"。8 毫米录像机综合了 VHS 和 Beta 录像机的优点；体积小，图像质量高，所用磁带宽度仅为 8 毫米。模拟录像机不仅有制式的不同，而且按照其信号记录方式及保真度的不同可分为不同技术质量等级。不同制式、不同等级、不同品牌的录放设备及不同性能的录像带之间并不兼容，因此，必须针对录像带的类型选择相应的放像设备。应根据录像带规格、型号选用设备，如 WHS 放像机、3/4 放像机等。普通模拟录像机可输出清晰度在 200 多水平线的模拟录像；高清晰度模拟录像机可输出清晰度在 400 水平线的模拟录像；数码摄像机可输出清晰度在 500 水平线的数字录像。档案部门保存的录像带形式各异，主要有小 1/2 带、大 1/2 带、3/4 带等。与这些录像带相匹配的可运行的放像机越来越少，档案部门应当尽快将这些珍贵的录像带做数字化处理；否则，将来这些古董放像机一旦被淘汰，带中的影像就很难再现了。

2）视频采集设备

视频采集设备由高配置多媒体计算机的内置或外置的视频采集压缩卡组成。录像档案数字化的一个重要工作内容是音像采集。所谓音像采集，是指通过硬件设备把原录像带保存的模拟信号转换成数字信号后采录至计算机中，以数字图像格式保存的过程。图像采集的过程是保证数字图像质量的关键环节，因此，正确选择采集所使用的硬件设备即采集卡至关重要。目前，市面上的采集卡种类较多，档次、功能不一，按照其用途从大到小可分为广播级、专业级、民用级视频采集卡。档次不同，采集图像的质量不同。档案部门应采用专业级以上的视频采集卡。由于视频的数据量非常大，因此对计算机的运行速度要求很高。在未压缩的情况下，采集一分钟的视频数据可能超过几百兆，如果CPU和硬盘达不到要求，将无法进行采集或者采集效果较差，如画面失真、停顿、掉帧等。

要想顺畅地完成视频采集工作，CPU最好是3GHz（吉赫）主频，硬盘接口应用SCSI、IEEE 1394或USB3.0接口。在挑选进行录像档案数字化的采集卡时，要仔细比较各种采集卡的性能、价格，对以下几项参数应予以特别关注：一是是否支持视频数据的硬件级处理。对批量录像档案的数字化而言，适宜选用带硬件实时压缩功能的MPEG-1或MPEG-2卡。这类卡采用硬件完成压缩过程，既节省了时间又节约了空间，而且硬件压缩后的图像质量较好。二是是否有足够的帧速率。帧速率的高低直接决定着视频卡制作的视频文件是否流畅。帧速率比较低的低档产品，CPU占用率也高。建议在压缩成MPEG-1格式时，动态分辨率为352×288时应达到25帧/秒，而分辨率为320×240时应达到30帧/秒。三是是否带音频输入功能。如果视频卡仅能采集图像信号，音频信号必须通过声卡来传输录制，则将增大对计算机资源的占用率，并且容易造成视频与音频信号的不同步。因此，建议采用视音频整合采集的视频卡。

（2）录像档案数字化的软件

录像档案的采集、转换和编辑除了需要视频卡外，还需要借助视频采集软件和视频编辑系统来实现。通过视频采集软件，在实现录像档案的数字化采集之前，可以设定所需生成的视频文件格式，设置视频文件的各项参数，如调节录像信息的亮度、视频取样标准，以确保采集信号的质量。

1）采集软件

视频卡配套提供的视频采集软件功能相对简单，通常无法对视频信息进行复杂的编辑和转换。因此，对采集后的视频信息，在必要的情况下，可以使用专门的视频编辑软件甚至功能强大的非线性视频编辑系统进行编辑处理。视频编辑与文本编辑类似，是将采集好的视频素材进行二次加工，如插入、剪切、复制、粘贴、拼接视频片段等，还包括字母、图形乃至不同视频、音频的叠加、合成等。通过上述处理，在不破坏视频素材真实性的前提下，可以使录像档案更加清晰、美观和生动，并对视频内容进行适当的引导、指示和标注。

2）编辑软件

视频编辑软件是对视频进行录制、切割、合并、重组、批量处理、格式转换等制作的软件。当前，针对各种需要产生的视频格式繁多，如RM，ASFWMV，AVI，MPEG-1，MPEG-2，MOV，3GP，MP4，MKV，FLV等。而流媒体格式因其在网络浏览和传输支持上的优势，越来越得到广泛的青睐。现今信息产业界已开发出许多功能强大、界面友好的视频处理软件，如Adobe Premiere Pro，Ulead VideoStudio，After effects, Video Edit Master, Top Video Splitter, AVI Joiner等。其中，适合档案工作者使用的视频编辑软件有Adobe Premiere和Ulead VideoStudio两大系列。这两款软件具有完善的视频编辑功能和优良的技术性能，当前流行的版本有Adobe Premiere Pro和Ulead VideoStudioPro X7等。

（二）档案数字化建设与应用管理

在信息时代，加强档案数字化建设不仅能提高档案管理的质量与效率，也能进一步提升档案资源应用水平。但传统模式下的档案管理普遍存在局部化、分散化现象，以及复合型人才队伍建设相对滞后的问题。因此，提高档案数字化建设水平首先需要构建安全可靠、覆盖全局、统一标准的数字化管理平台，其次是通过教育培训等途径建设复合型实用人才队伍。

在网络信息时代大背景下，数字化已经成为档案管理的重要途径。完善的数字化建设与应用管理体系不仅有助于全面提高档案管理水平，而且正在成为档案实现应用价值再创造的重要推手。

1. 档案数字化建设对档案管理的促进作用

（1）全面提高档案管理质量与效率

基于数字化平台的档案数字化建设对于档案管理最显著的促进作用，当属提高管理质量与效率。在传统模式下，档案的资源利用价值不易于长久保存；甚至随着时间的推移，较为久远的档案极有可能在多次查询或借阅等活动中出现损毁的问题。尤其是纸质介质类原始档案的损坏多数具有不可逆性，极大地影响了档案对相关单位及机构的资源利用价值。不仅如此，传统的档案管理工作普遍存在效率低下且准确度不高的问题。一是体现在档案的管理工作方面，人工操作始终难以完全避免失误或错漏。二是体现在档案的应用方面，一方面，档案应用方极易因查询和借阅效率低而降低使用意愿；另一方面，容易进一步增加工作人员的负担，并且可能由于归档和借阅等多种活动的同时进行而出现相互干扰，从而提高了人工管理的失误率。

相比之下，基于网络与信息技术的档案数字化管理能克服大多数传统档案管理中的缺点。一是保证了档案的完整性。通过扫描等方式可将纸质档案全面、快速、准确地转换为数字档案并集中存放于数字化档案管理平台，数字化后的档案在传阅与应用过程中也不会出现错误或缺失等问题。二是提升了档案管理的效率。基于数字化技术的档案管理平台划分了前、后台的应用，前台应用面向档案使用人员，后台应用面向档案管理人员。二者的操作相互独立、互不影响，对管理员和使用者来说都十分便利。三是降低了档案管理的成本。在大数据时代，大量档案的应用及管理等工作更突显了数字化档案在管理速度和效率方面的优越性。相较于粗放投入人工的传统管理模式，数字化能够在极大程度上压缩档案管理的人工成本。

(2) 进一步提升信息资源价值应用水平

唐太宗曾有一句名言："以古为镜，可以知兴替。"意为对比古今朝代更迭可以发现社会的兴衰变化，而记录历史、反映历史的正是各式各样的档案信息。档案是重要的信息载体，借助档案可了解政治、经济、科技、文化等社会各方面的发展变化。随着信息技术、信息产业、信息网络的不断发展，信息化对经济社会发展的影响也愈加深刻。在信息时代，信息资源、材料资源及能源共同构成了国民经济和社会发展的三大战略资源。

信息技术与网络的高速发展使得数字化时代的信息资源迅速增长，出现了"大数据"的概念。越来越多的企业甚至是政府机构通过对大数据的采集及挖掘分析获取了更多的信息。例如京东商城用户画像档案应用，采用大数据挖掘分析技术对用户进行特征勾勒，产生用户画像档案并通过统一数据服务接口供商城网站的其他应用调用，旨在提高与用户间的沟通效率、提升用户体验。在推荐搜索功能中调用，可针对不同用户的属性特征、性格特点或行为习惯进行数据分析，从而对更可能符合该用户偏好的商品进行优先推荐，这在很大程度上可提高用户的购买转化率甚至增加重复购买。在网站利用智能机器人时调用，可基于用户画像对用户设定咨询应答策略，便于快速理解用户意图、开展针对性商品评测或商品推荐、个性化关怀等，在大幅提升智能机器人的智能水平和服务水平的同时，也提高用户对商城的忠诚度及黏性。可见，借助快速发展的信息化平台和网络技术，不仅要便捷、快速地获取档案资源，更要提升信息资源价值应用水平，全面、深入获取档案资源的信息价值，为使用者创造难以预计的可观收益。

2. 全面提升档案数字化建设及应用管理水平

(1) 提高数字化支撑能力

一是规范管理标准。从档案管理建设初期进行规划，建立统一制度用以规范档案采集、存储、使用各环节标准，最大限度地避免信息壁垒的产生；二是提升档案管理数字化水平，推进信息资源在业务中的应用，通过加装数据转换装置、扩展数据接口等方式实现档案资源与业务的融合；三是持续开展档案管理数字化、智能化建设，利用前沿技术不断创新数字化档案的应用方式，通过大数据、云计算、人工智能等技术开展数据挖掘分析工作，提升档案信息资源的应用价值。

(2) 提升管理队伍的综合素质水平

要实现档案管理数字化，不仅需要既有档案管理知识又兼有网络与信息技术的复合型人才，更需要全面普及数字化管理理念，要求非档案管理岗位人员同样了解和掌握相应的档案信息化理论与实践技能。一是提升内部能力。定期聘请信息管理、网络安全等领域的专家开展面向全员的专题讲座、技能培训；开展相应竞赛活动，以赛促学，提升管理人员的学习主观能动性。二是强化外部支撑。与先进管理企业开展交流合作，拓展技术及业务领域知识，发现自身不足并落实相关提升措施。

（3）做好安全防护

信息资源是国民经济和社会发展的三大战略资源之一，建立安全可靠的档案管理系统有助于敏感信息的保护及信息资源的应用，应当明确数据采集、传输、存储、应用等各环节的网络安全防护边界，以及责任主体和防护要求。一是做好网络边界防护。企业中的档案管理系统与业务平台往往存在不少数据接口，数据的交互与网络跨区服务通常使得档案管理平台成为安全防护的薄弱点，应在档案系统建设规划中采用可靠的网络安全产品及服务，提升档案系统关键设备的防护水平。二是深化态势感知能力及防护体系建设。持续加强对档案系统的网络安全风险监测及预警，定期对档案系统开展漏洞修复与安全渗透测试，全面降低安全风险。三是做好系统防护。完善档案灾备体系、建立灾备系统；对系统使用人员进行分级，对权限进行最小化管理；增加面部识别、指纹或声纹识别等多因子认证途径，避免身份盗用风险。

做好档案数字化建设不只是构建统一、规范的管理系统，更要注重管理观念的数字化、网络化、系统化。档案数字化建设的实质，是借助网络与信息技术充分延伸档案管理应用的范围，在全面提升档案管理质量与效率的基础上，系统地对信息资源进行深入挖掘分析，使档案作为珍贵信息资源的应用价值成倍提升，不断实现价值再创造；同时强化信息资源服务于国民经济与社会发展的作用，提升信息资源战略意义。

二、电子档案管理

（一）电子档案管理的基础保障

1. 数据安全

在无纸化时代，档案数据将全部存入计算机系统或移动硬盘中，常规情况下不会有丢失风险。但如果受到不可控的客观情况的影响，如电脑操作失误、硬件故障、软件漏洞、系统错误，就会造成档案数据不可用、不可读、数据损坏或丢失等问题。硬件越多，系统越庞大、软件越复杂、数据量越大，发生数据丢失的概率就越高。因此保障电子档案的数据安全，是电子档案信息安全管理工作的重中之重。而要保证电子档案的数据安全，就要做到对电子档案数据的真实、完整、可用和保密四项内容的保证。

（1）真实

电子档案真实性保障的核心工作，是保证电子档案元数据（即用来描述信息的内容、物理状态、地址和类型等的结构化数据）的安全，保证电子档案在存储和使用时的元数据内容与归档时保持一致。值得注意的是，电子档案在长期保存过程中会面临迁移问题，而在迁移过程中极易造成对电子档案真实性的损害，因此在迁移过程中必须做到对元数据的有效保护。

元数据能够将不同平台之间的文件转换过程真实地记录下来，迁移文件需要改变文件的格式和编码方式或者更改载体形态时，元数据都将记载这些变化，并将保持与原文件之间的联系。这对于我们判断数据更新到不同技术平台后是否仍然可信是极为重要的，也是电子档案在进行数据迁移后仍能保证其真实性的体现。

（2）完整

电子档案的完整性保障，一是要求系统能够根据元数据标准捕获任何需要归档保存的电子档案，同时能够体现电子档案与同一全宗内其他文件之间的有机联系。二是要求电子档案的内容、结构和背景信息三要素齐全。

（3）可用

电子档案可用性的最终目标，是数字档案在长期保存过程中能够为利用者提供可识读和利用服务。具体来说，在保存过程中要保障电子档案在调出利用时能够有效读取，并能提供有效的读取工具。如果电子档案在读取过程中出现问题，那么其存储工作就失去了意义。而涉及加密的电子档案信息，要保证在解密或利用时能够提供有效的解密方式。

（4）保密

电子档案信息的保密性，是指排除非法用户对数字档案的可能接触，使涉密数据不被泄露。在电脑软件系统的操作过程中，信息会不可避免地残留在某些终端端口，无意间流向网络，造成信息的外泄。国家机密档案一旦泄露，不但会造成国家财产方面的重大损失，严重的话甚至可能危害国家安全；公众的个人隐私泄露，会对个人权利与自由甚至利益带来不堪设想的后果。

要保证系统中的数据不泄露，除了要建立档案信息系统访问安全保密体系外，还应严格检查存储电子档案的应用系统、计算机、网络等软件设备的安全等级，以确保电子档案没有外泄的可能，保证其长期存储的安全系数。

2. 系统安全

电子档案只有依托于计算机系统才能实现有效识别，以保证其可读性。事实上不仅是在读取方面，无纸化时代的整个档案工作——从归档到利用都要依托于计算机系统来完成全部的有效管理。可以说，档案如果是"人"，那么档案系统就是"住宅楼"。因此，系统的安全可靠将直接影响电子档案信息的安全。

系统的安全要满足以下条件：

第一，硬件安全。机房的安全等级必须要保证是最高级别的。系统的稳定运行除了依赖服务器，还要依靠交换机、路由器、集线器、光电转换等设备，这些硬件的安全都直接影响到电子档案的安全。除了正常的机房安保措施和环境保障以外，还需注意电磁及其他磁场对机房的干扰，还要保证电压稳定。只有服务器及其他硬件的安全得到有效保障，才能保证系统的平稳运行，从而保证电子档案的信息安全。

第二，软件安全。在档案管理系统正式启用之前，档案工作人员应配合软件维护人员进行多次系统测试，在保证系统运行稳定的情况下才可以投入使用。

另外，软件在使用过程中应做到定期维护，以保证系统的平稳运行。

电子档案的归档格式虽已有国标规定，但读取软件依然驳杂，难以统一。档案系统在收入数字化档案的同时，应对其可读性进行检查，确认在系统运行过程中电子档案是可读的后，才可正常收入这些数字化档案信息。

第三，运行安全。在电子档案的生成、流转、鉴定、归档及迁移和利用过程中，系统应具有对数字档案进行跟踪、监控、审计的功能，可实时查看数字档案当前所处的位置和活动的执行情况，掌控用户对电子档案施加的各种操作行为，进而使系统始终保持对电子档案的管控。这种对电子档案整个生命周期所采取的监督和管控，可对违反安全策略的行为进行及时制止和纠正，为追查非法访问事件的发生时间和过程提供依据。

（二）电子档案管理的技术保障

1. 访问控制技术

访问控制技术是为了防止电子档案系统遭到非法侵入而采用的用来限制进入者权限的技术。建立严格的访问权限体系，确定利用者的身份和权限，是访问控制技术的核心任务。在实际的电子档案网络安全管理过程中，访问控制技术通常采用设置数字档案网络访问权限的方法，利用对访问者进行身份鉴别的方式，结合访问权限体系确认利用者的档案利用权限，防止内部信息泄露和外部人员的非法入侵，更加方便地服务于拥有访问权限的访问用户。

2. 漏洞检测技术

随着网络应用技术的不断发展，各种应用漏洞和病毒也随之产生。针对不同应用系统的入侵病毒和漏洞的不断出现，对系统的平稳运行、数据的安全保障都存在一定的威胁。要提升电子档案信息的安全水平，"知己知彼"就显得十分重要了。电子档案管理系统应定期利用已知的攻击手段对系统进行扫描，通过生成的评估分析报告，参照网络提供的安全漏洞防护数据对系统内的安全漏洞进行扫描和自动修复。这项技术的应用有助于系统管理员及时发现并修复电子档案管理系统中存在的漏洞。

3. 数据迁移技术

数据迁移技术是定期将电子档案数据信息从一种格式转换为另一种格式，或定期将电子档案从旧载体转移至新载体，使电子档案能够适应技术的更新换代，在新的技术条件下也能够被读取和利用。可以说除了数据备份，数据迁移技术是最好的预防因服务器硬件出现老化或其他故障造成数据丢失问题的数据转移方式。由于技术的与时俱进及设施设备的不断升级，因此需要对数字档案进行不断迁移才能使其作为社会历史记忆长久保存下来。同时，数字档案迁移之后还可能在新的技术平台中产生新的功能，使数据信息在新环境下仍能保证其可读性。

电子档案在迁移过程中要遵循三个原则：第一是要将数字信息从稳定性低的媒体上迁移到稳定性更高的媒体上；第二是从对软件依赖性强的格式迁移到对软件依赖程度低的格式上；第三是格式标准化，即将数字信息从多种格式迁移到标准、统一、易读取的标准化格式中。

4. 防火墙技术

所谓防火墙，指的是一个由软件和硬件设备组合而成，在内部网和外部网之间、专用网与公共网之间的界面上构造的保护屏障。防火墙是一种保证计算机网络安全的技术性措施，它通过在网络边界上建立相应的网络通信监控系统来隔离内部和外部网络，既可以阻挡来自外部的网络病毒入侵，又可以阻断外界对内部档案管理系统的操控，以防止电子档案数据信息的访问、窥视、篡改和丢失等现象的发生。

防火墙技术作为最广泛、最简便也是最有效的数据信息安防手段，能够有效阻止来自网络外部的入侵，降低系统崩溃风险，是可依赖的信息安全保障手段。

（三）制定电子档案信息安全管理应急预案

无纸化时代实行单套制的档案存储方式，决定了它将比双套制档案管理时代更依赖信息安全技术保障。但常规的技术保障也是依赖于计算机系统实现的，其在不可抗力或其他紧急情况下无法完全发挥作用，这就决定了在单套制的电子档案信息管理工作中必须要做好应急预案。建立电子档案安全应急机制，能够有效提高档案馆对突发事件的应急处理能力。制定一套完善、科学的数字档案应急处理机制，可以保证在灾难发生时电子档案保管机构的管理人员明确灾难治理工作中自身的权利与责任，在特殊情况下仍能保证档案信息的安全与利用畅通。

制定电子档案信息安全管理应急预案应遵循以下原则：

1. 实用性原则

建立电子档案信息安全管理应急预案，应结合当地和本单位的实际情况，一定要做到因地制宜。如在地震多发地，就应多做地震方面的安全管理应急预案；在海边或水灾多发地，应多做水灾方面的应急预案。制定的应急预案必须便于操作和运行，合理调用工作人员，做到全员参与，快速行动，省时高效，安全可靠。

2. 时效性原则

计算机技术的迅猛发展也导致了计算机病毒和其他入侵手段的增强。电子档案所遭受的威胁会随着科技发展而变化，因此应急预案也不能一成不变，要

根据所处环境和科技背景做相应的调整和变化。当新的科学技术能够很好地应用于电子档案信息保护工作时，一定要将新技术融入应急预案中，保持应急预案的时效性。

3. 全面性原则

制定电子档案信息安全管理应急预案应兼顾全时段、全过程、全范围的全面性原则。全时段是指应急预案的应对时段应覆盖全天时长，也就是 24 小时且节假日也应该考虑在内，不能用仅考虑工作时间的应急预案；全过程是指应急预案应囊括灾情预判和灾情预防、灾中抢救和灾后处置、灾后恢复等灾情发生全过程；全范围是指应急预案应考虑到威胁电子档案信息安全因素的不确定性和复杂性，针对不同类型的威胁，应急预案应从全局角度出发，系统考虑并应对来自各方面的信息安全威胁，以建立一套完整的应急预案。

三、档案信息管理系统开发

（一）与信息系统实施有关的基本要素

1. 项目组织

项目组织与团队建设是项目启动工作的重要内容，也是决定整个项目能否成功的关键因素，每一个项目的实施都涉及多方面的组织或个人的参与。为了确保项目的进度，把好项目的质量关，控制项目的资金投入，监理方通常被聘请过来全面监督项目的执行。因此，项目的实施至少会涉及建设方、用户方和监理方三方的利益。

第一，建设方。建设方指承担信息系统建设的集成商或软件系统的开发商，其职责是提供商品化产品，为客户提供信息化解决方案，根据需要进行客户化定制、实施、操作等工作，以及实施软件系统并开展必要的咨询和培训等工作。

第二，用户方。客户是项目承担的主要对象，是档案信息管理系统实施与使用的最终机构。其主要的职责是，根据自己的需要设立项目，并选择供应商、开发商及软硬件产品。客户是项目的出资方，也是项目成果的使用商，是最终的项目受益者。

第三，监理方。监理方指指客户出资聘请的项目实施顾问和项目建设质量监督方，对客户负责。其主要职责是监督和控制整个系统建设的进度、成本、质量等综合要素，维护用户的权益，降低系统建设的成本和风险，提高系统实施的成功率。

总之，项目的成功开发需要协调这些利益相关者之间的关系，选择平衡点，最大限度地调动所有参与者的积极性，减少项目实施过程中的阻力。

2. 项目团队

项目的开发需要人才，这就需要建立一支强有力的工作团队，并有组织地展开建设。项目团队涉及的面很广，几乎包括了所有的项目相关者，在项目实施的每个阶段也将组织相关的团体。在项目启动前成立项目委员会来分析项目的可行性，而在项目的执行过程中，项目经理则起着举足轻重的作用。

当前，在我国开展档案的信息化建设基本形成了两套体系：一套是开展信息化建设和运行维护的信息管理组织体系；另一套是当前已经存在的行政及业务管理组织体系。其主要原因是业务管理和信息化应用没有真正融为一体，在业务管理和信息化应用方面存在着观念和认识上的差异。立项的管理模式是将二者合二为一，这就要求负责档案管理的领导是既懂档案业务又懂信息化业务的复合型人才，要求信息化管理机构中的每一个员工都要把档案业务和信息化管理结合起来开展工作。

3. 项目资源

资源包括的内容很广泛，它包括自然资源、内部资源、外部资源、有形资源和无形资源。这里所强调的资源不仅包括支撑项目开发的人力资源、资金资源、技术资源、环境资源，也包括档案信息化建设过程中将不断产生的IT资源，如网络、服务器等硬件设备，操作系统、应用系统等软件资源，同时还包括档案信息资源。因此，档案工作人员不但要管好、用好能看得见的设备资源，也要学会管好、用好软件资源。在项目开发的不同阶段，对资源的需求在不断地变化，有些资源用完要及时追加，任何资源积压、滞留或短缺问题都会给项目带来损失，各类资源的合理、高效使用对项目管理尤为重要。

4. 项目的进展

有关项目进展情况的计划需要根据项目的目标要求来制订，然后才能实施项目。这些计划对供应商、开发商以及档案管理人员的工作进度都有明确的要求。事实上，在档案信息化建设过程中，由于档案机构内部人员的不配合、工作繁忙、需求变化等影响项目进度的情况比较常见。因此在项目的实施过程中，要求每一个参与此项工作的人员都要明确自己的职责、工作进度要求，只有这样才能保证项目的顺利进行。

5. 项目的质量

质量在信息系统管理中起着举足轻重的作用，它的好坏直接关系着档案管理机构的根本利益，同时也影响着供应商和开发商的声誉。应该说参与项目的每一个成员都希望获得理想的实施效果，这也关系到客户的最终满意度。在进行信息化的过程中，要想保证产品的质量,就必须严把质量关,加强质量监控,落实阶段目标。只有保证了每个阶段的质量,才有可能保证最终的项目质量。另外,由于参与项目的多方机构和人员对信息化项目的认知程度很难达到完全统一,质量的标准也不完全一样,即使用户在当前满意,也可能在短时间内满意度就会改变。因此,加强开发商与用户的沟通、交流并使之达成共识仍然是保证项目质量的有效方法。

(二) 系统规划

系统规划是项目工作实现前瞻性、全局性的第一步。档案信息化建设的高层行政管理人员和高层信息管理人员是系统规划的主要成员,其主要任务是确定系统实施的目标、系统的体系结构、系统实施方案和实施过程中的资源计划。因此,参与系统规划的人员对档案业务、现代化管理知识和信息技术的掌握程度以及他们的创新精神和务实态度,是有效开展系统规划的基础。

系统规划阶段所做的主要工作有:工作团队的组织、系统实施进程计划、信息系统部署方案的确定以及资金的分配使用方案,还包括人力资源、行政管理、技术支持的协同以及对项目实施过程的风险估计。

(三) 系统开发

系统开发是信息系统建设工作的核心,这一阶段的工作是由承担信息化建设的软件供应商来完成的。档案馆工作者的主要任务是提出目标阶段的需求,档案馆的技术支持人员则在业务工作者和开发人员之间起到沟通桥梁的作用,并解决系统开发过程中出现的问题。

分析市场的需要是项目开发的最终目的,因此,项目开发的基本任务是了解市场需要什么样的软件系统,该软件系统具有什么样的功能,这些功能的优缺点是什么等。尽管项目在启动时已经确立了系统开发的目标,但这个目标相对来说是宏观的、抽象的,具体细节并不明确,因此明确市场需要将会对目标系统提出完整、准确、具体的要求。

需求分析阶段主要涉及三类人员,即档案业务的管理人员、管理信息系统的研发人员、系统的实施人员,这一阶段的主要任务是加强沟通和交流。这一阶段对档案业务管理人员的要求是,能够准确地描述当前及未来的业务发展需要,系统分析并能够准确地理解、认识业务需求,必要时可以借助自身的工作经验对客户进行启发和引导,让他们说出自身更深层次的业务需求,以指导今后的开发工作。需求分析阶段的工作内容主要包括以下几个方面:

1. 对组织结构的调研分析

了解用户单位当前的机构设置与管理模式，充分分析其系统利用的合理性、完整性及运作的有效性，用以确定信息系统的体系结构，包括系统的运行结构、功能框架结构和系统的总体部署方案。

2. 对实际需要的调研分析

以用户的需要为出发点，充分考虑用户对软件的实际需要。编写可满足用户需求的规格说明书以及用户手册，包括对目标系统外部行为的完整描述，需求验证的标准，用户对系统的性能、质量、可维护性等方面的要求，以及用户界面描述和目标系统的使用方法等。

3. 对信息化现状的调研分析

在充分调研的基础上，了解归档单位与档案馆目前的硬件和软件运行环境、当前应用系统的使用情况、当前的数据格式和数据规范性、数据的处理方式等；根据数据迁移和数据导入导出的需求，确定进行二次开发或系统实施过程中的具体工作、任务以及对软硬件系统的需求。

（四）系统设计

1. 软件系统设计

软件系统设计的首要任务是进行体系结构的设计，在此基础上逐步完成详细的设计工作，把设计的风险降到最低程度。虽然一个良好的软件结构设计不一定能产生令人满意的软件，但一个非常差的软件结构设计一定会导致软件项目的失败。因此，应高度重视软件的设计工作。

2. 软件的编码

编码就是软件系统实例化的具体过程。在完成系统分析和设计工作之后，信息系统的运行结构、模块结构和数据组成已基本确定，下面的工作就是把系统设计的结果翻译成基于某种计算机语言的程序及信息系统代码。这一阶段的任务是将需求分析和系统设计的结果与内容转换为用户需要的实际应用软件。

3. 系统的自测试

进行软件测试是系统开发过程中非常重要的环节，是系统实施阶段的一项重要工作。开发人员进行系统自测试的目的是尽可能多地发现和修正系统设计和系统编码过程中的错误。开发人员在自测试阶段发现的问题越多，所交付的目标系统的质量就越高，后期纠错型的维护工作就越少。

(五) 系统的实施

系统的实施就是软件系统的客户化定制过程，这一时期的主要任务是建立能满足需要的软件系统。其工作内容主要包括客户化的定制、系统的测试、系统的试运行等，还包括数据的导入与客户的培训等工作。系统实施阶段主要包括以下几方面的任务：

1. 对软件系统的针对性定制

对软件系统的针对性定制主要包括四项内容：一是框架定义，即根据用户的业务需求建立系统总体框架结构，比如按照档案的门类进行系统分类，按照信息分类方式或者按照用户自己的管理方式进行分类定制；二是数据库结构定义，即按照每一个档案门类确定系统的属性、操作方式等；三是业务流程的定义，即按照档案业务流程定义系统的功能；四是用户模型定义，即按照实施单位用户操作系统的功能和数据权限建立用户模型并授予其操作权限。

2. 数据的整合

在系统的使用过程中，数据的迁移、载入等工作是需要软件供应商来帮助完成的，而用户单位的主要工作是定制数据的管理规则、严把实施过程关，并采取严格的档案保密措施，保证档案信息的安全。这一内容是系统实施过程中工作量较大的部分，是最容易被忽略的部分，同时也是最容易出现问题的部分。档案管理部门应充分认识到这一点，并在实际工作中给予其足够的重视。如果原有的数据不能迁移到系统中，新系统的实施工作就等于失败。

3. 系统的检测试用

当客户定制了新的软件系统并把原有的数据迁移、装载完成后，一个新的应用系统就建立起来了。在这一工作过程中，首先由供应商或软件开发人员对系统的原形进行全面的测试；其次，测试的过程中一定要按照对软件的要求严格测试，由建立单位严格把关，并从专家的角度提出测试意见和改进意见；最后，由用户单位的档案管理人员根据最初双方形成的分析报告中规定的系统功能进行测试，如果测试没有问题则进入试运行阶段。

对用户来说，试用和测试新软件的过程非常重要，它不但是检验软件系统的过程，同时也是对一个系统进行学习、理解和接受先进管理理念的过程。因此，要求所有的用户积极地参与并提出合理的建议，以便软件开发商对软件中不合理的部分及时改进，通过不断地升级更新并试运行一段时间后确定一个用户系统的运行版本，最终达到满足用户需要的目的。

（六）系统的应用和人员培训

1. 对管理人员的培训

根据档案管理系统对各类管理人员的要求，结合用户对计算机操作系统、网络知识、数据库知识的掌握程度，并根据信息系统管理人员的工作内容进行分期培训，以适应新系统对档案用户的要求。

2. 系统的操作培训

结合用户操作手册对用户进行有针对性的培训，确保每个用户都能够在自己的权限范围内完成正常的系统与业务操作。在结束对业务人员的培训后要进行上岗前的考试，其目的是督促其掌握培训内容。在系统各级操作人员对应掌握的内容都掌握后，用备份的数据库文件替换用户培训时使用的数据库文件，使系统投入试运行。

3. 系统信息的归档

一是整理此次系统实施的架构模型，特别是基础数据表、工作流程，形成本单位独有的系统运行模式，并将本单位的数据库结构进行拷贝和归档，以供未来使用。二是建立客户信息档案，将其系统实施基本情况、使用系统版本情况等进行归档；同时将数据库结构一同刻录成光盘进行归档，为以后系统的升级维护奠定基础。

4. 系统的实施切换

当用户得到一个可以真正接受的系统后，就可以实施系统的正式切换了。也就是说，可以正式利用新系统开展工作。为了保证数据的准确性以及防止数据丢失，在开始应用新系统工作时不急于将原有的系统毁掉，应在使用新系统后继续保留原系统一段时间，在确保没有丢失数据后再彻底停止对原有系统的使用。在实施系统切换的过程中，一定要将系统试运行阶段的部分数据及时装载到新系统中。

（七）系统的检测和验收

档案信息系统项目的验收标志着该系统已经得到用户的认可，同时也标志着系统实施工作将要结束。在这一阶段，项目实施单位的工作内容：对在此项目实施过程中一些特殊的信息资料，如增加的新的档案类型的数据库模板、增加的新的功能模块等，要及时进行整理，以便归档。整理的信息资料可以作为项目验收依据，比如使用说明书、变更登记、用户手册等。另一项工作是编写项目验收文档，结合项目合同和需求说明书的内容，整理出验收的内容、目前的运行情况及验收的标准。

这一阶段客户方的主要工作内容：成立项目机构，其主要职责是按照验收申请报告、项目合同、系统试运行报告、需求说明书等材料，结合系统的现场使用情况和递交给用户的资料，检查实施工作是否达到了合同中规定的要求。另一项工作是进行项目的验收。由项目验收机构对系统实施的现场进行实地考察，检查各项实施工作。如果各项工作都已达到了合同中规定的要求，即验收通过；对于不符合要求的项目，要提出改进和完善的建议。

（八）对系统的评价

档案信息系统投入使用并运行一段时间后，用户和开发商可根据双方的合作协议及共同认可的需求分析报告、系统设计方案及相关要求，对系统进行综合分析与评价。评价的内容包括：主要从实用与适用的程度，分析较之以前的手工管理方式，效率是否有明显的提高，目前已解决了哪些问题，使用是否方便，是否达到了预期的效果。如果与最初设定的目标相差甚远，尽管满足了一些实用功能要求，也不能算是有效的实施。当然在最初设定阶段目标时，也应该采取由小及大的方法，不断扩大成果的应用范围。

一般情况下，衡量档案信息系统是否成功主要有以下五种情况：

第一，档案信息系统实施完全成功，即项目的各项指标都已经完全达到或超过了预期设定的目标。

第二，档案信息系统的实施是成功的，即项目的大部分目标已经实现，基本上达到了预期的要求。

第三，档案信息系统的实施只有部分成功，即项目实施实现了原定的部分指标，没有达到预期的目标。

第四，档案信息系统的实施是不成功的，即项目实现的目标非常有限，根本没有达到预期的目标。

第五，档案信息系统的实施是失败的，即项目的目标没有实现，必须终止项目。

总之，对档案信息系统的评价结论是档案工作者应该十分重视的工作之一，应当从评价信息中吸取档案管理信息系统实施过程中的经验和教训，以提高今后系统建设的成功率，从而提升档案管理信息系统的时效性。

第二节　互联网时代的档案信息化开发

一、网络技术与档案管理网络化

当前，档案机构内部的局域网已经普遍建立，而且各级档案机构纷纷建立了自己的档案网站，档案管理的环境已经由模拟环境变为数字环境。档案管理的数字化和网络化提高了档案事业信息化发展的整体水平。

（一）计算机网络概述

网络技术是计算机技术和通信技术高速发展、密切结合的产物，计算机网络是将不同地理位置且具有独立功能的多台计算机终端及其附属设备，用通信线路连接起来并配备相应的网络软件而组成的计算机系统的集合。

1. 网络的组成和结构

（1）网络的组成

计算机网络由数据传输系统和数据处理系统组成。数据传输系统又叫通信子系统，包括通信传输线路、设备，通信传输规程、协议及通信软件等，其任务是进行数据传输、交换和通信处理等。数据处理系统包括计算机、大容量存储器、数据库、各种输入输出装置及软件等，其任务是进行数据输入、存贮、加工处理和输出等。

（2）网络的结构

网络的结构主要有如下几种基本形式：

第一，总线形，即各节点设备与一根总线相连。这种结构的网络可靠性高，单个节点出故障时对整个系统影响不大。另外，节点设备的插入或拆卸十分方便。

第二，环形，这种结构采用点对点式通信，将各节点连接成环状。网络中各主计算机地位相同，通信线路和设备比较节省，网络管理软件比较简单。但网络的吞吐能力差，只适于在较小范围内应用。

第三，星形，即每个节点通过连接线与中央节点相连。中央节点是控制中心，相邻节点之间的通信要通过中央节点来实现。这种结构的网络比较经济，但可靠性较差，若中央节点出故障，整个网络将瘫痪。

第四，树形，即各个节点按层次展开，由各级主计算机分散控制。各级主计算机都能独立处理业务，但最高层次的主计算机有统管整个网络的能力。这种结构的网络通信线路连接比较简单，网络管理软件也不复杂，维护方便。但各个节点之间很少有信息流通，资源共享能力较差。

第五，网状形，即各节点通过通信线路连接成不规则的形状。网络中没有统管整个网络的主节点，通信控制功能分散在各个节点中，具有较高的可靠性，某一个节点发生故障不会影响到整个网络。这种结构的网络资源共享方便，但网络管理软件比较复杂。

大型计算机网络系统的结构更为复杂，往往是上述几种基本结构中某几种的结合。

2. 网络的类型

（1）按网络结构，分为集中式网络和分布式网络

集中式网络是由中央主机统一控制整个网络的一种网络形式。它的优点是：网络资源、人员和设备可以集中管理、使用，比较经济。但如果中央主机或通信线路出现故障，整个网络的功能都会受到影响，网络的可靠性不高。

分布式网络没有统管整个网络的中央主机，而是由各个节点分散控制。其优点是：资源共享能力强，网络可靠性高。但网络控制软件复杂，网络的协调性较差。

（2）按网络连接区域范围，分为广域网、局域网和城域网

广域网（Wide Area Network，简称WAN）在地理覆盖范围上很广，通常包括一个国家或洲，甚至是全球范围，如国际网络。主机通过通信子网连接。子网的功能是把消息从一台主机传到另一台主机，就好像电话系统把声音从讲话方传到接收方。

局域网（LocalArea Network,简称LAN)是在一个局部的地理范围内（如一个学校、工厂和机关内），将各种计算机、外部设备和数据库等互相连接起来的计算机网络。它可以通过数据通信网或专用数据电路与远方的局域网、数据库或处理中心相连接，构成一个大范围的信息处理系统。局域网常被用于连接机关内部各个部门、公司办公室或工厂里的个人计算机和工作站，以便共享资源和交换信息。

城域网（Metropolitan Area Network，简称MAN）是一种大型的局域网，与局域网技术相似。它是在一个城市范围内建立的计算机通信网，或是在物理上使用城市基础电信设施（如地下光缆系统）的网络。

（3）按所用的通信线路，分为专用网络和公用网络

专用网络是专门建立的通信网络，通信线路为网络成员所有。这种网络规模不大，建设耗资巨大。公用网络是借助公用通信线路建立的网络，如借助电话网、卫星通信等。这种网络的建设成本低，可进行远距离传输，但其建设速度和应用范围依赖于国家通信设施的完善和通信技术的发展。

（二）档案管理网络化

档案管理网络化是网络技术应用于档案管理系统的结果，也是档案管理适应社会信息化发展的必然趋势。档案管理网络化的基本前提，是档案管理的计算机化以及档案资源的数字化。档案管理网络是由多个计算机档案管理系统通过通信线路连接起来的复合系统。各个大型档案机构的计算机成为网络中的节点，每个节点连接许多终端；各个节点通过通信线路连接起来，形成了一个纵横交错的档案管理网络系统。

1. 档案管理网络化的条件

（1）资金与设备条件

档案管理网络化建设需要投入大量的资金和设备，这是首要条件。我国经济发达地区，如珠三角、长三角、环渤海湾等地区的档案事业发展有强大的地方经济实力作为后盾，档案工作的现代化程度较高，档案管理计算机化、网络化和信息化水平领先于全国其他地区。而我国中、西部地区的地方财力十分有限，制约了当地档案管理网络化的发展。因此，档案部门除了争取各级政府的支持以外，还需要广开渠道，争取社会各界的支持，如企业投资和私人捐资等。

（2）技术与人员条件

档案部门需要引进国内外先进的技术，培养既通晓档案业务又掌握现代技术的专业人才。目前我国在进行档案管理网络建设、推进档案事业信息化发展的过程中，应对现代信息技术和人才的引进持积极、开放的态度，并善于借鉴图书情报部门网络化建设的成熟技术和成功经验，培养、吸引具有创新意识、具备现代信息技术和复合知识的现代档案管理人才。

（3）数据库的建设与发展状况

数据库的建设与发展是实现档案管理网络化的基础，网络资源共享的主要形式是对数据库中档案信息资源的共享。我国档案数据库标准化程度低，数据规模不大，质量有待提高。根据《全国档案事业信息化建设实施纲要》的规划，到"十五"末，我国省级档案馆的全部馆藏档案案卷级目录都要实现机检，重要全宗档案逐步实现文件级目录机检。

我国需要进一步加强档案目录数据库、档案目录中心建设，提高数据库的质量和标准化水平。应规范档案数字化与网络化建设，按照共建共享、互联互通的要求，建立和完善国家档案信息目录数据库、纸质档案全文数据库和多媒体档案数据库等各类档案数据库。

2. 网络档案管理信息系统的运行模式

（1）Client/Server（客户机/服务器）运行模式

Client/Server模式（C/S模式）即客户机/服务器模式，是20世纪90年代初期继终端/主机运行模式之后出现的一种普遍应用的网络应用系统结构。该模式克服了原来只有主机执行操作、计算和存贮数据的数据集中管理方式所带来的弊端，使客户机能承担一部分计算和操作功能，大大减轻了服务器的运行负荷；具有分布式系统分担负荷的优越性，结构简单，对外部网络不具有依赖性，主要用于机构内部局域网。

C/S模式的工作原理是：将应用系统的任务进行分解，服务器（后台）负责数据管理和处理，客户端（前台）负责档案管理业务处理和与用户的交互工作。在运行过程中，客户端向服务器发出请求，服务器将数据进行处理后传回客户端。该模式的缺陷是：在处理复杂任务时客户端的负荷较重，使用单一服务器且以局域网为中心，软硬件组合及集成能力有限。

（2）Browser/Server（浏览器/服务器）运行模式

Browser/Server模式（B/S模式）即浏览器/服务器运行模式，是基于Web（World Wide Web，即全球广域网）的运行模式。该模式是在TCP/IP协议支持下，以HTTP（Hyper Text Transfer Protocol，即超文本传输协议）为传输协议，客户端通过浏览器访问Web服务器以及与之相连的后台数据库的技术结构和运行模式。

B/S模式由浏览器、Web服务器、应用服务器和数据库服务器构成，其工作原理是：客户端浏览器通过URL（Uniform Resource Locator，即统一资源定位系统）访问Web服务器，Web服务器请求数据库服务器，并将获得的结果以HTML（Hyper Text Markup Language，即超文本标记语言）的形式返回客户端浏览器。

B/S模式的优点是：①简化了客户端，只需要装上操作系统、网络协议软件以及浏览器即可。②服务器集中了所有的应用逻辑，减少了系统维护与升级的成本与工作量。③系统的可操作性增强，同时减少了系统的培训任务。④提高了系统数据的安全性。所有用户只对应用服务器进行直接访问，减少了数据库登录点的数目。⑤具有较强的信息发布能力。B/S模式的主要缺陷是，其运行速度直接受到网络带宽和网络流量的限制。

（3）结合C/S和B/S两种模式的网络档案管理信息系统结构

如上所述，C/S和B/S模式各有其优点和缺陷。为了保证档案部门内部局域网的安全，提高档案部门接收外部数据和向外传送数据的效率，可结合使用C/S和B/S两种模式，扬长避短。档案机构内部局域网可采用C/S模式，连接档案馆的各个科室，实现硬件和软件资源共享，提高工作效率；档案机构接收外部数据和发布数据，提供远程档案信息检索服务时，则适合采用B/S模式。

3. 档案部门内部局域网

随着计算机技术、网络技术的发展和普及，20世纪90年代中后期以来，我国档案部门逐步建立了局域网，实现了机构内部硬件资源和软件资源的共享，以及对档案信息的综合管理和利用。

（1）档案部门内部局域网的模式

档案馆内部局域网连接档案馆的各个科室，实现办公自动化和文档一体化；提供计算机档案检索服务，实现档案借阅管理和库房管理的自动化，提高档案工作的效率。

对于企事业单位的档案管理而言，一般通过局域网使档案管理系统与本单位的其他信息管理系统进行连接，实现企事业单位的档案与其他各类信息资源的综合管理。

这种模式可称为集成管理模式,即将档案管理系统纳入企事业单位的信息管理系统中去。根据集成的方式不同,可分为横向集成和纵向集成两种方式。

横向集成,是将属于同一组织级别的若干个部门的档案数据进行集成,实现数据共享和综合管理。如将档案管理系统集成到企业管理信息系统和办公自动化系统中。

纵向集成,是将属于不同组织级别的档案数据进行集成,实现综合管理,如建立档案目录中心或信息中心。档案目录中心是以国家综合档案馆馆藏档案目录为主体,将本地区、本系统各级各类档案部门所形成的档案目录,按照统一的著录格式和数据规范集中起来并形成统一的目录检索体系,利用局域网或广域网进行查询。建设目录中心的目的是将分散保存的档案目录进行联网,供用户了解其所在位置,便于提供利用。这是档案信息化建设的一项基本任务。信息中心是指在一个企业或事业单位内部,实行图书、情报、资料、档案等文献资源的综合管理,从而实现对各类信息资源进行综合利用的目的。

(2) 档案部门内部局域网的结构及功能

局域网的结构一般以总线形结构为主,因为总线形网络结构连接简单,增加或减少节点方便。

档案管理系统网络版的业务功能包括:

第一,文件流转管理(文件起草、批转、收发文登记等)。

第二,辅助立卷和鉴定。

第三,档案编目和检索。

第四,档案借阅和统计。

第五,档案的库房管理。

第六,系统管理(用户管理、安全防护、备份与恢复等)。

二、移动互联网环境下档案信息资源的开发与利用

移动互联网环境下档案馆在面临新挑战的同时,也蕴含着档案信息资源开发与利用的巨大契机,我们要顺应潮流,进一步提升利用者服务水平。档案作为信息具有社会契约性,做好新时期的档案资源开发与利用工作对促进社会公平、实现档案价值有着重要意义。

(一)移动互联网环境下档案信息资源开发与利用的概念

移动互联网是移动无线通信和互联网融合的产物,既具有移动通信随时、随地、随身的特点,又具有互联网开放、共享、互动的特点,形成了泛在、跨界、互动、点对面、一个人对无数受众的信息传播特点,使信息以令人惊叹的速度在难以估量的范围内传

递。目前，档案界对档案信息资源开发与利用概念的普遍观点是，"尽可能地挖掘潜在的档案信息，以满足利用需要的劳动过程。这一劳动过程主要由收集、整理、鉴定、编目、编研等工作环节组成"。

综合以上两点我们认为，移动互联网环境下的档案信息资源开发与利用，就是利用移动互联网技术开发并通过以手机为代表的移动设备向用户提供所需档案信息的过程。一方面，移动互联网环境下的档案信息资源开发与利用是对已有档案信息资源利用服务的补充，主要体现为档案利用的自由度加强，用户可以随时随地利用档案，进一步打破了时空限制；另一方面，移动互联网环境下图片、视频等档案信息直观、易懂的特点使得档案信息资源的利用变得更加简单、自由，真正实现了随时、随地、随身利用。可以说，移动互联网环境为档案信息资源开发与利用带来了新的契机与挑战。

（二）移动互联网环境下档案信息资源开发与利用的主、客体及目标

利用是一个满足需要的过程，档案信息资源利用的实现首先需要档案馆（主体）进行信息开发、传播；而后需要利用者（客体）有利用需求；最后主体提供的档案信息恰好或在一定程度上能与客体的需要相契合。移动互联网环境下，档案信息资源开发与利用的主体、客体、目标都发生了一定的变化。

1. 主体

档案馆是永久保管档案的基地，拥有丰富的档案信息资源，是档案信息资源开发的主体。其中综合性档案馆较其他档案馆在人才、资源方面具有独特的优势，是档案信息资源开发与利用的主要力量，本节所说档案馆特指综合性档案馆。移动互联网环境下，许多档案馆推出了手机短信、微信、微博等微媒体服务，也有少数档案馆开发了 App 提供档案服务。但是，一方面，对移动互联网这一新环境档案馆没有经验可以借鉴，各馆都处于"摸着石头过河"的阶段；另一方面，从"档案保管者"到"信息开发者"的角色转变和档案数量的激增，服务方式众多与档案馆既定的人力、物力资源不足，导致一些档案馆面对新环境力不从心，出现了"有数量没质量"的情况。

2. 客体

档案利用者产生档案利用需求，是档案馆的服务对象。在移动互联网环境下，一方面，档案利用者的利用范围在整体上有所扩展，更多的群体可以通过档案馆的微信公众号、微博、App 等途径利用档案，实现其参考价值；另一方面，档案利用需求具有"刚性律"，刚性档案需求的利用者变化较少，而这些刚性需求的利用者是档案馆的主要服务对象。在移动互联网大浪潮下，档案馆工作人员要时刻保持冷静，处理好"为谁服务，以谁为主"的问题。

3. 目标

档案信息资源开发与利用的目标，是将主体与客体结合以满足利用者的信息需求。在移动互联网环境下，这一目标是在满足利用者需求的基础上使利用者的利用更加简单、自由，并进而促进利用者的利用。在移动互联网环境下，分析用户的档案信息需求，合理选题选材，并通过移动互联网将开发出来的档案信息资源以简单、便捷的方式提供给用户。满足利用需求、提升客户体验是移动互联网环境下档案信息资源开发与利用的最终目标。

（三）移动互联网环境下档案信息资源开发与利用的特征

移动互联网环境下档案信息资源开发与利用有了一些新的特征，只有把握变化才能更好地适应这一环境。

1. 空间上的移动性

移动环境指的是人或物处在不断变化的空间环境中。在移动信息服务过程中，用户及其所持终端是处于移动状态的，总是跨越不同地点、跨越不同情境。一方面，这一特点为档案利用提供了便捷，用户获得和利用档案信息的空间自由度加强；另一方面，对档案利用工作提出了挑战：移动空间环境中的干扰因素增加，用户的档案信息利用呈现出碎片化趋势，对档案信息的质量要求更高；移动环境对无线网络、信息传输等的技术要求也更高。

2. 时间上的碎片化

空间的移动性导致档案信息资源利用时间的碎片化，这一特点在实现了随时利用的同时，对档案信息资源开发者提出了新的要求。移动互联网环境下人们已经进入"读图时代"，档案信息资源开发形式应该与时俱进，图片、小视频成为受欢迎的形式。另外，阅读时间碎片化对档案信息资源的内容也产生了一定影响，人们更加倾向于阅读简单、娱乐性的内容。所以档案信息资源开发者应该把握住移动互联网环境下的新特点，提供用户需要的内容。

3. 用户主导档案信息资源开发

移动互联网环境下网民的"话语权"得到增强，更加有利于表达自身诉求。传统的由档案馆主导的档案信息资源开发逐渐向用户主导转变，一些类似于"我需要的档案信息"的调查活动使用户加入对档案信息资源开发的"选题""选材""编辑"，甚至是宣传推广工作中。利用者也是开发者，使得档案信息资源利用率得以提升。

4. 档案信息资源利用的深度加深

移动互联网环境下，档案信息资源的利用从简单的"实物利用"向"知识利用"

转变。档案的凭证作用依然重要，但是在移动互联网环境下，人们用档案指导实践活动、利用档案信息进行创作、通过档案回忆历史的例子随处可见。档案信息资源开发与利用的深度加深。

5. 档案信息资源利用的方式增多

传统档案信息资源利用主要通过到馆利用、档案编研成果利用、档案网站利用等方式来实现，移动互联网环境下的档案利用途径变得更加丰富。微信、微博、手机App等多种途径可供选择，这些社交媒体也使档案走进千家万户。

（四）移动互联网环境下档案信息资源开发与利用的策略

移动互联网环境下的档案信息资源开发与利用必然包含功能定位、选题、选材、编辑、公布、推广几个环节，下面主要针对这几个环节提出相应的策略。

1. 科学定位，明确服务内容

移动互联网环境下档案馆的定位指对档案馆利用服务的定位，是对预期利用者要做的事。下面从移动互联网环境下档案馆档案信息资源提供利用的服务对象和这一环境下由定位决定的内容进行策略分析。

（1）用大数据思维锁定主要用户群

科学定位首先要解决"为谁服务"的问题。在移动互联网环境下，档案利用者的数量总体增加。这些利用者大致可以分为两类：一类是原有的档案利用者，这些人在传统环境下就是档案信息资源的利用者；另一类是在移动互联网环境下新产生的利用者，这些人主要通过微博、微信等社交媒体浏览档案信息。

我们需要通过分析这些利用者的特点来实现档案信息资源开发与利用的定位。对档案信息资源开发利用，我们也可以利用大数据思维来找到较为精确的利用者。对原有档案利用者，我们可以通过"档案利用登记表""档案网站统计"中的数据分析利用者的共同特征，预测出潜在的档案利用者，如对职业、学历、单位等方面的预测。对移动互联网环境下的新利用者，我们可以通过对微信、微博等微媒体产生的数据进行分析来预测。

（2）精确设置服务内容

第一，移动互联网环境下档案信息资源的开发与利用必须体现出档案信息的资源优势。档案相比其他信息具有高度可靠性，所以档案信息的真实性是我们的优势。第二，开发对用户有价值的信息，通过调查统计将开发内容的决定权交由利用者。可以在微博上开展类似于"你最需要的档案"的讨论活动，调查利用者需要的内容。第三，开发有趣的内容。人们总是对神秘的事更感兴趣，因此可以开发那些大多数人都有兴趣的档案信息。第五，开发反映热点的内容，紧跟社会热点不仅会吸引利用者目光，而且会增加利用者转发的可能性,促进用户推广。

2. 精心选择表现形式

移动互联网时代人们对信息的要求更高,引人入胜的标题、丰富直观的形式、简约友好的界面让档案信息资源的利用更有优势。

(1) 引人入胜的标题

移动互联网时代大量信息充斥在人们的生活中,拟好标题是做好编辑的第一步。通过对"天津市档案馆"微信公众号的调查可知,引人入胜的标题对天津市档案馆的高关注度功不可没。

(2) 丰富直观的形式

通过对天津市档案馆的调查统计可发现,表现形式对阅读量有直接的影响:图片形式的阅读量是文字形式的46倍,图文形式的阅读量是文字形式的33倍。因此我们已经进入了"读图时代。"另外,"微视频"的形式越来越受到广大用户的喜爱。

(3) 简约友好的界面

移动互联网环境下用户获取、利用档案信息资源的简约化是发展趋向,友好简单的界面是优质服务所不可或缺的。以微信档案公众号为例,一般设有两级菜单,一级菜单下所设二级菜单多为三到四个;要求菜单名称文题相符,通俗易懂。另外,菜单应该尽可能覆盖满足利用者需求的全部功能,但又不可太过复杂而影响利用。

3. 合理选择传播途径

目前,移动互联网环境下档案信息资源传播途径众多,我们要加强顶层设计,运用互联网思维使这些传播方式优势互补,通过整体效益实现利用目标。首先我们需要分析用户实现利用的信息传播环节的全部功能,从档案信息资源开发成果形成到用户实现利用,主要经过了发布、检索、利用、利用情况反馈几个环节。所以各种服务方式总体必须具备发布、检索、利用、反馈四项必要功能,以及四个环节中伴随的基础性咨询功能。

明确了完整的功能需求,我们再具体看目前档案馆普遍运用的微博、WAP、微信、App四种主要传播途径应该如何设计以实现上述功能。

4. 分阶段生态推广

一个新事物的推广一般要经过两个阶段,即主动推广阶段和自动推广阶段。在主动推广阶段,需要开发者投入一定的人力、物力,采取主动推广措施寻找第一批"种子粉丝"。在自动推广阶段,当"种子粉丝"达到一定数量时,其推广者就由开发者转变为利用者。

(1) 主动推广阶段

这一阶段是开发者主动采取措施进行推广。如"吃在重庆"通过已有的微博账号对微博粉丝进行微信公众号导流、宣传等推广。

(2) 自动推广阶段

在这一阶段,"吃在重庆"不再进行主动宣传推广,而是依靠原创的热门文章进行自动推广。在档案领域,目前尚未有实现稳定自动推广的档案类账号。所以我们应该充分利用档案馆独特的资源,打造"热门文章",使内容本身成为宣传推广的动力。

总之,移动互联网环境下档案信息资源的开发与利用是传统档案信息资源开发与利用的延伸和补充,是目前档案工作的新领域。技术的发展带动档案信息资源利用需求和利用形式的变化,在当今移动互联网环境下,挖掘档案信息资源,开发档案信息成果,依托移动互联网技术分析各项服务方式的特点,并充分发挥其对档案信息资源开发与利用的价值,是档案馆顺应时代发展潮流,更好地服务社会、实现转型的必由之路。

三、大数据时代的档案信息服务创新

当前,我们处于信息技术快速发展的大数据时代,我们在享受着大数据时代给我们带来的便利的同时,也不同程度地承受着各种困扰。这种情况在档案信息服务利用领域亦是如此。各种新的信息传播技术的应用对原有的档案信息服务方式造成了前所未有的冲击,但是它们也给档案信息服务模式的创新带来了发展机遇。

随着信息技术的迅速发展,人类也从信息时代跨入大数据时代。相比传统信息环境,在大数据时代,档案用户的信息需求与档案工作者的服务模式都发生了前所未有的变化,给原有的档案信息服务模式带来了严重的冲击。而任何新事物都是一把双刃剑,大数据在给档案信息服务带来挑战的同时,也带来了前所未有的发展机遇。目前,档案信息服务模式主要有两种:一是传统实体档案信息服务模式;二是现代网络档案信息服务模式。大数据时代的来临为这两种服务模式带来不一样的冲击。

(一) 当前档案信息服务模式

当前档案信息服务模式大致可分为以实体档案为单位的传统实体档案信息服务模式和以网站为平台的现代网络档案信息服务模式。以实体档案为单位的传统实体档案信息服务模式是中国自产生档案服务机构以来在实践活动中逐渐产生的,并形成了一套具体完善的档案信息服务理论。以网站为平台的现代档案信息服务模式是伴随着网络的产生而产生的,主要指电子档案的服务利用模式。目前电子档案服务理论还不够完善,并且存在一些实践问题。虽然如此但提供电子档案信息服务已然成为世界先进的档案信息服务模式，在中国提供电子档案利用服务也逐渐成为一大趋势，并逐渐向主流方向发展。

1. 传统实体档案信息服务模式

传统实体档案信息服务模式指以往的档案信息服务机构工作人员，对实体档案进行收集、整理、鉴定、保管、统计等，进而为档案需求者提供利用服务。该档案信息服务模式提供的服务主要有：阅览服务、出借服务、复制供应、咨询服务、交流服务、档案证明和档案展览等。这些服务理论和服务方式是在前人的实践基础上积累和总结起来的，是人类智慧的结晶。随着社会的发展以及先进科学设备的引进，传统档案信息服务模式受到一定的影响，但在以纸质档案为主体的中国，以实体档案为单位的传统实体档案信息服务模式仍占据着主要位置。同时，先进技术的引进也加快和推动了传统档案信息服务模式的工作进程。

2. 现代网络档案信息服务模式

顾名思义，现代网络档案信息服务模式是档案服务机构利用计算机网络，为档案信息利用者提供档案信息服务的一种服务模式。该模式极大提高了档案信息服务质量和服务效率，同时该服务模式也拓宽了档案信息服务范围，为档案服务事业的进一步发展创造了新的条件。无论是数字档案馆的网络服务，还是现代档案网站提供的档案信息，主要有馆藏档案资源介绍、档案咨询、档案政务、档案展览、档案推送等档案信息；并且大部分省、市都开通了档案网站，这项举措大大提高了档案信息服务效率。现代网络档案信息服务模式主要为利用者提供电子档案信息服务，虽然较为简单方便，但电子档案的安全性和准确性在大数据时代也面临着极大的挑战。

虽然上述两种档案信息服务模式能够分别对实体档案和电子档案提供利用，并且取得了良好的效果，但是在大数据时代，这两种模式也存在着一些问题。对于传统实体档案信息服务模式而言，其服务理论、服务手段和服务设备等急需跟着时代的进步而进行变革，以适应现代化档案利用的需求。对于现代网络档案信息服务模式而言，该模式还未形成较为完善的服务理论，仍然处于初级发展阶段，这需要档案服务工作人员继续努力以促进其快速发展。总而言之，这两种模式既有优点又有缺点，需要档案工作者继续为档案服务事业努力。

（二）大数据背景下档案信息服务模式面临的机遇

在大数据背景下，虽然大数据给档案信息服务带来了挑战，但同时它也为档案信息服务带来了很多机遇，无论是在服务内容，还是在服务模式及服务思想等方面。这就为传统实体档案服务模式和现代网络档案信息服务模式的创新发展带来新的契机。

1. 有助于丰富档案信息服务内容

大数据的快速增长为档案服务提供了丰富的档案资源，使得档案服务机构的工作内容能够打破原有的限制，从而提供巨量的档案信息资源。就档案馆而言，其档案资源除了储藏在本馆内的档案资源外，还可以通过与其他档案馆进行档案信息资源共享来实现档案信息资源云共享。这项举措在很大程度上克服了本馆档案资源有限的弊端，为利用者提供丰富而有效的档案资源。所以说这些海量的档案信息资源为档案馆的信息服务提供了内在的硬性支持，使其提供的服务内容更加丰富多样，满足利用者的多方面需求。

2. 有助于完善档案信息服务模式

以往的档案信息服务模式基本上都比较倾向于被动服务，档案服务机构很少主动提供服务，而且服务方式极为简单、被动。最常见的服务模式是用户提出查档要求，档案馆根据其需求查找相应的档案信息资源以提供利用；并且利用者还要办理各种利用手续，程序复杂，给利用者带来极大的不便。而在大数据时代，档案服务机构可以在保留原有的服务方式基础上，利用各种电子设备和数据技术扩大服务范围，提高服务质量。同样拿档案馆来说，档案馆提供信息服务应该首先立足于大数据背景，在提高服务水平和服务质量的同时，还应积极主动地向社会发布一些档案信息，进行档案信息推送，提高服务效率。同时，档案馆还要积极发挥电子档案信息资源的作用，扩大电子档案信息资源的利用范围，实现档案数字化。这就要求档案服务机构的服务方式和服务流程都要发生相应的转变以适应现代化的需要，其服务方式也要从被动式逐渐向主动式转变。

3. 有助于转变档案信息服务思想

以往的档案信息服务思想，是将档案信息服务看作本机构的一种正常业务来完成，被动而又消极。而在大数据时代，档案利用者对档案信息服务机构的服务质量和水平提出了更高的要求。档案信息服务机构可以以此为契机转变服务思想，从消极被动向主动热情转变。同时，档案信息服务机构要以用户为中心，在满足用户个性化需求的同时也要提供更好的人性化服务。大数据时代为档案服务机构服务思想的转变提供了现实基础，其丰富的档案信息资源使档案服务机构为用户提供准确的解答、优质的服务成为可能。

数字档案馆是在传统档案馆的基础上建立起来的，它与传统档案馆性质一致、基本职能相同，是对传统档案馆的继承和发展。数字档案馆将传统档案馆的功能进一步扩展，使档案馆的社会地位和社会价值进一步提高。数字档案馆的发展将大幅提升档案馆的管理水平和服务能力，且其保存和再现社会记忆的功能将大大增强。

在新时代，传统档案馆的管理模式已经不能有效地满足用户的实际需求了。在数字化技术快速发展的大背景下，数字档案馆应运而生。和传统模式相比，数字档案馆无论是在保管条件、存储空间还是在存储介质等方面，均符合现阶段发展潮流。其能够在满足档案信息逐渐增长对存储空间要求不断提高的基础上，促进档案利用效率的提升。

第五章

基于业务规则的档案信息资源管理

第一节 档案业务规则管理概述

一、档案业务规则的内涵

业务规则是描述和约束业务的语句,用来刻画业务的结构或者控制和影响业务的行为。

档案业务规则主要是用来描述、约束和控制档案信息管理业务中各步骤及其产生的数据,其大量存在于相关档案信息管理的各类业务文档之中,还普遍存在于档案管理的各个环节之中及档案管理信息系统中。在档案管理系统中存在着如归档范围、保管期限、工作流程、分类标准等多种规则,还包括一些没有形成具体条例的惯例,均称为档案业务规则。

通过前文对"业务规则"概念的分析,档案业务规则的理解也主要存在业务应用和计算机信息系统两个角度。从业务应用角度来看,档案业务规则包括对档案、档案工作、档案管理流程等有描述、约束和控制作用的法律法规、操作规范、规章制度、管理章程、业务标准、档案业务相关人员的经验总结等;从计算机信息系统角度来看,档案业务规则是采用特定的业务规则语言对档案业务中某些定义和限制的规范化描述,用于维持档案业务结构、控制或影响档案业务的声明语句,具有定义业务术语、陈述事实、约束行为、进行推理等作用。

两者之间的关系是前者主要用来指导、约束人们日常从事档案业务活动所遵循的规则,采用人类交流和思维所用的自然语言来表达;后者主要来源于前者,是从已成文的法律法规、操作规范、规章制度、管理章程、业务标准和档案业务相关人员的经验总结中提炼而来的。与前者不同的是,该角度研究的业务规则应采用结构化的语言,为计算机管理信息系统的开发服务,可采用RuleSpeak模板、决策表、决策树、规则标记语言等方式来表示。这里的主要研究对象是从计算机信息系统角度定义的档案业务规则,而法律法规、规章制度、管理章程、业务标准、操作规范和档案业务相关人员的经验总结等是业务规则的来源和基础。

二、档案业务规则的特性和作用

(一)档案业务规则的特性

业务规则通常具有声明性、准确性、原子性、一致性及非冗余性。在基于业务规则的档案信息资源管理系统中,档案业务规则的特性可分为一般特性和应用特性。

1. 档案业务规则的一般特性

原子性。档案业务规则不可再分,每条规则只定义一种判断和操作,复杂的业务逻辑由多条规则协同处理。

独立性。档案业务规则彼此之间独立,复杂的逻辑关系由规则引擎来处理。档案业务规则存储在规则库中,独立于数据和程序。

简单性。档案业务规则用简单直接的类自然语言来描述,很容易被档案业务人员和技术人员所理解。

动态性。档案业务人员可以实时地修改业务规则,快捷地更新系统,低成本地维护系统。

逻辑性。档案业务规则至少包含条件和执行两个部分,条件是对业务数据作用的判定,执行是对业务数据的处理。

2. 档案业务规则的应用特性

档案业务规则的非"固化性"。固化在程序代码中的策略和规则必然是僵硬的。随着时间的推移和业务环境的变化,档案适用业务规则和策略会发生变化,如果规则的每次改变都要求对系统程序进行"伤筋动骨"式的修改,那么系统的维护和升级必然代价昂贵,甚至难以维持。

档案业务规则的"逻辑性"。档案业务规则具有逻辑性,每条约束行为的业务规则至少包含两个部分:条件部分和执行部分。规则的条件涉及对业务数据作用的判定,规则的执行涉及对业务数据的处理。

档案业务规则的"非过程性"。每条规则只能定义对一种现象的判断和操作,复杂的业务逻辑应该由多条规则协同处理。规则的"非过程性"带来的好处是:每条规则的制定变得非常单纯,可以"就事论事",将复杂的过程处理平摊成一个个有条件的执行单元,从而实现了从简单到复杂的知识积累过程。

档案业务规则的"事件触发性"。档案业务规则会根据相应的条件被触发执行，触发规则执行的"事件"就是业务数据本身。比如一套入库分析的规则集合，一旦库存件入库记录信息进入系统处理，这组规则将会被激活，启动相应的分析过程。

档案业务规则的"非技术性"。档案业务规则是属于档案业务人员的，档案业务人员应该使用行业语言而不是计算机技术语言（如程序语言、数据库语言、脚本语言等）编写规则。正是由于档案业务规则的非技术性特点，使得使用业务规则方法的系统可以被档案业务人员进行维护，而不仅仅像过去一样，只能通过技术人员进行维护工作。

（二）档案业务规则的作用

档案业务规则具有重要的作用，主要有以下几个方面：

1. 能够对档案业务术语进行定义

档案业务规则的最基本成分是术语。术语是与单位或部门密切相关的概念，它在一般情况下是档案业务人员所知道并在单位或部门共享的一个基本单词或词组。术语包含特定的档案业务含义。对于一种具体的使用背景环境，术语不应该有歧义产生。术语总是名词和经过修饰的名词。

术语所具有的基本特征有：

基本性：即术语表示的是业务中最为基本的知识，它不能用其他的业务词汇导出或计算而得出来。

原子性：即术语表示的是个体知识，它不能是术语的组合体。

可知性：即术语总是表示业务人员能够了解到的事情，而不是所发生的事情。

2. 能够描述由相关术语组成的事实

事实是由相关术语的简单描述语句给出的。它表示业务的公共或共享动词或动词短语，构建了所需的概念之间逻辑连接的结构。

3. 具有行为约束的作用

通过约束和条件来限定和控制行为，例如，一条鉴定机关档案保管期限的规则：如果存档的是本机关制定的法规政策性文件，那么其保管期限应列为永久保管。

4. 根据已有规则可以进行合理的推理

档案业务规则可以从一种已有知识推导出另一种知识。

三、档案业务规则来源

总的来说，档案业务规则主要来源于明文规定与档案业务相关的法律法规、业务标准、操作规范、规章制度、管理章程，档案业务相关人员的需求调查，以及旧档案信息资源管理系统的文档这三大方面，在实际操作中，需要通过有效的手段和方法获取一套完整的业务规则。

(一) 档案法规和标准

我国的档案法规随新中国档案事业的起步而逐步发展起来，《中华人民共和国档案法》（以下简称《档案法》）颁布后，形成了以《档案法》为核心，以档案行政法规、地方档案法规为框架，部门档案规章和地方政府档案规章为主体，档案标准和规范性文件为基础，其他法律、法规中的档案管理规定为补充的多层次档案法规体系。据不完全统计，目前，我国现行档案行政法规有7部、地方法规30多部、档案规章120多部，内容几乎涉及档案工作的各个方面。

我国的档案管理模式从建立之日起就具备一个相对完善的管理体系，保障顺利、有序开展各级各类档案管理工作的规则很丰富细致，不仅有最具权威的档案专门法律，还根据各地各类档案的特殊性制定了一系列的条例、章程、纲要、办法、方案、决定、规定、指示、细则和标准等，起到了规范管理档案和档案事务的作用，是档案业务规则的主要来源。根据各地各单位和部门档案种类、档案管理特色，以及档案信息资源管理系统要求，可以将这些法律、条例、规章、标准结构化处理后编译到档案业务规则库中。

1. 档案法规体系

档案法律法规，是指国家制定的有关档案收集、整理、保护、利用等各种活动的法律规范总称。它包括国家权力机关根据宪法制定的档案法律、法令和其他各种法律；法令中有关档案的条款；也包括国家行政机关根据宪法、法律、法令在其职权范围内制定的关于档案管理的各种规范性文件，如条例、章程、纲要、办法、方案、决定、规定、指示、细则、通知等。档案法规的规范作用主要体现在以下5个方面：指引作用、评价作用、预测作用、教育作用、强制作用。其中与业务有关的条款，如归档范围、保管期限、分类方法、归档文件材料的质量要求等，是开展档案业务活动的重要依据。我国档案法规体系是以《档案法》为核心，由符合立法规定的若干有关档案工作的法律、行政法规、地方性法规和规章所构成的相互联系、相互协调的统一体，分为档案法律、档案行政法规、地方性档案法规和档案规章4个层次。其中包括：《中华人民共和国档案法》1部档案法律；《中华人民共和国档案法实施办法》（以下简称《档案法实施办法》）等6部档案行政法规（含现行有效的中央制定发布的规范性文件）；《档案馆工作通则》等95部国务院部门档案规章（含联合发布的规范性文件）。此外，地方性档案法规和地方政府档案规章分别由享有立法权的地方人大及其常委会和享有规章制度制定权的地方人民政府视需要自行决定。

（1）档案法律

档案法律是全国人民代表大会或其常务委员会根据宪法或依职权制定的法规性文件，主要有《档案法》以及宪法、刑法等法律中涉及档案的内容或条款，是档案法规体系中的最高层次，对所有相关法规、规章和规范性文件的制定与实施起着约束、指导作用。

（2）档案行政法规

它指由国家最高行政机关国务院在法定职权范围内为实施宪法和法律的规定制定和发布的有关档案行政管理的规范性文件的总称，包括条例、规定、办法等，它们是法规体系的一个重要层面，法律效力仅次于国家法律。档案行政法规是一种具有普遍约束力的规范性文件，是针对档案事业中某一方面的行政管理工作制定的。主要有《档案法实施办法》、《机关档案工作条例》、《科学技术档案工作条例》、《全国档案馆网设置原则和布局方案》等。此外，根据宪法和立法规定，国务院还有权发布决定和命令，其中具有规范性内容的，与行政法规具有同等效力。

（3）地方性档案法规

地方性法规是各省、直辖市、自治区所在地的市和国务院批准的较大市的人民代表大会及其常务委员会在不与宪法和法律抵触的前提下，根据本地区的实际情况制定的规范性法律文件，它是与国家法律及行政法规的重要联结点，其法律效力等同于行政法规。我国地域辽阔，地方差异较大，国家的法律、法规不可能面面俱到地适用所有地区，《档案法》和《档案法实施办法》的规定比较原则，而各省、市、自治区的档案事业发展各有特殊性，因此需要针对地方特点对国家法律法规中的原则性要求和宏观性规定进行细化，将档案法律法规的规定与本地的具体情况和实际结合，制定出地方性法规。

地方性档案法规是国家法律和行政法规的补充和细化，比起国家法律和行政法规，地方性档案法规可操作性更强。对《档案法》和《档案法实施办法》没有规定而实践中又急需做出规定的事项进行规定，是档案地方立法的一个重要的内容。具体在制定档案地方性法规时，要着重解决本行政区域实际存在的需要由法律来调整的，而法律、行政法规的规定原则或不便于操作或没有规定的问题，而不是对法律、行政法规的简单翻版。

（4）档案规章

档案规章包括国务院部门档案规章和地方政府档案规章两类。其中国务院部门规章是依据法律和行政法规的规定，由国家档案局单独制定颁布或国家档案局与有关部委联合制定颁布的有关档案工作的规范性文件的总称，其地位和效力低于宪法、法律和行政法规。政府规章相对法律、法规而言数量较大，内容具体、明确，针对性强，是法规体系的主体。目前,由国家档案局发布的档案规章就有40多件,内容集中在专业档案和专门档案管理、文件处置、档案保护、档案行政管理和档案执法等方面。

地方政府档案行政规章是由省级人民政府以及省、自治区所在地的市和国务院批准的较大的市的人民政府依法定权限和程序制定,包括人民政府批转的地方档案局制定的规范性文件。目前全国有《苏州市城市建设档案管理办法》等地方政府的档案规章百余件。

及时清理法规、规章,是保证法规、规章的权威性、有效性,是建立健全档案法规体系的重要步骤。它可以有效地避免法规、规章之间互相重复、矛盾等现象,更好地完善档案法规体系。一般地讲,法规清理是指行政机关对过去所发布的行政法规和规章进行审查,确定哪些法规、规章已不适应现实需要,应予废止;哪些法规、规章已部分不适应现实需要,应部分废止;哪些法规、规章有互相重复、矛盾之处,应废止重复者,消除矛盾处。

2. 业务标准体系

(1) 国际标准

国际标准是指国际标准化组织(简称ISO)、国际电工委员会(简称IEC)和国际电信联盟(简称ITU)制定的标准,以及国际标准化组织确认并公布的其他国际组织制定的标准。国际上制定有关档案标准的影响较大的标准化组织有国际标准化组织、国际电工委员会、国际档案理事会(简称ICA)、国际文件管理者联合会(简称IARMA)和联合国档案与文件管理署(简称UNARMS)等。

国际标准化组织是世界上最大的国际性标准化组织,国际电工委员会主要负责电工、电子领域的标准化活动,这两大标准化组织在制定档案信息标准方面,都集中了国际上一流的专家、学者,并广泛地吸取了各国在这方面的最佳实践经验,其所制定的标准集中反映了人类在这一领域的发展与应用,质量是最高的。国际档案理事会(ICA)、国际文件管理者联合会(ARMA)及联合国档案与文件管理署(UNARMS)都是专业性的文件/档案组织,其所制定的档案标准十分专业。

(2) 国家标准

国家标准是在全国范围内统一的技术要求,由国务院标准化行政主管部门编制计划,协调项目分工,组织制定(含修订),统一审批、编号、发布。国家标准分为强制性国标(GB)和推荐性国标(GB/T)。国家标准的编号由国家标准的代号、国家标准发布的顺序号和国家标准发布的年号(采用发布年份的后两位数字)构成。

(3) 行业标准

由我国各主管部、委(局)批准发布,在该部门范围内统一使用的标准,称为行业标准。例如:机械、电子、建筑、化工、冶金、经工、纺织、交通、能源、农业、林业、水利等，都制定有行业标准。

为了依法加强全国档案标准化的管理，国家质量技术监督检验检疫总局将国家档案局列为档案工作行业标准的归口管理单位，负责标准的起草、颁布、组织实施和修订工作。标准代号为"DA"，档案工作的行业标准多以DA/T（T表示推荐性标准）打头。

此外，船舶工业（CB）、测绘（CH）、城镇建设（CJ）、地质矿产（DZ）、核工业（EJ）、公共安全（GA）、国家军用（GJB）、航空（HB）、环境保护（HJ）、海洋（HY）、机械（JB）、林业（LY）、民用航空（MH）、农业（NY）、汽车（QC）、航天（QJ）、气象（QX）、电子（SJ）、检验检疫（SN）、兵工民品（WJ）等行业标准中还存在针对该行业档案工作制定的标准。

（4）地方标准

地方标准又称为区域标准，对没有国家标准和行业标准而又需要在省、自治区、直辖市范围内统一的工业产品的安全、卫生要求，可以制定地方标准。有关档案工作的地方标准是各省、自治区、直辖市标准化行政主管部门在国家、行业档案标准的基础上，按照《档案法》的要求制定山相应的地方标准，并报国务院标准化行政主管部门和国务院有关行政主管部门备案。

（5）企业标准

《中华人民共和国标准化法》规定：企业生产的产品没有国家标准和行业标准的，应当制定企业标准，作为组织生产的依据。企业的产品标准须报当地政府标准化行政主管部门和有关行政主管部门备案。已有国家标准或者行业标准的，国家鼓励企业制定严于国家标准或者行业标准的企业标准，在企业内部适用。

档案企业标准是对企业范围内关于档案工作需要协调、统一的技术要求、管理要求和工作要求所制定的标准。企业标准由企业制定，由企业法人代表或法人代表授权的主管领导批准、发布。企业标准一般以"Q"作为企业标准的开头。

（二）未成文的经验和惯例

档案业务规则还包括指导长期实践的档案业务经验、组织内经验丰富的档案从业人员的知识总结、员工日常使用的档案专业知识和专门技能等没有形成文字的惯例。

具体开展档案管理工作时所依据的规则往往都是具体和细化的，相对来说，明文规定的法律、法规和规章、制度等是纲领性的，对实践具有指导作用。具体实施档案管理工作时还需要有经验的员工或决策者参与。例如：具体针对某个单位时，什么是重要文件、什么文件反映了该单位重要职能活动、档案价值的具体判定等。这些都是档案工作人员们长期从事档案管理活动的知识积累和总结。如不记录、固定下来，这些隐性知识会随着经验丰富的档案专职人员的离职或时间的推移而不复存在。

对于此类业务规则，可以利用访谈业务人员、开座谈会、问卷调查、跟班作业等方式进行调查总结，并将其文档化、结构化处理后编译到档案业务规则库中，完善档案业务规则体系。

（三）管理信息系统里的文档

信息系统的文档，是系统建设过程的"痕迹"，是系统维护人员的指南，是开发人员与用户交流的工具。文档还可以作为监理和审计的对象，作为开发其他信息系统的参照。没有文档的软件，不是合格的软件；没有文档的信息系统，不是完整的信息系统。一个良好的信息系统，需要做好系统文档的管理工作。档案管理信息系统依据标准设计，文档的编制在信息系统的开发工作中占有突出的地位和相当的工作量，规范了系统文件和档案的管理，支持档案采集、移交接收、归档、存储、借阅利用和编研发布等全过程的信息化处理。

档案管理信息系统开发、设计、建设过程中形成的用户手册、操作手册、系统开发计划书、系统分析说明书、系统设计说明书、程序设计报告、数据字典、详细设计、程序代码等包含着大量档案业务规则。将从中经过分析、筛选出的档案业务规则集中到档案业务规则库保存，不仅体现了业务规则集中式管理的策略，而且从旧系统中具有规范格式的信息系统文档中提炼出的结构化业务规则更接近编译到档案业务规则库前的句法要求，避免了重复劳动，减轻了编译工作量。

要注意的是，通过以上三个来源获取的业务规则会存在许多重复或与规则无关的信息，必须通过挖掘整理从中获取有用的业务规则，按规则类型将业务规则进行分门别类，然后再进行业务规则的编译活动。

四、档案业务规则管理

（一）传统档案工作业务规则管理

从业务应用角度来看，档案业务规则主要存在于对档案、档案工作、档案管理流程等有描述、约束和控制作用的法律法规、操作规范、规章制度、管理章程、业务标准、档案业务相关人员的经验总结等。这些明文规定的、依照法定程序发布的与档案工作有关的法律法规和业务标准是传统业务规则的主要存在形式，主要以单份文件或法规汇编、标准汇编形式实行集中管理。法律法规和标准的汇编是依据国务院或国务院各部门制定的汇编编辑出版管理规定，依照法定程序发布的法律、行政法规、国务院部门规章、地方性法规和地方政府规章，按照一定顺序或者分类汇编成册的公开出版物。这些非结构化文件里关于档案业务规则的定义和描述是以人工实施管理的纸质、实物等传统档案管理模式的主要依据,不能满足电子文件管理及其档案管理信息系统的设计、开发和实施的需求。

从计算机信息系统角度来看,档案业务规则是采用特定的业务规则语言对档案业务中某些定义和限制的规范化描述,用于维持档案业务结构、控制或影响档案业务的声明语句。这一类规则主要嵌入信息系统文档和程序中,其中嵌入文档中的规则是人可读的,程序里控制和影响档案业务的规则是机器用来执行的。这些档案业务规则与文档、程序里对非档案业务活动的定义和限制共同存在,缺少单独管理业务规则的规范方法和标准业务规则语言,不能及时响应系统业务逻辑的变化,从而影响了档案管理信息系统的有效性和灵活性,降低了业务活动的效率。

(二)利用业务规则管理技术实施档案业务规则管理

1. 业务规则管理技术简介

20世纪70年代,斯坦福大学使用LISP开发的MYCIN是第一个基于规则的系统。该系统用于血液疾病的诊断,并推荐治疗方法,可以算作一个专家决策系统。该系统实现的主要理念是知识和控制的分离,将以规则表示的知识从用于评估、执行的控制逻辑(程序)中分离出来,这是规则管理技术的启蒙时期。

20世纪80年代,基于规则的编程方法随着人工智能的研究热潮达到顶峰,那时候有不少的开发者和组织购买商业化的规则引擎,但当时规则引擎性能很差,并且没有与当时主流系统的集成能力,基于规则的编程方法没有得到很好的应用。由于早期的许多业务规则产品都以人工智能领域和推理系统为基础,所以这个阶段的业务规则技术非常复杂,运营和维护费用高昂,从而导致了这种技术的"垂死经历"。但是研究工作仍在继续,基于规则的编程方法仍然在某些方面得到应用。

20世纪80年代后期随着面向对象技术的兴起,分类机制、信息隐藏(封装)、消息通信机制等技术为人们解决复杂应用软件系统提供了新的概念和模型,同时也为基于规则程序提供了更好的集成和实现方式。可以说,面向对象机制很好地解决了数据与数据操作的关系,而业务规则管理技术为对象之间的消息通信提供了(以业务规则数据形态处理业务逻辑的)触发机制,使对象模型和业务规则模型较完美地结合在一起。此外,丰富的图形化的业务规则管理工具也是业务规则管理技术得到广泛应用的重要基础。

近年来,业务规则管理技术正以越来越快的速度重新崛起。不少软件开发商已经开始利用业务规则管理技术来开发商用软件,它们不仅能够为用户搭建规则库,让用户随意添加自己的业务规则,而且会在一些针对行业的应用中,将自己的行业经验以业务规则的形式加进去,为用户提供最佳实践经验。

如今的业务规则已具有明确的定义、规范的表达和系统的管理，它们不再以代码形式嵌入计算机系统中，而是采用易读、易懂的语言表达，即使非技术人员也能够迅速掌握并灵活运用这种语言管理业务。这种清晰、准确的表达方式大大提高了组织内部的交流效率和决策速度。业务规则软件已被公认为提高业务灵活性和保持组织竞争力，实现"一站式"服务的必备技术。

2. 业务规则管理技术的基本思想

业务规则管理技术的基本思想是将系统处理的业务逻辑从程序代码中抽取出来，将其转变成简单的业务规则，以结构化的业务规则数据驱动规则引擎执行业务行为。

现代业务规则管理技术较之传统业务系统引入业务规则层，把业务规则作为数据来进行管理，使得业务规则与组织的数据信息一样成为组织的重要资产。以结构化的业务规则数据表示组织业务行为，业务人员可以使用行业术语而不是专业编程语言来编写规则，便于将业务规则创建、修改和维护的权力交给业务人员，从而使组织的业务系统真正面向业务人员。引入业务规则管理技术，可以将业务规则存储在完全独立于数据和程序的规则库中，业务人员可以对业务规则进行查询、添加、更新、统计、提交等操作，并且可以在线修改和测试业务规则。业务规则可以不断积累、调整和共享，并能对规则进行版本管理，设定规则的有效期，实现对业务行为的知识管理。系统的稳定性也因此得到了保障，系统的维护成本大大降低。

业务规则管理技术将使我们重新认识业务规则，重新认识业务规则在整个软件系统中的地位，以新的方式来表示、运行、管理业务规则，从而为组织和软件开发商在处理业务规则的问题上提供新的解决方式。

业务规则方法提供了一种依照业务规则概念进行分析问题和解决问题的方式，帮助人们发现规则，表现规则，管理规则，自动执行规则，建立规则运行机制，最终目的是实现业务规则管理系统。

五、档案业务规则管理系统

（一）业务规则管理系统的基本原理

业务规则管理系统（Business Rules Management System，简称BRMS）是实现业务规则的建立、管理、维护、部署和运行的信息系统。BRMS能够利用规则引擎把传统的应用程序或参数化实现的业务策略从系统中提取出来，被提取的业务规则将作为一种可管理的对象存储在规则库中。BRMS是构建在操作系统、数据管理以及事务处理之上的高级管理层次，在应用系统中的地位与数据库管理系统（DBMS）类似，处于比较基础的位置，是其他高端应用的基础。

业务规则管理系统主要包括规则的形式化表示、规则编程语言、规则匹配与执行，其基本原理是：用一个或多个规则引擎替换原先以程序代码（或其他抽象代码）"固化"在应用系统中的业务逻辑，业务逻辑不再以程序代码的形式驻留在系统中，实现了业务逻辑和程序代码的分离。业务规则的创建、修改是通过规则操作工具界面，对规则库的修改而实现的，经编译后的业务规则保存在规则库中。规则库中的业务规则可以实时"在线"地被加载到规则引擎中去，供规则引擎调用执行。

（二）档案业务规则管理系统的结构

档案业务规则管理系统（Archives Business Rules Management System，简称 ABRMS）主要包含业务规则集成开发环境、业务对象模型、业务规则语言、档案规则库、业务规则引擎、与外部系统部件的数据和指令接口良好的组件化结构等。

下面具体阐述档案业务规则管理系统设计过程中最重要的 5 个部分：

1. 档案业务规则集成开发环境（Archives Business Rules Integrated Development Environment）

在档案业务规则开发环境中集成了规则编辑器和编译工具，是用来管理、创建、修改、部署、编译和测试业务规则的图形化工具。利用图形界面用户可以方便地建立业务对象模型；可以对其中的规则库和规则进行编辑操作，如新建、删除、复制、粘贴等；可以检查和测试规则的有效性和正确性。此外，相应的编译工具还可以将用户输入的档案业务规则语句转换成规则引擎能够执行的规则代码。

2. 档案业务对象模型（Archives Business Object Model）

档案业务对象模型是用来描述档案管理工作领域中所有的业务对象（如文书档案、会计档案、设备仪器档案、电子公文等），它记录了档案各个业务对象的名称、属性、方法、参数类型、返回类型，以及对象之间的约束。业务对象模型为业务规则语言提供了绝大多数的词汇，多由档案业务系统分析员设计，由系统开发人员具体实现。

3. 档案业务规则语言（Archives Business Rules Languages）

面向不同的用户，业务规则语言的具体表达形式不同。档案业务规则管理系统的三层规则语言模型为档案业务人员和 IT 技术人员设计了不同的业务规则语言，它们最终都会被系统转换成规则引擎的执行代码。

由于熟知档案业务规则的档案业务人员和分析人员通常不具备计算机编程知识，只能理解和表述自然语言形式的业务规则，但是计算机处理中文自然语言又比较困难。为平衡业务和 IT 之间存在的矛盾，可以采用受限中文业务规则语言作为一般档案业务人员使用的业务规则表述语言，采用类 Java 语言文法作为系统 IT 技术人员使用的编程语言。

4. 档案业务规则库（Archives Business Rules Database）

档案业务规则库是存储档案业务规则及规则有关属性的地方，用户录入的规则经编译后保存在规则库中，供规则引擎调用执行。档案业务规则库将档案各项专业知识分门别类融合，东莞万维在其设计的基于业务规则的档案信息资源管理支撑平台中将档案业务规则库分为以下三类：①存储以《档案法》为主的相关法律、法规和制度等针对外部的业务规则库；②存储如对综合档案以立档单位为基础的《归档范围》、《保管期限表》，对工程档案以工程性质为基础的《建设工程竣工档案归档范围》等针对结构化的内部规则库；③存储档案指导长期实践的经验，单位经验丰富的档案从业人员的知识总结等针对非正式的内部规则库。

5. 档案业务规则引擎（Archives Business Rules Engine）

档案业务规则引擎是执行业务规则的软件组件，嵌入在程序中，是档案业务规则管理系统的核心元素。规则引擎是应用系统调用规则库的接口，以基于规则库中创建的规则来获取自动化的决策。系统开发人员在程序中使用规则引擎的基本步骤为：创建规则引擎对象；向引擎中加载规则集或更换规则集；向引擎提交需要被规则集处理的数据对象集合；命令引擎执行；导出引擎执行结果，从引擎中撤出处理过的数据。

第二节 基于业务规则的档案信息资源规划

档案信息化是一个以信息资源建设为核心的长期发展过程，信息资源规划是其基础和先导工程。将信息资源规划理论引入基于业务规则的档案信息资源管理，实施档案信息资源的全面规划，将会更好地整合现有的各类档案信息资源和业务规则，降低档案信息资源管理系统开发失败的风险。

基于业务规则的档案信息资源规划，首先需要定义档案信息资源，对档案管理业务各流程进行梳理，构建档案业务模型；在此基础上，确定档案业务规则来源，组织档案业务规则，构建档案业务规则知识库；最后，从全局出发构建基于业务规则的档案信息资源管理模型，此外，制定管理标准和选择关键技术也是规划阶段的必要环节。

一、档案信息资源规划概述

(一) 信息资源规划和档案信息资源规划的定义

1. 信息资源规划的定义

不论是在一个具体的组织机构范围内还是在行业、地区、国家等更大的范围内，信息资源规划都是指对信息资源采集、描述、处理、存储、管理、定位、访问、重组与再加工等全过程的全面规划工作。根据规划对象、规划目的以及规划方法等的不同可以将信息资源规划分为宏观和微观两种规划，二者在规划对象、目的、规划方法、规划重点、执行方式和存在形式等方面均存在不同之处。

总的来说，宏观层面上的规划是经济社会发展规划的一部分，是一项信息化的专项规划；微观层面上的信息资源规划主要是运用信息工程及信息资源管理等理论方法，对边界清晰的组织机构在业务活动中所需要的信息资源进行全面和详细地规划。档案信息化建设是个复杂的系统工程，其中档案数字资源建设是核心，应当进行完整、合理的规划。档案信息资源规划应同时采用两种信息资源规划方法，既要体现国家档案信息化的战略思想和战略目标，也要强调对信息系统基本性问题的设计规划，以提高规划的有效性和可实施性，也就是说规划要点是既全、又专、也要细。

2. 档案信息资源规划的定义

档案信息资源规划是指依据档案法律法规及国家相关规划纲要，在国家档案行政管理部门的宏观指导下，引用先进的信息工程和数据管理理论方法，对档案信息资源的收集、整理、鉴定、保管、统计、编研、检索、利用的全面规划，其目的是解决档案信息资源共享和整合问题，弥合信息孤岛，实现档案信息集成化的应用开发。

宏观层面上的档案信息资源规划，是国家信息资源综合规划的一部分，服从于国民经济和社会发展规划，是一项信息化的专项规划，如《全国档案信息化建设实施纲要》、《××省档案信息化建设规划纲要》、《××市档案信息化建设规划纲要》等。这些具有宏观指导作用的相关政策性规划一般由政府规划部门或政府委托的单位编制，档案管理部门需要在其指导下开展本单位的档案信息化建设。微观层面的信息资源规划已有一套成熟的理论和实施方法，在国内外的企业中运用得较为普遍，其先进的信息工程和数据管理理论及方法是政府、企事业单位的档案部门开展信息资源规划过程中迫切需要引进的。相对来说，微观档案信息资源规划的研究对于现今档案信息化建设更具有现实意义和实用价值。

(二) 档案信息资源规划的实施步骤

档案信息资源规划是一项涉及人、财、物、技术等因素的系统工程，需要依据一定的步骤有序开展。不管档案信息化建设的对象如何，其基本实施步骤主要为：首先是规划前期准备，包括组织协调、规则小组成立和确定总体目标等；其次是规划主体，主要包括需求分析、系统建模和制定标准规范体系；最后是新旧系统过渡、设计系统实施进度和底层工具，以及提交规划报告等善后工作。

1. 规划前期准备工作

确立档案信息资源规划项目，首先要得到单位最高层管理人员的赞成，然后成立规划小组，制定项目总体目标、主要任务、保障措施等前期准备工作。

档案是国家机构、社会组织或个人在社会活动中直接形成的，供保存备查的原始记录。档案信息源自各单位日常生产、科研、行政和经营管理过程中，档案信息资源规划涉及各方面人、财、物的支配和调用，需要高层决策者及时有效地组织协调各部门、各系统之间的关系，同时单位领导的参与和重视还必然提高了该单位其他人员对档案管理工作和档案信息资源规划的重视，带动部门全体员工积极参与。

在实施档案信息资源规划前，还必须成立一个专门的规划小组，小组成员应该包括信息资源规划项目负责人、各职能域业务代表、系统分析员、信息技术人员，其主要职能是统一解决管理和关键技术问题。由于各企事业单位档案工作现状和档案人员素质良莠不齐，多数单位完全靠自己组织信息资源规划和实施档案信息化的能力还不够，实践证明，与具有较高信誉度的档案专业咨询公司合作，不仅能够节省人力物力，还能够降低档案管理信息系统开发失败的风险。

档案信息资源规划的总体目标是指对档案信息化建设需要达到的目的和主要任务的总体规定，即解决档案信息资源共享和整合问题，实现档案信息集成化的应用开发。各单位可根据本单位规模和性质进行调整和细化，如企事业单位档案室的档案主要是本单位内形成的，其用户主要是本单位的员工，而国家档案馆是面向全社会的，两种档案管理部门信息资源规划的具体任务会存在差异。此外，还要制定好确保规划内容得到有效实施的各种保障措施，概括来说，这些保障性措施大致包括法治保障、管理保障、技术保障、资金投入保障、人才保障、思想保障和安全保障这七类。

2. 规划主体

信息资源规划主要包括各职能领域的信息需求、数据流分析、信息资源管理基础标准的制定，以及全域和各职能领域信息系统框架－功能模型、数据模型和系统体系结构模型的建立。实施过程中可以借助有效的软件支持工具，如国产网络版信息资源规划工具软件IRP2000net、信息分类编码管理工具IRP3-icc等。尽管不同信息部门的信息资源规划范围和内容有所不同，但其基本方法和实施步骤大致相同。档案信息资源规划是依据档案法律法规及国家相关规划纲要，在国家档案行政管理部门宏观指导下，以信息系统工程方法论为指导，采用工程化方法，经过需求分析和系统建模两大阶段，遵循一定的标准规范来进行的，一般由档案业务人员和系统分析人员密切合作共同完成。

（1）需求分析

根据信息工程化方法，信息资源规划正式实施的第一阶段是需求分析。需求分析的结果是理清本单位档案工作的业务流以及数据流。业务流程分析是按职能域进行的，一般要经过以下几个步骤：①先订立实施档案信息资源规划单位的职能域，确定规划工作范围；②分析每一个职能域的业务过程以及该职能域档案形成、流转、管理和开发利用的流程；③将每个档案业务过程分解为业务活动，对定义的业务过程和活动进行复查。经过以上业务梳理，形成以"职能域—业务过程—业务活动"三个层次来表达业务功能结构的业务模型。数据流分析是依据业务模型，进行用户视图分析和基本表的定义，分析业务活动中档案流转方式、种类，同时确立档案信息管理各阶段所依据的规范、标准，如档案分类方案、著录标引标准、保管期限表等。

（2）系统建模

系统建模是需求分析的综合与定型，包括系统功能建模、数据建模和信息系统结构建模。在需求分析阶段，建立了由"职能域业务过程—业务活动"三层结构组成的业务模型，但是并非所有的业务活动都能实现计算机化的管理，经分析可以发现有些业务活动可以由计算机自动完成；有些业务活动可以人－机交互完成；有些业务活动仍然需要由人工完成。我们将能由计算机自动进行处理和人－机交互进行的活动挑选出来，按"子系统—功能模块—程序模块"组织，就是系统功能模型。根据业务过程和业务活动分析，可以确定档案类别，一般来说档案分为文书档案、会计档案、人事档案、基建档案、设备仪器档案和特殊载体档案六大类，这些大类的名称即可作为主题数据库的名称，各主题数据库又由若干个基本表组成。在信息工程方法论中，信息系统体系结构是指系统数据模型和功能模型的关联结构，也就是确认主题数据库与业务过程的对应关系，可采用C-U矩阵来表示。

（3）标准规范体系

信息资源管理要从标准化做起，标准化是一项极其重要的基础性工作。总的来说，档案信息资源规划中主要涉及两类标准，即技术标准和管理标准。技术标准主要有数据元素标准、信息分类编码标准、用户视图标准、概念数据库标准以及逻辑数据库标准等，是实现数据共享、数据交换、数据库设计、应用软件设计和系统建设的保证。管理标准主要是档案信息资源管理的基础标准，包括档案分类标准、著录标引标准、鉴定标准、管理规范以及相关的信息政策和信息法律法规等，这些标准化的规则不仅是日常管理的规范依据，也是建立系统业务模型和功能模型的基础保证。标准规范体系的建立就是要在规划过程中制定一系列相应的技术标准和管理标准，并将这些标准纳入业务规则库中，对其进行集中统一管理，形成实现数据共享、信息集成以及指导档案信息全程管理的规范化系统。

3. 规划后期任务

（1）新旧系统过渡

对于信息化建设不发达的地区或单位，档案信息化工作正处于起步或者还没有开展，规划待开发的档案信息管理系统与现有的应用系统的衔接较为简单。对于已经建设和使用档案管理信息系统的单位，新系统在进行设计开发时，与旧系统相比，在功能和结构上都进行了相应的扩充和调整，使得新旧系统在功能和结构上存在一定的差异，应重视新旧系统过渡问题，做好准备工作，以保证新旧系统的良好衔接或平稳过渡。

一般来说新旧系统有三种关系，即用一个现存的软件包取代现有系统、新旧系统混合使用、重新开发一个新系统。三种不同的方式各有利弊，采用现存软件包，如直接购买、安装软件公司开发的通用数字化档案网上管理系统软件包，看起来比较方便，但如果该软件不符合本单位管理需要和特点，则需要修改以满足本单位业务的需求，最终需要很大的附加投入；新旧系统混合使用，如沿用本单位原有的数字化档案采集与加工系统，可以减少浪费，但是恰到好处地设计新系统的互补功能本身就是个不容易的事，另外新旧系统接口问题也比较复杂；重新开发新系统一般来说功能更全、更适合本单位业务，但却是个高投资高风险的工程。档案管理信息系统的开发设计应结合单位性质和档案管理业务特点，基于需求分析，综合考虑各项指标确定新旧系统的衔接和转换方式，解决新旧系统过渡问题。

（2）设计系统实施进度和底层工具

管理信息系统建设不能随意进行，在执行过程中一定要按预先制定的时间计划和规章制度进行，设计好系统实施的优先顺序是项目成功与否的关键因素。因此，信息资源规划后期工作之一就是要按照科学的方法制定系统实施时间进度表，使得执行阶段能够按照规划制定的时间计划以及各项规章制度有条不紊的开展工作。

此外，信息工程方法论是一套包括自顶向下规划和自底向上设计的方法论，信息资源规划不仅应有顶层设计，还要细化到底层工具的设计。各单位在档案信息资源规划后期阶段，应结合规划的前期调研，分析本单位已使用的技术和未使用的先进技术，选择最适合本单位档案信息化建设的软件支持工具，建立一套与自顶向下规划工具相衔接的自底向上设计实现的技术体系。

（3）提交规划总结报告

在档案信息资源规划结束后，要认真对规划进行总结、记录，编写、提交规划总结报告，规划总结报告是信息资源规划最终成果的详细记录与展示，是规划成员集体智慧的结晶。总结报告内容丰富，既包含该信息资源规划项目实施的基本要素、项目总体目标、主要任务、措施保障、规划方法等总体规划的介绍，也包括需求分析、系统建模以及技术、管理等方面的细化规划陈述，报告中的规划成果一般来源于机内文档和纸面文档，要按照规划项目验收具体要求的格式书写内容和准备材料。

二、档案业务规划

（一）档案信息资源的定义和定位

信息资源是对信息进行选取、组织、序化而形成的有用信息集合，信息资源是信息的一部分，是在当前生产力水平和研究水平下人类所开发与组织的信息，是可供人类利用的有用的、创造价值的信息。档案信息资源是信息资源的种概念，是信息资源的一种，档案的原始性、凭证性等价值树立了档案信息在信息家族中不可替代的地位。档案是社会活动的伴生物，只要有人类的社会活动，就会有档案的产生。在开发档案业务规则管理系统前，需要定义和定位系统范围内本组织形成的或对本组织有保存价值的档案信息及其来源，明确管理对象。

档案资源主要包括实体资源和信息资源，其中实体资源主要包括目前各档案机构保管的档案原件、电子文件的纸质文本、档案信息开发实物成果等；信息资源主要指的是实体档案内容所反映的信息和知识集合。基于业务规则的档案信息资源管理主要针对的是档案原件的数字化文本、电子文件以及其他开发成果的数字副本等所反映出的信息资源。

规划小组应召集本组织内各项工作的业务人员以及档案管理人员，共同梳理业务工作，结合上级部门的档案种类和归档要求，确定本组织归档范围和档案信息资源的种类。

（二）档案业务分析

长期以来，在纸质办公环境中，对于档案管理来说，无论是各级机构组织的职责，还是档案归档、整理、保管和利用等管理程序方面，已经形成了一套完整的管理流程和办法。例如，档案工作实行统一领导、分级管理的原则；档案实体管理内容包括档案的收集、整理、鉴定、保管和统计；档案管理应遵循来源原则、全宗原则、有机联系以及保管和利用方便原则；还有国家、地方、各单位制定的有关档案的《机构、人员编制规定》、《归档范围和保管期限表》、《归档文件整理规则》、《档案著录规则》、《照片档案整理规范》等规定和标准。这些是做好档案工作的根本保证，很大程度上也是电子网络环境下档案工作开展的基本制度和标准。然而随着网络信息技术的跨越式发展，不论是政府部门、企事业单位工作方式，还是人们的日常交流方式都发生了巨大变化，文档的形成和传递呈现数字化网络化趋势。现代信息技术，主要是计算机技术和网络技术在档案管理中的应用，使原有的管理模式发生了变化。自动化集成管理成为档案管理的发展方向，档案业务工作的变化主要体现在以下几个方面：

1. 档案信息收集、管理方式的变化

在网络环境下，数据处理在文件处理阶段就可完成，档案的有关数据一经输入，可多次使用，公文处理与档案管理的有机结合，真正实现了文档一体化管理；电子文件的网上收集采取实时归档的方式，通过一个接口顺利地导入到档案管理系统中；将鉴定工作所涉及的相关要求在文件产生之前即在整个组织信息流程的计算机系统设计阶段就确定下来，有别于将对办理完毕的文件进行价值判断的过程单纯移至文件形成或流转之初的做法，在很大程度上增强了对未来利用需求预测的可操作性，使得通过计算机对档案鉴定实行批处理成为可能；可以自动完成各类档案资料的统计工作，绘出各类统计报表；可以实现库房档案管理工作，如库房档案总数、现存档案数量，借出、归还档案的情况，并可实现库房空气与温湿度、照明、防火、报警等系统的自动控制。

2. 档案信息组织检索的变革

第一，档案信息组织与传播自动化。网络环境下将实现诸如自动分类、自动标引、自动编目及自动搜索网上信息源等档案信息组织与检索的自动化。第二，档案信息检索简便化。利用者在网络环境下不再受时空的限制，档案馆的利用者范围不再局限于到档案馆这个特定场所查阅档案的人群，而是延伸到了社会的各个角落，包括任何一个通过计算机访问档案馆网页的人。在网络环境下，除作为凭证依据的档案原件或不能公开的档案需到档案馆借阅外，其他内容的档案资源可随时随地利用计算机网络进行查阅，必要时还可进行存储和复制。

3. 档案信息利用方式的多元化

随着档案信息载体的多样化，检索方式从传统的手工检索发展到数字检索、全文检索、超文本检索、多媒体检索等，利用者对信息需求也从单一的纸质档案转向集档案利用服务、参考咨询服务等为一体的多元化服务。随着利用者需求的变化，传统档案部门服务模式显然不能满足新环境下持续变化的利用者需求。新的环境和服务需求必然要求档案馆（室）的服务有新的组织与管理体制来适应。传统档案部门工作的重点是通过组织馆藏开展借阅利用服务，而且馆藏建设也偏重于档案实体管理和实体信息的有序化。这种单向线性的实体管理方式，以馆藏决定服务的内容，没有考虑到用户需求动态实现的过程，是一种被动服务。在档案信息流重组后，档案部门应在关注用户问题解决的过程中提供主动服务。

4. 档案编研工作的新特点

首先，档案编研载体和传播媒介从有形实体向虚拟网络转变。网络环境打破了传统档案编研信息的传播必须借助于有形载体的概念。网络出版是一种借助于网络这种无形载体的新型的编研出版形式，具有成本低、出版周期短、传播速度快、范围广等特点，改变了传统出版物只有少数人才能利用的弊端。多种形式的档案可以有机融合。在网络环境下，各种编排软件日趋完善，并较好地融合了网络技术、电子文档处理技术、多媒体技术以及数据库技术，可以实现文字、声音、影像、动画、图片等多种形式并用，可以充分利用互联网上的数字资源，充实汇编内容。

5. 数字档案馆建设对档案业务流程的影响

数字档案馆有着与传统档案馆迥然不同的流程，馆藏结构由传统的物理现实馆藏进入虚拟现实混合的馆藏，出现了收集、征集、整理、分类、编目、编研一体化的趋势。其相应的业务机构可粗分为三部分：资源建设部门、用户服务部门和技术支持部门。数字档案馆资源建设部门应一并承担起信息资源获取、整序、维护的职责，实行收集、征集、整理、编目为一体的作业流程。而计算机网络的发展大大促进了档案馆信息资源特别是数字资源的使用，档案馆要实现数字资源和纸质文献的一体化服务，建立统一的档案检索方式，实现部分纸质档案的数字化，建立自己的特色数字资源。为了使用户能充分有效地利用数字资源，同样有必要对档案馆信息资源进行重组。

总之，信息技术重建了档案馆、档案室的运行环境和作业环境，传统档案业务管理显露出种种弊端。档案部门信息化建设（包括自动化和网络化建设），不仅提供了一个先进的服务平台，而且它还包含着减少重复的作业，资源共享的重要设计原则。档案部门信息系统的集成化管理将原来许多分离的工作实现了在功能上的合并和重组，原有的一些部门设置显得多余和重复。因此，档案业务分析及重构是基于业务规则的档案信息管理系统开发的前期准备，是档案信息管理面向网络化、智能化发展的必要准备。

（三）档案业务流程重组

"业务流程重组"是由美国的 Michael Hammer 和 Jame Champy 于 20 世纪 90 年代提出的一种管理思想。该管理思想强调以业务流程为改造对象和中心、以关心客户的需求和满意度为目标、对现有的业务流程进行根本的再思考和彻底的再设计，利用先进的制造技术、信息技术以及现代的管理手段、最大限度地实现技术上的功能集成和管理上的职能集成，以打破传统的职能型组织结构，建立全新的过程型组织结构。业务流程重组源于企业业务管理领域，基于企业的奋斗目标和一切工作的归宿怎样使顾客满意。可以说，档案信息资源的管理和保存目标以及一切档案工作的归宿就是使现存及潜在利用者满意,"业务流程重组"的核心思想同样适用于档案管理业务。通过上一节的档案业务分析不难看出,植根于手工作业环境下的传统档案组织机构、业务流程、管理体系越来越不适应信息时代档案馆发展与服务的要求,所以有必要借鉴企业业务流程重组的思想,重新考虑设计业务流程,从管理理念到组织机构,从业务内容到人员资源,从服务内容到服务方式进行全方位、深层次的变革。

在现代信息技术的支持下,对档案管理中的信息流进行整合,这种整合既不是对原有单向线性的档案实体管理方式细枝末节的修补,也不是利用计算机对原有手工管理程序的简单模拟或单纯的功能合并;而是在面向用户需求的集成管理思想下,在对组织信息流程全盘考虑的基础上对档案信息流的重新定位。档案业务流程重组主要包括组织结构再造和业务内容再造两个方面,此外还应重视管理理念和档案工作者的再造。

1. 组织结构再造

长期以来,档案馆通过对档案实体的手工管理,建立了从收集到编研、利用等规范、机械的业务运作模式。我国档案馆一般都是按功能设置收集、整理保管、编研、接待利用等机构或岗位。随着现代信息技术在档案馆的逐步应用,档案馆的功能不断得以拓展,并形成了一些新的业务环节,而这些新增的环节无法得到原有组织机构的有效支持,造成档案馆运行不畅和功能失调。档案馆必须对其组织机构进行改革,把以传统业务流程为基础的组织结构转变为以现代业务流程为基础的组织结构,把直线型、职能化的组织结构向扁平化、智能化乃至学习型组织的转变,把传统的以收藏和手工进行信息服务为主的组织转变为以用户为主,提供智能化的信息检索和现代化服务手段的组织,重新调配档案馆的业务工作流程,建立起一套以信息网络技术为基础的,与知识经济时代相适应的管理体制。

2. 业务内容再造

我国档案馆的内部机构大多按"收、管、用"分别设置,形成档案馆服务的整体。分工细、工作流程长,影响了信息的即时服务,难以提供高质量的服务。现代信息技术的发展使原来分立的工作实现了功能上的整合,弱化了分工之间的界限,实现了文档一体化及档案业务工作一体化。同时档案馆的业务内容也发生了重大变化,许多手工操作的业务被计算机取代,原有业务也被调整、淘汰,或推陈出新。档案馆应改变以先进的计算机技术、网络技术去适应或应对传统工作流程的做法,根据自身的性质、特点、任务和规模大小,分析目前业务流程状况和理想流程状况,对原有业务流程进行重组、简化和糅合。重组后的业务流程应符合档案馆今后发展的需要,充分体现网络环境下以信息服务为中心,以用户需求为导向的思想。

3. 管理理念和档案工作者再造

电子档案的前身——电子文件的内容和形式是相对独立的,不仅内容易于修改,而且失去了固定形式,从而使电子档案的原始记录性和法律凭证受到巨大的冲击。为确保具有档案价值的电子文件真实可靠且适合保存,有关保存和归档的要求应该在电子文件生命周期的开始阶段——设计阶段起做出,应确立前端控制和全程管理的现代文件、档案管理理念。档案工作者只有积极参与相关流程的设计中,使其方法适应于操作过程和过程控制职能的需要,并且利用他们的专业技能和专门知识来定义档案方面的基本概念,才能赋予电子档案的原始性以新的解释,确保电子档案的真实可靠、齐全完整及其可利用性与可理解性。档案管理流程重组满足了组织机构实施知识管理的需要,提高了管理效率。为适应这一发展,档案工作者必须改变自身传统的角色定位,提高自身整体素质,将工作重心逐渐从原先对档案实体的保管转向对电子文档处理全过程的监督;并运用自身文档管理方面的隐性知识向各业务部门提供档案管理方面的知识服务;以及通过组建知识库动态解决用户所面临的问题,重视对档案用户反馈信息的分析。档案部门是组织机构的有机组成部分,档案信息流的重组是整个组织信息流程重组的重要环节,因此档案工作者的角色定位很重要,档案工作者应积极参与组织信息管理流程的设计,融入组织的整体文化,协调与其他部门的关系,做好信息的交流与共享。

在信息流程重组后,档案工作者通过积极参与组织机构整个信息流程的设计,将自身的隐性知识(包括档案专业技能、档案知识、价值取向等)融入流程设计的各环节,以定义流程中与档案相关的基本概念,提出文档鉴定、流转、保存等方面的具体要求,确保了整个流程的科学与高效。可见,重组精简了雷同的工作环节,改善了原有文档管理条块分割、效率低下的状态,使得信息流动更为顺畅,实现了档案工作者对文档处理全过程的监督,加强了组织内部的知识传递和交流;而且信息流重组的过程促进了档案工作者自身所蕴藏的隐性知识的显性化。档案工作者在参与流程再造的同时,通过与其他参与者的讨论与交流实现了各自隐性知识的交流与共享;一方面自身所蕴藏的隐性知识得到了显性化;另一方面通过交流和共享,他人外化的隐性知识、组织内外部的各种显性知识就内化为个人新的隐性知识,这种知识不断内化、外化的循环促进了知识创新的实现。

三、档案业务规则的规划

基于业务规则的档案信息智能化管理的核心技术是以结构化的业务规则数据驱动规则引擎执行业务行为,档案业务规则库是存储档案业务规则及规则有关属性的地方,用户录入的规则经编译后保存在规则库中,供规则引擎调用执行。因此,档案业务涉及的相关业务规则应集中统一采集和管理,并且规则的采全率和采准率高低直接关系到档案管理信息系统自动化管理效果的好坏和智能水平的高低。

(一) 档案业务规则源

总的来说,档案业务规则主要来源于明文规定与档案业务相关的法律法规、操作规范、规章制度、管理章程、业务标准,档案业务相关人员的需求调查,以及旧档案信息资源管理系统的文档这三个方面。

第一,我国的档案管理模式从建立之日起就具备一个完善的管理体系,保障顺利、有序开展各级各类档案管理工作,不仅有最具权威的档案专门法律,还根据各地各类档案的特殊性制定了一系列的条例、规章、标准等。如国家颁布的《中华人民共和国档案法》,各省人大批准的各地的档案管理条例,专门针对国家重大建设项目文件的《国家重大建设项目文件归档要求与档案整理规范》等。根据各地各单位和部门档案种类、档案管理特色,以及档案信息资源管理系统要求,可以将这些法律、条例、规章、标准结构化处理后编译到档案业务规则库中。

第二,档案业务规则还包括档案业务指导长期实践的经验、组织内经验丰富的档案从业人员的知识总结、员工日常使用的档案专业知识和专门技能等没有形成文字的惯例。对于此类业务规则,可以利用访谈业务人员、开座谈会、问卷调查、跟班作业等方式进行调查总结,并将其文档化、结构化处理后编译到档案业务规则库中,完善档案业务规则体系。

第三,旧档案信息资源管理系统中的系统分析、需求说明书、数据字典、详细设计、程序代码、操作手册等也包含着大量档案业务规则。将从中经过分析、筛选出的档案业务规则集中到档案业务规则库保存,不仅体现了业务规则集中式管理的策略,而且从旧系统中提炼出的结构化业务规则更接近编译到档案业务规则库前的句法要求,避免了重复劳动,减轻了编译工作量。

要注意的是通过以上三个来源获取的业务规则会存在许多重复或与规则无关的信息,必须通过挖掘整理从中获取有用的业务规则,按规则类型将业务规则进行分门别类,然后再进行业务规则的编译活动。

(二) 档案固化规则与动态规则

档案业务规则是对档案业务中某些定义和限制的描述,用于维持档案业务结构、控制或影响档案业务的行为。档案业务规则主要来源于明文规定与档案业务相关的法律法规、操作规范、规章制度、管理章程、业务标准,档案业务相关人员的经验总结等。这些规则中有些是适用于各级各类档案部门的业务活动,是固定不变的,如《中华人民共和国档案法》、《中华人民共和国档案法实施办法》、《中华人民共和国保守国家秘密法》等法律法规和各类国家标准，各个档案部门信息管理系统所依托的业务规则库中都应包含这类规则。此外，各单位还自有一套规章制度、操作规范，根据自身情况所拥有的档案种类、归档范围、保管期限表、工作经验等也是不同的，我们称这些规则为动态规则。

在档案业务规则库的建设过程中要注意区分档案固化规则和动态规则，依照这两种规则的特点实施不同的添加方案，并且在规则管理系统里对其的权限设置也不同。档案固化规则一定时期内是不会改变的，可以成套固定存储于规则库中，每个单位不必再花费时间去另建此类规则，而且由于此类规则具有权威性，不能随意修改。档案动态规则是需要本档案管理系统自己添加入库的，档案业务人员或者系统管理人员可以使用受限中文业务规则语言通过规则管理平台界面将本单位使用的规则添加进规则库中，此类规则的权限设置较为宽松，一般可随本单位档案业务实际情况新建、删除或修改规则。

第三节　档案业务规则管理系统的功能与结构

一、档案业务规则管理系统的功能

一个完整的 BRMS 应该提供规则定制和设计（Rules Design and Authoring）、规则分析（Rules Analysis）、规则部署（Rules Deployment）、规则管理（Rules Management）等功能。

第一，本系统能通过信息资源规划确定各立档单位的归档范围、保管期限表，并将其抽象为档案业务规则库 ABRD。将档案业务规则进行抽象化的过程可简要描述为：以自然语言描述的档案类目级别和归档基本范围等一系列规则是 ABRD 最初的数据库源，这些规则存放在 XLS 格式的文档之中；这些规则中的一级、二级类目可直接拷贝到 ABRD 之中，而以自然语言描述的归档基本范围则需要通过中文分词系统采用基于字符串匹配、基于统计规律、基于语意理解等方法对其进行分词，生成词群系列，并保存至 ABRD；同时也将《档案保管期限表》、档案主管部门与指导部门的规范、制度、标准等也整理到 ABRD，这些 XLS 格式的文档经过 ABRD 处理之后成为 XML 格式的 ABRD 文档。

第二，本系统能利用强大的推理引擎 RM，对保存在 ABRD 中的全宗、目录／项目、案卷、卷内信息等档案信息数据 AID 进行分析与推理，并由 ABRD 采集若干档案要素，利用中文分词系统对其进行分词，与保存在 ABRD 中的一系列规则所对应的词群进行匹配，提高决策水平，推理得出相关结论：数据是否符合要求，档案著录是否规范，档案收集范围是否广泛，档案保管期限定义是否准确等，以帮助立档单位达到"档案收集齐全、保管期限设置准确、档案著录规范"的目标。还可通过基于档案业务规则库和推理引擎构建的档案信息雷达自动从相关业务系统收集档案信息资源。

第三，本系统可通过档案业务规则库在档案轨迹的各个环节衍生出相应的人工智能子系统，因而能有效地完善档案管理各项工作，推动整体的档案管理工作向自动化、智能化、集成化方向发展。

①人工智能子系统包括：档案接收即时检查系统。接收档案范围确定后，该系统可即时根据档案业务规则库对各立档案单位的档案信息，通过知识规则推理引擎，对录入或导入的档案信息进行检查，系统自动提出整改意见或验收意见。②档案著录规范检查系统。该系统对责任者、题名、保管期限等，根据已存在的档案业务规则库自动进行检查。③网上监督指导系统（WNAA）。档案局/馆、档案主管单位利用基于 Internet/Intranet 的档案信息扫描技术，结合档案业务规则库，自动监督各立档单位的档案整理情况，发现问题自动提醒，并及时反馈，信息转入 Workflow，档案监督指导人员根据实际情况作出处理。它利用人工智能的原理，借助计算机模拟人类的思维过程，对档案信息数据进行分析与推理，作出相应的判断，提出建议及线索，以供档案管理部门进一步进行重点检查与监督指导。其目的就在于，提高监督指导效率，降低监督指导风险，进而保证档案收集入库的质量。④立档单位绩效评估系统（W NAE）。绩效评测内容与目标建立后，系统可定期根据档案业务规则库对各立档案单位的档案信息，通过知识规则推理引擎，自动生成绩效预评估报告，经过 Workflow 流转后产生最终的评估报告。⑤档案上岗人员自学习系统（W NAL）。一般的档案人员起码需一年时间才能熟练掌握档案的归档范围与保管期限，通过 W NAL 使上岗人员尽快了解档案的相关法律、法规和制度，充分利用档案业务规则库与规则推理引擎的作用，设置相关的 Workflow 使上岗人员在短时间内学习、测试对档案的熟练程度。

二、档案业务规则管理系统的结构

档案业务规则管理系统由文件信息导入层、文件信息挖掘层、档案信息表现层三大部分构成。第一，文件信息导入层包括两大部分，一是自然语言描述的归档文件类目级别，保管期限表，相关法律法规，档案部门的工作规范、制度和标准，工作人员的知识总结等；二是自然语言描述的归档基本范围经中文分词系统分词以后形成词群系列。这两大部分经过结构化、格式化和集成化，拷贝到档案业务规则库 ABRD 中，进入下一个环节。第二，文件信息挖掘层是档案业务规则管理系统中的核心环节。档案信息雷达从业务规则网络、档案网络、语义网络和要素网络这四大网络中收集归档文件信息，经过聚类和分类处理，再到内容分析和业务规则引擎 RM 处理，在此之后由中文分词系统进行分词，剔除无用词，提取关键词，并将其与档案业务规则库 ABRD 中生成的一系列业务规则所对应的词群进行比对和匹配，从而确定具体的档案信息的保管期限、密级等，完成档案信息的著录。第三，档案信息表现层是档案业务规则管理系统的最终环节。在上一个环节中由档案业务规则库和规则引擎完成归档文件信息的分类、鉴定和著录等工作后，生成了完整的可查询的档案信息，同时还衍生了诸多子系统，包括档案接收即时检查系统、档案著录规范检查系统、网上监督和指导系统、绩效评估系统、上岗人员自学习系统等。

（一）档案业务规则集成开发环境

一般规则集成开发环境只有规则编辑器，而高级的规则集成开发环境可以实现对规则和规则库的管理，如规则的检索、版本控制、权限管理等；甚至可以实现对多个规则引擎的"在线"调试，对规则集合进行冲突检查等。而档案业务规则管理系统的集成开发环境主要包括规则编辑器、规则管理器、规则编译器三大部分。

1. 档案业务规则编辑器

档案业务规则编辑器主要是实现对档案业务规则的创建和增删改两大功能。第一，业务规则的创建。档案业务规则的创建过程为：一方面，自然语言描述的以 XLS 和 Word 格式保存的归档文件的类目级别和保管期限表，档案工作法律法规，档案主管部门和指导部门的相关规范、制度、标准和实践经验，档案工作人员的知识总结等，可直接被拷贝到档案业务规则库中 ABRD 进行保存；另一方面，自然语言描述的以 XLS 格式保存的归档基本范围在中文分词系统的作用下进行分词，生成词群系列，然后拷贝到档案业务规则库 ABRD 中保存。这两大部分在 ABRD 中经过格式化、结构化、集成化处理后，成为以 XML 格式保存的 ABRD 文档，从而构建出一系列档案业务规则，每一条业务规则都对应着若干语义词群。第二，业务规则的增加、删除和改动。因为归档文件的数量是随着日常的业务活动和档案工作的开展不断增加的，因而档案业务规则库也必须要实时更新，才能满足文件归档的需要。在 ABRD 中添加规则，可能由于多名操作者身份和认知不同，各个操作者对某一具体归档文件的规则设置问题的看法存在差异，操作者事先没有进行良好的沟通等原因，导致重复添加同一条业务规则的问题。为了避免档案业务规则库中出现规则重叠，不必要地占用规则库中有限的存储空间，档案业务规则管理系统须设置查重功能，在出现录入规则重复时，系统应自动提示录入者已出现该问题，需进行纠正。在 ABRD 中删除和改动某些业务规则，必须考虑到库内数据的一致性问题。因为每一份归档文件都是经过 RM 处理和中文分词系统分词后提取归档信息中的关键词,并将其与ABRD中的业务规则所对应的词群进行匹配,然后确定其保管期限和密级等,完成该份归档文件的鉴定和著录工作,根据库内每一条归档文件信息都有与之对应的业务规则,该条业务规则是检验该份档案文件各类目是否设置准确的标准和依据,二者之间存在紧密的对应关系。现在如果要对该条业务规则进行删除或改动,必然会影响到依据此条规则进行归档的若干份档案文件,造成ABRD中归档文件信息数据的混乱。因而,当某条规则不再具有利用价值需要删除时,或者某条规则有些内容不再适应工作要求,需要进行修改时,可设置为:无操作,显示一条错误信息,告知用户不允许执行该删除或修改操作;级联,删除或修改某条业务规则,则系统提示用户该条业务规则所涉及的所有档案信息数据也会被删除或修改;设置空,如果规则库中的所有规则都可接受空值,则将该值设置为空;设置默认值,如果规则库中的所有规则均已定义默认值,则将该值设置为默认值。

2. 档案业务规则管理器

档案业务规则管理器主要是实现档案业务规则的查询与检索、规则库的版本控制、档案业务规则的冲突管理等功能。第一,档案业务规则的查询与检索主要包括归档文件的类目级别的查询、归档范围的查询、规则库中词群系列的检索等。第二,规则库的版本控制。所谓版本控制,是指通过文档控制(Documentation Control)记录程序各个模组的改动,并为每次改动编上序号。一种简单的版本控制形式,例如,赋给一个系统初版以版本等级"A"。当做了第一次改变后,版本等级改为"B",以此类推。简单说来,档案业务规则库的版本控制可采用管理员多人修改规则、协同工作,并在修改的部分保留标记,待审核员对修改处进行审核通过之后,最终确定规则修改是否合理并将其进行保存。第三,档案业务规则的冲突管理。在归档信息与规则库中的规则所对应的词群进行匹配时有可能会出现三种情况:一是该条档案信息找到某条规则与之对应,二是该条档案信息找不到任何规则与之对应,三是一条档案信息找到若干条规则与之对应,即它既可能属于A规则,也可能属于B规则。第一种情况属于正常状态,可利用档案业务规则库来对具体的档案信息进行处理。后两种情况称为规则歧义,业务规则的冲突管理就是要解决这一问题。如果出现某一条归档文件信息无法找到规则库中任何一条规则与之匹配,可以将此条档案信息闲置后放入"未找到规则与之对应"的模块中,系统自动对操作员进行提示。有些档案信息的规则也可以由操作员自己依据某一准确、具体的标准来进行定义,但是须统一交由审核员审核之后再做定夺。如果出现某条档案信息同时可与若干条规则进行匹配的情况,则需要操作员根据归档文件的具体内容,分别比较它与若干条规则之间的匹配程度,根据对应的准确程度,慎重判断该条档案信息究竟属于哪一规则,再交由审核员进行审核通过方可。

3. 档案业务规则编译器

档案业务规则编译器进行规则的编译主要有如下 8 个步骤：第一步，词法分析。词法分析器根据档案业务规则和中文分词系统识别出 AID 档案信息数据所在源程序中的各个"记号"，每个记号代表一类"单词"。源程序中常见的记号可以归为几大类：关键字、标识符、字面量和特殊符号。词法分析器的输入的是源程序，输出的是识别的记号流。词法分析器的任务是把档案源文件的字符流转换成记号流，查看连续的字符，然后把它们识别为"单词"。第二步，语法分析。语法分析器根据档案业务的语法规则识别出记号流中的结构（短语、句子），并构造一棵能够正确反映该结构的语法树。第三步，语义分析。语义分析器根据档案业务语义规则对语法树中的语法单元进行静态语义检查，如类型检查和转换等，其目的在于保证语法正确的结构在语义上也是合法的。第四步，中间代码生成。中间代码生成器根据档案业务规则的语义分析器的输出生成中间代码。中间代码可以有若干种形式，最常用的一种中间代码是三地址码，它的一种实现方式是四元式。三地址码的优点是便于阅读、便于优化。第五步，中间代码优化。由于档案业务规则编译器将源程序翻译成中间代码的工作是机械的、按固定模式进行的，因此生成的中间代码往往在时间和空间上有很大浪费。当需要生成高效目标代码时，就必须进行优化。第六步，目标代码生成。在生成目标代码时要考虑以下几个问题：计算机的系统结构、指令系统、寄存器的分配以及内存的组织等。编译器生成的目标程序代码可以有多种形式：汇编语言、可重定位二进制代码、内存形式。第七步，符号表管理。符号表的作用是记录源程序中符号的必要信息，并加以合理组织，从而在编译器的各个阶段能对它们进行快速、准确地查找和操作。符号表中的某些内容甚至要保留到程序的运行阶段。第八步，出错处理。档案工作人员编写的规则中往往会有一些错误，可分为静态错误和动态错误两类。所谓动态错误，是指源程序中的逻辑错误，它们发生在程序运行的时候，也被称为动态语义错误。静态错误又可分为语法错误和静态语义错误。语法错误是指有关语言结构上的错误，静态语义错误是指分析源程序时可以发现的语言意义上的错误。因而，档案业务规则编译器需要对这些错误进行处理，以保证规则库和系统的正常运转。档案业务规则库将各条业务规则分类并集成为多个模板，每个分类规则模板都是各种不同规则的集合。当在规则库中添加业务规则时，不用逐条规则进行添加，仅需要选择相应的分类规则模板即可。同时，增加和修改的规则可以另存为模板，模板也可以导出，进行备份。这样增加了可操作性，简化了操作，更方便档案业务规则库管理人员使用，以及与其他工作人员共享、交换模板。

（二）档案业务对象模型

DURA 模型系指基于业务规则的智能归档管理模型，它是在档案业务规则管理系统（Business Rules Management System，简称 BRMS）中利用档案业务规则库（Archive Business Rules Database，简称 ABR）建立起来的档案业务对象模型。其构成要素包括：D（Document 文件）、U（User 用户）、R（Rules 业务规则）、A（Archive 档案）。DURA 模型就是 U（用户）利用 R（业务规则），将电子政务活动中产生的 D（文件）完整、及时、准确地转化为 A（档案），向社会公众及时提供所需的电子政务档案信息资源和优质规范的档案服务。

文件（Document）：包括内容、背景和结构信息，可对文件进行如下的形式化定义：设 content 为 Document 的内容，即 Document 所包含的表达作者意图的信息，在此处仅指文件的正文部分即 when/where/who/what/why/how；设 context 为 Document 的背景，即能证明文件形成过程和文件之间相互关系的信息；设 structure 为 Document 的结构，即文件内容信息的组织表达方式，包括逻辑结构和物理结构。

用户（User）：在 DURA 模型中扮演的是操作者、管理者和观察者的多重角色。第一，定义用户角色并授权。将用户角色设定为 A、B、C、D、E、F 六大类。A 类：leader of the institution。制定本单位基于 BRMS 的电子政务档案管理整体规划，对系统进行宏观控制，对本单位应用规则库开展电子政务档案归档的整体流程进行审核。B 类：head of the related department。对本业务部门的具体工作进行整体部署，并对该项业务工作进行监督和审核，对规则库中与本业务部门有关的规则进行控制和审核。C 类：staff of the related department。处理部门负责人所分配的细化的工作，完成档案的著录，提供本部门业务工作中的各类规则给数据库人员。D 类：end user。可利用 BRMS 查询检索该单位电子政务档案信息资源，提出需求和反馈意见。E 类：system administrator。对系统进行管理和维护，完成基于角色的规则权限的设置和用户分配。F 类：ABR administrator。对 ABR 进行创建、后台管理、日常维护、有权根据各业务部门的意见对与该部门密切相关的规则适时进行增删改。第二，用户角色分配，即根据政府机关和单位的人员管理体制和层级，给 User 分配相应的角色，赋予其对应的权限。

规则（Rules）：在 DURA 模型中其主要内容包括自然语言描述的归档文件类目级别，保管期限表，相关法律法规，档案部门的工作规范、制度和标准，工作人员的知识总结，归档基本范围。这一部分将在后文中作重点论述。对规则进行形式化定义：设自然语言描述的 category 为 Rules 的类目级别；设 records retention schedule 为 Rules 的保管期限表，包括通用、专用、同系统、同类型单位和单位档案保管期限表；设 clumps 为 Rule 中经过分词的归档范围词群；设 standards 为 Rules 中用自然语言描述的相关法律法规、制度标准、主题词表、实践经验和知识总结等。

档案（Archive）：在DURA模型中特指在电子政务活动处理完毕确认值得保存以供政府部门自身和社会公众查考利用，而通过物理或逻辑归档方式移交给档案部门的文件集合。可对档案进行形式化定义：设original materials为Archive的原始记录，设description elements为档案的著录要素，而著录要素包括substance elements内容要素和form elements形式要素。内容要素主要包括主题词、分类号、摘要；形式要素主要包括形成时间、标题、责任人、档号、保存期限、密级、载体、文种等。

在DURA模型中，电子政务活动中文件是档案的来源之一，档案是文件的主要归宿，文件向档案的转化是一个单向传递过程，而业务规则正是文件向档案转化过程中归档的主要依据和标准，它决定文件是否可转化为档案，归档文件的保管期限和密级的设置等。用户在文件转化为档案的过程中扮演的是参与者、控制者和观察者的多重角色。他能定义、修改、删除、更新档案业务规则库的规则，对整个业务规则库进行管理，控制整个归档流程，是这个对象模型中非常重要和活跃的因素。

由于现在DURA模型对电子政务档案信息自然语义的理解速度和准确度不高，BRMS系统在对数字档案的分类上以及档案关键元素的提取上还存在较大的误差。如何实现系统对迁移条件的自动理解，实现业务规则动态更新，提高归档信息关键词提取的准确度、档案自动分类的精度和语义匹配的准确率，如何完成业务规则的半自动辅助构建是下一步的研究重点。

（三）档案业务规则引擎

规则引擎是一种嵌入在应用程序中的组件，它的任务是把当前提交给引擎的数据对象与加载在引擎中的业务规则进行测试和比对，激活那些符合当前数据状态下的业务规则，根据业务规则中声明的执行逻辑，触发应用程序中对应的操作。

档案业务规则管理系统正是将这些法律、法规、标准及指导性意见整理成档案业务规则库（ABR），利用档案业务规则推理引擎（RM），贯穿整个档案轨迹的全过程，控制档案的收集、整理的质量与数量。档案业务规则引擎和规则库的关系可用计算机杀毒软件作为对比例子，互联网上新型计算机病毒总是在不断增加，并大肆入侵电脑，杀毒软件在对电脑全面杀毒的同时也在不断升级，并把新型病毒的详细资料复制到病毒库内进行保存，以便研究针对此种病毒的新的解决措施，病毒库内的病毒的资料也在不断丰富。而档案业务规则引擎就相当于杀毒软件，档案业务规则库就相当于病毒库。档案业务规则引擎在对档案信息数据进行处理时，将保管期限表，文件类目级别，归档基本范围，相关法律法规、制度、标准等进行分词处理，生成词群系列之后，拷贝到档案业务规则库内，以便下一步档案工作的开展。

第六章 数字档案信息资源安全管理策略

第一节 建立数字档案信息安全法律保障体系

一、建立健全数字档案法律体系

健全的档案法律能够保护档案业务的主体,同时,能够保护档案使用主体,以推动档案行业健康发展。数字档案是信息技术发展的产物,网络信息技术的发展改变了传统档案信息资源安全的管理和服务模式,数字档案信息资源与信息技术密切相关。但是,目前国内大多数与档案相关的法律法规都是针对传统纸质档案管理制定的,数字档案方面的相关法律法规数量较少,并且缺乏与数字档案建设相关的标准和法律指导,如信息的网络传输、信息的所有权和使用权界定等法律,没有为档案信息资源安全管理提供法律依据。我国《档案法》立法较早,已经不能满足新时代信息技术对档案业务的需求,尤其是数字档案信息资源安全和服务的需求。因此,要进一步完善《档案法》,增加信息技术背景下数字档案工作的相关规定,适应信息技术对数字档案工作的需求。相关立法机构要加强沟通,避免各自为政;建立健全档案法律体系,数字档案相关文件相互配合,使数字档案管理有法可依,共同促进数字档案信息资源的安全保障,促进数字档案健康发展。

(一)构建档案法律文件体系

形成以《档案法》为核心的规范性法律文件体系。《档案法》规定了我国档案管理工作的基本问题,是档案法律规定中的核心要素。随着社会信息技术、经济、文化等方面的快速发展,《档案法》已不能适应社会发展的要求,亟待完善和修改,应制定数字档案信息资源的数字签名、身份认证、迁移等相关规范性法律文件，填补档案管理相关领域的法律空白，规范和指导数字档案信息资源的安全工作。

要加强对数字档案单独立法，对实际工作中亟须解决的问题加以规范。对于尚不具备制定法律条款的，可以先颁布行业标准，再上升为法律文件，规范与数字档案有关的行为。最终形成覆盖数字档案各项管理环节的法律体系，体现出数字档案立法的主动性和社会发展的适应性，增强全社会对数字档案管理工作的认可。

（二）档案法律文件内容具体明确

档案法律条文要准确，避免宽泛。法律文件中的各项条款要确切指明规约范围和意图，即使是位居档案法律体系最顶层的《档案法》，也应当尽可能地细致和具有可操作性，避免内容指向不明。否则，会在下位法的制定中留下过大的自主空间，容易造成下位法违背《档案法》的意图，脱离《档案法》的引力，无法形成有机统一的法律体系。另外，如果下位法在表述上过于模糊，就会影响档案工作人员对《档案法律》正确理解，他们处理日常档案工作时就没有相关的法律依据，这样也有损《档案法》和档案工作的权威和严肃性，还会给不
法分子和别有用心之人以可乘之机。

（三）档案法律文件内容协调一致

《档案法》律文件内容要相辅相成，避免相互冲突。档案法律体系要与国家法律体系协调一致。《档案法》是我国行政法律体系的主要组成部分，因而档案法律文件必须要与整个国家的法律体系有机融合，要在立足于国家数字档案管理工作的现实需要基础上，兼顾我国国情，与党和政府的执政理念和大政方针相吻合，尽可能处理好《档案法》与《保密法》《著作权法》等其他法律之间存在的立法冲突。

另外，档案法律体系内部的内容必须协调一致。在一个完善的法律体系内部，下位法应当对上位法进行合理的细化和解释，有关条款之间相互配套，具有同等效力的法律文件之间不能相冲突。但是，目前档案法律体系内部的某些细节仍存在相互冲突的情况，如档案信息公开与安全之间的法律矛盾等。

（四）加强对已有档案标准的引用

目前，我国档案工作中所使用的标准基本上都属于推荐性标准，因此，其贯彻执行的力度难以得到保障。同时，档案标准的制定相对于法律文件一般更加具体、具有前瞻性、更能贴近档案实际工作的需要。

（五）制定地方档案法律文件

鼓励地方先行探索相关法律文件的制定。地方立法具有国家层面立法所不具备的优势，可以结合本地区和档案实际情况制定有针对性的法规。国家立法的抽象性和综合性，给地方立法留有较大的发挥空间。此外，由于地方立法仅对地区范围内的活动进行调整，也容易达成共识，便于法律的制定和实施。因此，先由地方探索制定相关档案立法，再由国家立法进行借鉴和吸收地方创新性成果，有助于补充国家立法的空白领域，在国家层面形成普适性、效力更高的规范性法律文件。

（六）加强档案法律执行

数字档案工作必须依法办事，违法必究。加强守法意识和执法力度，完善档案管理法律规定。如果档案法律不能贯彻执行，就会成为一张空文，难以发挥作用。因此在制定相关的规范性法律文件的同时，应当采取多种有效措施，档案管理部门及工作人员要认真履行相应的档案法律责任，保障法律文件的规定得以贯彻实施。因此，要在思想上强化档案工作人员的法律意识，同时，对一些法律和行政法规条款中规定的行政处分要有相应的配套规章或强制性标准，自上而下地确保档案法律体系的完善、落实。此外，还要加大督察力度，检查档案工作中出现的漏洞，对结果进行通报，对于违法行为要及时查处，坚决对没有履行法律义务的工作人员给予行政处罚。

二、强化数字档案法制宣传

（一）了解档案法律的权力及义务

加强档案法制宣传，使所有档案相关利益方了解相关档案法律赋予的权力及义务，了解数字档案信息资源的整个业务流程，熟悉相关规则，遵循这些法律、法规文件，使档案从业方和利用方对有关档案法律有足够的了解，理解相关法律背后的法理逻辑，充分认识到遵循相关法律法规制度对各方权益保护和数字档案信息资源安全的重要性，自觉遵守相关档案法律法规制度，形成良好配合，保障数字档案信息资源安全，更好地利用数字档案信息资源，促进数字档案健康发展。

档案数字化建设是一个系统工程，要求档案管理者和工作人员具有较高的专业素质，因而要提高他们的法律意识，提高国家信息化、法律化建设水平，才能保证数字档案的建设。

目前，我国档案法制整体水平不高，社会的档案法律意识普遍较低，应大力加强法制宣传教育，提高公众的档案法律意识。通过广播、电视、网络、报刊、咨询、讲座等多种形式加大对相关法律法规的宣传力度，普及档案法制意识，培养公众"有法可依，有法必依，执法必严，违法必究"的理念，增强和提高整个社会的档案法制意识。

加强档案信息伦理教育，形成良好的社会舆论氛围。档案信息伦理是指档案信息开发传播、管理和利用等活动过程中所应该遵循的伦理准则，它贯穿于档案信息活动的全过程包括档案信息活动中所有相关人员的道德观念、道德准则、道德行为、道德评价。通过档案信息伦理教育培育人们的自律精神，提高对自身行为的约束能力，发挥伦理道德的协调与调解功能，形成良好的社会舆论氛围。例如，在可能涉及档案知识产权、隐私权的地方进行专门的声明，保证档案信息伦理规范随时可见，使档案信息伦理规范尽可能得到社会的广泛认同，将这些得到社会广泛认同的档案信息伦理适时地转化成档案的法律法规，使其具有法律的强制性，减少各种侵权行为的发生，形成良性循环。

（二）提高档案安全防护意识

提高档案工作人员的安全防护意识和技能。首先，对数字档案工作人员进行安全方面的宣传和教育培训，增强他们的安全防范意识，从思想上认识到数字档案馆信息安全的重要性其次，宣传教育要常态化，经常进行数字档案信息资源服务安全防范教育，还要对数字档案信息资源服务的相关工作人员进行培训以切实提高他们的安全意识和技能。再次，管理数字档案信息人员应该提高安全防范的能力和档案综合能力，面对计算机病毒和黑客的恶意攻击，能够迅速、有效地采取相应措施，使数字档案馆的损失降到最低。

要加强对档案工作者的培训，提高人员素质。培训内容主要包括：相关法律法规、职业道德、安全意识教育和档案数字化的应用信息技术等。尤其是要加强对《中华人民共和国档案法》《中华人民共和国保密法》《中华人民共和国电子签名法》《中华人民共和国计算机信息网络国际联网管理暂行规定》和《著作权法》等法律法规的学习。同时，加强对档案利用者的教育。档案相关部门应采取在线教育的方式，加强档案利用者相关法律法规的学习，以提高他们的法律保护意识、自我约束力和利用档案信息的能力，在一定程度上可以减少因档案利用引发的侵权行为。

从管理角度来看，要依法制定相应的保护信息安全的法律法规、规范云存储服务合同加强人员管理等手段来保证云端数字档案信息资源的安全性。档案数字化建设是一个庞大的系统工程，不仅要加强档案法律法规建设，还要提高档案管理者和工作人员的法律意识和专业素质，才能保证数字档案信息资源的安全。

数字档案信息资源大多是由计算机生成的，或由纸质档案转换生成的，但受网络、电子设备及电子文件自身特点影响，如网络的公开性、电子文件信息与载件的分离性、存储介质的可复制性、电子文件信息易被窃取等，导致电子档案容易被修改、毁坏。因此，要加强技术防范和完善档案法律法规，应对档案保密工作面临的严峻挑战。

（三）明确档案法律效力

《档案法》规定纸质档案及其复印件具有法律凭证效力，并对其法律证明力的强弱和适用情况做出了明确的规定。但是对于数字档案馆里的数字档案是否具有法律效力以及凭证的力度如何，在现有的档案法律中没有明确的规定，因此在完善和健全数字档案信息服务的法律体系时，应明确数字档案所具有何种法律效力及其证明能力的强弱，并区分不同类别数字档案的法律效力。这样也为数字档案馆中数字馆藏的利用划定了法律的界限，提供了法律依据。

三、完善数字档案信息安全法律文件

（一）加强著作权保护

目前，数字档案信息资源服务利用涉及知识产权的矛盾与问题很多，亟须相应的法律法规明确知识产权的归属与保护问题。档案部门在保证数字档案信息资源信息安全的同时，还要提高自身的知识产权意识，要征得著作权人的授权；同时，在提供档案服务的过程中，还要制定明确的制度，规定档案信息资源使用的条件和范围，从而明确责任，预防侵权问题的发生。

另外，受档案工作人员自身专业背景的限制，档案部门自身没有能力处理涉及著作权保护、涉密文件保密等相关法律问题的事件。因此，应注重加强与司法部门、律师事务所等专业法律机构的沟通，必要时请专业机构提供法律支持，以保证档案信息服务的依法开展。

（二）保障档案信息保密权和隐私权

针对数字档案信息资源保密工作的严峻挑战，应加强技术防范和完善法律法规、严格法律制裁两种手段来解决。在技术防范方面，主要有建立电子文件备份系统、电子文件的加密、访问控制、数字控制、禁用盗版或来历不明的软件以及预防拷贝等方法；同时，也可利用合作方式保护数字化档案的秘密权，从拆封合同到按键合同，凡接触到档案信息资源的人员都负有保护档案信息秘密的责任，这样可以使档案工作人员树立法律责任意识。在法律制裁方面，我国有许多相关的法律条文，如《保密法》对档案信息秘密的保护涉及范围最广，保护措施与制度也很具体；《档案法》禁止性条文中对档案的保密工作做了明确的规定，《中华人民共和国计算机信息系统安全保护条例》和《计算机网络国际联网安全保护管理办法》针对电子文件的管理做了详细的规定，以确保电子档案的安全。《专利法》和《反不正当商业竞争法》从知识产权的角度来保护档案信息资源安全。如非法入侵局域网络系统，盗取他人商业秘密信息的行为，违反了我国《反不正当商业竞争法》禁止的侵犯商业秘密的行为，严重者会构成犯罪行为。《刑法》对档案泄密者的刑事责任做出了具体规定，这些法律条文保证了档案信息资源的保密性。这样在电子档案信息资源发生泄密时，可以从法律法规上获得救济。

在维护档案信息资源保密权的同时，档案的数字化过程还要注意对隐私权的保障。随着档案馆功能的拓展和寄存中心的建立，馆藏档案中私有档案的比例在逐年增加。所以，对私人档案信息资料非经本人许可，不能随意将其数字化或在网上公开。我国目前对保护隐私权的法律规定比较零散，也不尽完备，要进一步从法律的角度加大对隐私权的保护。

数字档案信息资源云存储是数字档案建设的主要内容，涉及较为复杂的网络、技术环境，各方权责划分也尚不清晰，缺乏针对性的法律保护条例。因此，档案管理部门要积极与相关立法部门沟通、协调，反映档案信息安全保护诉求、提供合理化建议，明确数据存放和跨境迁移的具体规定以及侵权责任的界定、赔偿，通过立法手段确定数字档案相关业务规范与工作条例，使数字档案安全保障有法可依，完善信息安全法律法规。例如，根据《保密法》以及其他相关法律规定，涉密档案在境外存放涉嫌违法；根据欧盟保护个人信息的相关法案，个人信息不得迁移至欧盟境外。

（三）建立专门的电子档案法律

在现有与数字档案信息资源安全保障相关的法律法规基础上，要进一步明确数字档案的内涵，将数字档案信息资源安全与法律规范进行紧密结合，补充与数字档案安全管理相适应的成文法规。针对现有知识产权、著作权管理规定，补充与数字档案管理相关的法律条文，如《电子文件归档与管理规范》《公务电子文件归档与管理规则》等。同时，构建国家级的数字档案资源安全管理法规，根据信息化技术的发展规律，制定《数字档案资源安全法》《数字档案馆管理法》等相关法律，为数字档案资源安全管理提供有效的法律保障。此外，在"互联网+"背景下，为进一步保障数字档案信息资源安全性，必须贯彻落实"关于共同构建网络空间命运共同体"的要求，逐步构建并完善数字档案信息安全管理国际合作机制以联合国为管理核心，全面强化区域数字档案信息安全管制，通过非政府间安全技术跨区域管理，为数字档案信息安全立法合作提供有力的支撑，保障全球数字档案资源的安全。

1. 电子档案的法律效力

近年来，许多国家出台了电子文件的相关法律法规，如美国的《信息自由法案》、澳大利亚的《电子文件管理政策》、英国的《电子文件鉴定办法》和《计算机和证据法》等，但就整体而言，现行的法律法规对电子文件、电子档案证据性仍缺乏明确的规定，我国也存在这一问题，在我国司法界和学术界，对于电子文件的证据性和证明力分析方面众说纷纭，我国《民事诉讼法》规定的七种法定证据中没有电子证据，因而无法提供原件，不能归结为书证。许多人将其归结为视听资料，没有完善的解决办法。因为电子文件证据涵盖了文件、图形、图像、动画、音频、视频等多种媒体信息，将其归结为任何证据都不合适。所以，在我国应当把电子证据明确地纳入证据清单之中，并确立相应的规则及证明力评价标准。

电子签章与传统的文件签章相同，都是为了证明当事人身份以及文书真实性的一种签名和印签。因此，对于电子文件的数字签名进行伪造和破坏的后果，与伪造、破坏普通文书与印章所造成的危害是相同的，在法律上应予同等对待。一些学者建议将电子文件和数字签名的伪造和破坏纳入我国现行法律的妨害公文印章罪之中，即《刑法》规定的有关伪造、变造、毁灭国家机关的公文、印章以及公司、企业、事业单位、人民团体印章的犯罪。《中华人民共和国电子签章条例》的出台，将从根本上保障电子签章的法律地位。

随着计算机技术的迅猛发展，现有电子档案的脆弱性完全可以通过技术手段提升，系统操作要严格规范；随着网络技术的迅速发展，电子档案的证据效力难题最终将会得到解决。

2. 云存储合同的法律和文件档案管理标准

解决数字档案资源云存储服务中的各种问题，如可信任、安全、可靠性问题等，单纯依赖云技术难以解决，需要从国家层面制定相关的法规标准进行引导和规范。国际上已经开始制定相关标准规范。例如，美国颁布的《云计算环境中文件管理指南》、澳大利亚文件和档案委员会的《云计算文件保管的风险管理建议》、英国国家档案馆发布的《云存储和数字长久保存指南》、澳大利亚维多利亚州政府的《云计算背景下文件管理》等。目前，我国云存储尚未出台专门的法律法规或相关制度。因此，要制定和完善云存储服务相关的法律法规。

云存储服务合同的法律环境涉及多层级和多法域的法律，具有多维和复杂的特点。首先，就法的部门而言，云存储服务合同不仅需要适用《中华人民共和国民法典》等民事法律，还要适用《档案法》《保密法》《电子签名法》《政府信息公开法》等关于或涉及档案管理的行政法律，甚或适用《刑法》等刑事法律。其次，就法的层级而言，云存储服务合同除了需要适用上述法律法规之外，还需要适用《计算机信息系统安全保护条例》《计算机网络国际联网安全保护管理办法》《电子公文传输与归档管理办法》等政府规章制度。最后，从法域方面来说，云存储服务可以调动、集成和协同多个国家和地区的存储资源，云存储的服务商也可能来自多个国家和地区，比如中国某大学使用 Google Cloud Platform（谷歌云平台）的进行文件档案的云存储服务。由于服务商来自国外，因此可能在格式合同中明确规定适用该服务商所在国家的法律；同时，该合同不得违反中国的相关强制性法律规定，因为档案的创建者和所有者在中国。由于服务商租用的存储服务器可能来自其他国家，也可能基于当地法律的要求适用其中关于档案管理、存储的规定，如对于一些涉及社会禁忌和政治敏感度高的档案。

3. 规范云存储服务合同

云存储服务具有低成本、流动性等特点，服务商为了规避风险，在签署服务合同时，往往不愿承担过多义务。根据《中华人民共和国民法典》规定："提供格式条款一方免除其责任、加重对方责任、排除对方主要权利的，该条款无效。"如果云服务商在服务合同中明确免除自己的安保义务，该条款属于无效条款。因此，对于档案部门来说，为确保托管的数字档案信息安全，在要求云存储服务商确保数据安全和系统安全的前提下，根据数字档案信息资源的特殊性，在合同中增加系统安全方面的需求性条款；增加档案部门有权随时监督云服务商系统安全的条款；规定在发现云服务商的系统漏洞，或者系统改变的情况下，要求云服务商做出相应的安保承诺、采取相应的安保措施、变更合同、解除合同等条款，开就造成的侵权损失提出具体赔偿方案。例如，英国国家档案馆为保证文件档案管理云平台的安全性及自身的合法权益，在与云服务商签订服务合同时针对服务的可用性、安全性、数据保护、数据所有权、元数据等重要内容提出了20条关键条款。

第二节 完善数字档案信息资源安全管理制度

一、建立健全数字档案信息安全制度

（一）建立数字档案信息安全保障制度

从管理制度、应用标准等方面做好数字档案信息安全的规范性外在保障。（1）完善安全管理制度。首先，制定档案人员日常工作安全考核制度，明确数字档案日常安全审查，考核的内容、范围等制度性要求；其次，设立涉密数字档案管理的制度性规定，进一步明确涉密数字档案的特殊安全规定和要求；最后，完善数字档案信息系统管理制度，包括数字档案信息系统应用配置、账户权限划分、服务器日志审计等方面的内容制度，提升数字档案信息的安全性。（2）完善数字档案应用标准制度。在数字档案形成上，应严格统一数字档案信息采集格式，文本数字档案采用DOX、FDF、

TXT等通用格式，图片数字档案采用JPG、PNG、TIFF等通用格式，音视频数字档案采用WAV、AVI等通用格式。另外，还要规范数字档案信息利用、拷贝、传输等档案利用管理制度。如修订并完善《中华人民共和国电子签名法》，扩大适用领域，通过完善数字档案应用标准制度，为数字档案信息的安全提供必要的外在保障。

1. 建立数字档案信息安全风险管理机制

建立风险管理体系的目的在于防患未然，通过识别风险、提出一系列降低风险等级与发生概率策略，尽可能地避免数字档案信息安全事故的发生。在建立风险管理体系过程中，理应在上级机构统一指挥、部门领导协调下，技术人员、网络管理人员、系统管理员、系统开发者、安保人员等的通力配合下完成相关档案信息资源安全工作。不同部门或技术岗位的工作内容、工作性质、工作对象不同，完善彼此间的报告与反馈、配合与协调渠道，是确保数字档案信息处于相对安全环境中的必要手段。以数字档案信息资源的风险控制为例，在数据流转中，要强化风险控制，在日常工作中加大保障数字档案信息资源安全的能力。通常情况下毁灭性的灾害都是非常罕见的。但是，数据流转领域的风险却隐含在平时的工作中，时常会发生，而档案管理和工作人员对此不够重视。为此，要分析数据流转的规律，如从移动设备到系统或相反、不同的移动设备间，系统范围内的调用。档案数据存储存在逐层包含的关系，如网络以及系统部门包括数据中心以及库房，后者涵盖了移动介质与硬件设备，这两种又涵盖了数据和信息。

2. 建立健全数字档案信息安全制度

以《计算机安全保护条例》《计算机信息网络国际联网保密管理规定》为主导的信息管理办法，在一定程度上能够实现对信息安全的基本管理工作，确保了相应管理行为能够有法可依、依法执行，但在可供操作的细则以及对档案信息安全的监管上依然存在缺陷。

（1）建立数字档案信息管理制度

法律仅是在于惩处与威慑，在具体数字档案信息资源安全管理过程中，仍旧需要大量制度的辅助。否则，难以达到档案信息资源安全理想的管理效果。而制度则需要覆盖三方面内容：第一，对管理的督促，确保管理工作能够严格依据有效的管理手段进行，避免工作人员懈怠等情况的发生；第二，对管理工作进行规范，使工作人员在不明确管理内容时，仍旧能够依靠制度确保有效的工作内容；第三，实现奖惩机制，对于出现错漏的工作者需要进行有效的惩罚，而对于能够有效履行日常工作，以及积极推动安全管理工作完善的员工，则应当给予适当的奖励。

（2）建立数字档案信息管理制度

建立数字档案信息形成、归档、保管、利用全过程的管理制度。档案管理是一个相对复杂的工作，需要借助多个环节的规范，才能够确保管理结果的实现。所以，应当建立一套完善的管理制度，具体包括：第一，建立数字档案形成机制，确保各类档案信息的有效录入，并核对其中的错漏信息，确保数据和信息准确；第二，实现归档机制，对于不同档案进行分离，以关键词标签进行归档，确保档案的后期利用效率；第三，健全保管措施对使用人群进行有效分类，确保各环节档案安全管理工作的有序进行，同时加强对原始档案的管理和封存；第四，有效利用档案，档案不仅代表着主体的信息背景，也有着统计学的意义，有效利用档案信息，通过信息技术将有助于实现数据统计类组织形式对人力或学员构成进行研究。

（二）建立数字档案业务流程管控制度

数字档案信息资源管理安全主体在归集、储存、保管和服务的过程中，要维护数字档案信息资源的完整性，确保相关数字档案信息的真实性，从而提高数字档案信息资源的安全。在整个数字档案信息资源安全业务流程中，各环节之间应相互衔接、相互监督，加强了整个业务流程的监督。要重视数字档案信息资源业务流程各个环节的权限审批控制，对相关事项依其重要性实施合理的授权控制，包括从产生归集、存储、保管、查询利用等整个数字档案信息资源业务流程。

1. 数字档案信息资源归集

在档案信息资源归集的过程中，要对相关档案信息资源的收集渠道、真实性等进行审批，要重视新形成的数字档案信息资源的真实性、相关数字档案信息资源价值评估、合理分类档案信息资源等关键控制点，并做好授权控制工作，为后续的保护及利用提供便利。

2. 数字档案信息存储、保管和利用环节

要对档案信息的存储、保管、利用等各个环节采取相应的技术保障措施，对相关数字档案信息资源存储、依托的信息系统采购选择、异地异质档案备份、保存安全层级评估等方面进行必要的授权审批控制。

3. 数字档案信息资源查询

在数字档案信息资源查询利用环节，主要包括哪些用户可以查询、查询多少、查询哪部分、如何查询等内容的授权审批，这是整个档案信息资源业务流程程序控制的核心，只有做好这一环节的授权控制，才能切实保障数字档案信息资源的安全。

（三）建立岗位分离制度

数字档案承载着对组织机构和个人发展过程的记载。因此，建立和完善档案管理和工作人员岗位分离制度，加强档案内部控制，确保可能会出现舞弊的岗位之间不能

由同一个人担任，数字档案主体的业务部门人员不得与档案人员兼任，相关的内部审计人员不得与档案人员兼任等。如果这些存在利益冲突的职位是同一人兼任，可能会出现内部控制上的重大漏洞他们自己监管自己，很容易出现篡改、损毁数字档案的舞弊行为。

数字档案信息资源管理依托于信息系统，档案岗位分离也从传统纸质档案单一的档案岗位内部分离，形成服务器运营、信息系统编写等岗位，如编写档案信息系统的程序员和运营维护的系统管理员、数字档案信息系统可行验收的信息系统审计人员、数字档案相关管理设备的采购人员、数字档案运维系统建立的决策人员等不可兼任同一岗位。否则，容易使相关人员凌驾于数字档案信息系统的安全保护机制之上，可能会发生数字档案信息系统舞弊、篡改和损毁档案信息数据。

制定数字档案用户和信息资源服务工作人员守则。要明确规定数字档案用户的权利与义务、档案信息资源服务工作人员的权利与义务、档案信息服务的工作流程等问题，使数字档案信息资源服务工作和数字档案利用工作有章可循。数字档案信息资源服务工作人员和用户可"各尽其职"，共同做好数字档案信息资源的服务和利用工作。

建立健全数字档案管理规定，明确数字档案从收集、整理、鉴定到提供利用全过程的一系列工作规范；明确数字档案数据库的管理、维护等问题。另外，还要明确数字档案馆计算机和网络等硬件设备的管理和维护规范等。

（四）建立数字档案防灾应急演练制度

1. 成立突发灾害应急中心

成立专门的突发灾害应急中心，使数字档案馆更好地应对网络环境的变化，提高数字档案信息资源安全管理水平。应急中心的领导应当由档案馆主要负责人担任，其成员应包括档案专业人员、计算机网络相关技术人员以及平时负责档案馆各项设施设备的维护人员。应急中心人员不仅要精通档案学专业知识、具备计算机网络技术，也要对档案馆的建筑结构以及档案的存放位置、重点档案目录及清单等了如指掌。当灾害发生，应急成员要各司其职，迅速采取行动，根据灾害的类型、程度及响应级别启动应急预案，根据事态的发展变化随时对预案进行调整。

2. 建立防灾应急演练制度

数字档案资源防灾应急演练具有以下作用：一是通过演练可以在最大程度上熟悉灾害场景和相关工作任务，检验应急中心执行应急预案的能力。二是通过演练可以对信息系统进行风险评估，检验应急预案的可行性和可操作性，加强档案馆全体工作人员在灾害面前的相互协调分配，暴露存在的问题和不足，提高档案馆对灾害发生的应急能力。此外，选择在一些如国际档案日等有特殊意义的时间举行演练，提高应急演练的效果,加强档案工作人员的档案安全意识和使命感。因此,要建立数字档案防灾应急演练制度,定期进行数字档案资源防灾应急演练,提高数字档案信息资源灾害应对能力,确保数字档案信息资源的安全。

二、实施档案信息资源审计制度

除了对档案工作人员和档案业务程序控制外,数字档案信息资源安全保障需要建立定期例行审计和不定期的抽检式审计,需要中立的第三方定期或不定期进行独立审查。因此,审计人员必须是具有中立性的独立第三方,他们与档案业务主体不存在任何利益关系,这样才能客观地指出档案内部控制缺陷等问题。

第三方审计工作一般由咨询公司、会计师事务所、律师事务所、国家审计署等机构承担,数字档案信息资源的安全审计应参照上述机构的审计方式进行,并根据数字档案信息资源的特点整合。虽然这些机构具有丰富的组织管理经验、拥有完善的审计流程,但对于数字档案信息资源往往不够了解。所以,随着数字档案信息资源安全要求的提高,应建立专门的档案审计机构,提高数字档案信息资源的安全监督水平。

档案内控制度强调独立审计和国家审计,监督数字档案信息的安全工作。参照目前企业管理理论,实行档案各项事务内部审计监督,设立档案组织内部的审计岗位,建立一支内部审计队伍,聘用具有档案专业理论知识的专家担任,可利用他们丰富的审计理论、组织业务专业理论和档案理论,客观地评估数字档案工作,发现数字档案部门存在的漏洞,促进改善组织,保障数字档案信息资源的安全。

三、制定数字档案信息资源管理标准

制定相应的数字档案信息资源管理标准,主要包括以下几个方面。

(一)开放数字档案的信息资源鉴定标准

开放数字档案信息资源鉴定标准主要是鉴定哪些数字档案信息属于公开档案,哪些信息资源属于保密期满的,可以向社会大众公开。参照这一标准,使数字档案信息资源服务人员明确,向用户提供可利用的数字档案信息资源的范围。开放数字档案信息资源的鉴定标准应包括:(1)鉴定公开档案与保密档案的标准。(2)鉴定保密档案内部各密级的标准。(3)鉴定保密期满数字档案是否对社会开放的标准。

(二)数字档案的数据标准

确定统一的数字档案数据标准,确保档案信息资源的通用共享,有利于数字档案信息资源的整合。数字档案信息数据标准内容首先应是移交的档案元数据标准,其次是数字档案信息数据处理标准,最后是档案信息数据的输出标准。

(三)数字档案信息资源的使用标准

数字档案信息服务面临的一个重要问题是档案的"过度"使用。通过制定数字档案信息的使用标准逐渐解决这一问题,保护档案知识产权。数字档案的使用标准有:(1)数字档案使用方式和用途的标准;(2)数字档案使用范围的标准;(3)数字档案传播范围和传播方式的标准。

四、建立数字档案信息资源管理评价机制

(一)数字档案信息资源管理服务评价的原则

档案绩效评估是一项非常严肃和严谨的工作,因为绩效评估的结果对后来的数字档案信息资源建设和服务工作有导向作用,并对其他决策产生影响。如果建设绩效评估有误,会给日后的建设工作带来不可估量的损失。因此,在进行绩效评估时,必须坚持以下原则。

1. 科学性原则

评价要做到实事求是,内容要规范统一,各项评价数据要准确,做出评价标准时要全面考虑各方面的综合情况,并与实际相结合。它包括两个方面,一是真实性,评估过程中必须确保评估基础数据和基础资料的真实、准确,并采取一定的方法进行核实,以保证评估的结果真实可靠。二是全面性,数字档案信息资源建设工作是一个系统工程,对其进行评估时,所确定的评估内容、评估指标等要全面,评估结果要能全面反映档案信息资源安全建设的绩效。

2. 目标性原则

数字档案信息资源建设的基本目的是为社会提供高质量的档案信息服务,作为其绩效评估,应该具有目标性,依据数字档案信息资源建设目标确定评估的方向、目标、重点等,使评估工作具有针对性。

3. 可操作性原则

数字档案信息资源管理和建设的绩效评估指标、方法、标准要具有可操作性。如果这些不具有可操作性,数字档案信息资源建设绩效评估只能是"可望不可及"的空想。可操作性原则要求评估所采取的基础数据、指标口径、评估方法、评估标准要前后一致,具有相互可比性。另外,还要从定量和定性的角度对数字档案信息资源建设的绩效进行评估。

4. 动态性原则

数字档案信息资源服务是一个动态的服务过程，要对档案信息服务的整个过程进行综合评价，不能仅从信息服务的结果进行评价，不能将信息服务的评价静止化，不能只注重结果而轻过程。数字档案馆的信息服务是动态发展的，不同数字档案馆信息服务的起点不同，对数字档案信息资源服务进行评价不能强制性地遵循统一的评价指标，应该与现实中的数字档案信息资源服务实际情况相结合。建立数字档案信息资源服务的动态数据库，及时、准确地评价数字档案信息资源服务质量。

5. 全面性原则

既要对数字档案信息资源服务的效率，即信息服务投入与产出效益之间的比例进行评价；也要兼顾社会效益，对数字档案信息资源服务在社会的建设中所起的作用进行评估和评价。还要对数字档案信息资源服务工作进行评价，主要包括其对服务的质量、数量、态度等各个方面进行评价。

6. 独立性原则

独立性原则要求评估人员在绩效评估过程中保持独立性，不受到外来的各种因素影响独立自主地运用自己的知识和经验，客观、公正、公平地实施评估

7. 广泛参与性原则

数字档案信息资源建设是一项系统工程，其绩效评估需要社会各界广泛参与。只有这样才能够广泛地收集评估资料和数据，从不同角度对其进行评估，从而进行有效的综合、全面的评估。

（二）建全数字档案信息资源管理服务评价体系

数字档案信息资源安全管理和服务评价受多种因素影响，因而档案信息资源安全管理和服务评价应全面考虑各方面的因素，形成全面、系统、科学的数字档案信息资源安全和服务评价体系，主要包括全面的信息服务评价主体和科学的评价指标两部分。

1. 全面的评价主体

数字档案信息资源服务部门要进行自我反思与评价，档案信息服务部门对档案信息资源服务工作情况了解得最清楚，所以，信息服务部门应首先进行自我评价，对照发展计划评估目标的实现情况；同时，重视对自身薄弱环节的改进。

首先，要有专业的评价机构，由于第三方专业评价机构的专业性受到各个领域的欢迎，所以成为许多领域评价工作的新趋势。数字档案信息资源管理与服务可以引入第三方专业评价机构进行综合评价，数字档案信息资源服务的第三方专业评价机构包括档案研究院、各档案专家组成的评价小组等。

其次，社会大众的评价。数字档案信息资源服务直接面向社会大众，因此，社会大众对数字档案信息资源服务的评价是最直接、最真实的。数字档案馆和信息服务部门都应该将社会大众纳入评价主体之中，并重视社会大众对其工作的评价，不断提升档案信息资源服务工作质量。

2. 科学的评价指标

评价指标是数字档案信息资源服务评价的依据。在现存的指标体系和评分细则中大多集中在档案管理环节之中，信息服务的评价指标数量较少，在档案实际信息服务工作中，评价指标过于单一，严重影响了数字档案信息资源服务质量，因此，要建立科学、全面的评价指标体系。

各个数字档案馆工作人员的绩效评价指标有所不同，档案部门应根据国家档案局办公室印发的《数字档案馆评估指标表（征求意见稿）》中关于档案工作人员管理评估评分细则的规定，根据档案本部门自身的实际情况，结合档案信息资源管理安全流程，制定合理具体的评价细则和指标。如根据档案人员的工作时间与工作量制定评估标准，也可根据不同的档案工作类型制定不同的评估标准；或针对数字档案馆某一服务项目，将项目整体运行状况和预先制定标准进行比较，依据结果判定该项目的效果及其管理过程情况；也可采取任务评估法主要按照数字档案馆实际情况制定目标任务，并根据目标完成情况评价实际绩效。通过实际执行情况可以判断出数字档案人员的工作效果。另外，绩效考核评价的过程一定要客观，而且要保持相对稳定性，不能随意变更，以免失去公信力。

数字档案馆要重视信息服务的评价工作。数字档案馆以及档案行政机构要支持信息服务评价工作，并在必要时提供行之有效的帮助，积极为信息服务评价工作创造交流、学习的机会，组织信息服务评价的交流会、研讨会等。

鼓励全社会积极参与数字档案信息资源服务的评价，数字档案信息资源服务的评价体系不是孤立存在的，是社会管理中不可或缺一部分。在评价工作中要广泛发动社会力量。在评价的设计过程中，相关专家学者提出专业性的意见支持；在评价实施过程中社会公众可以对实施的效果和细则提出意见，帮助档案部门改进和完善。

（三）完善数字档案工作人员考核制度

考核是提升档案工作人员素质的一种重要途径。因此，要建立和完善档案工作人员考核制度，定期或不定期对数字档案信息资源服务工作人员进行考核，对于考核中不合格人员进行再培训，对于多次考核不合格者予以相应的惩罚，使数字档案信息资源服务人员形成一种危机感，给数字档案工作人员的工作定性定量，使他们更加积极主动地提升自身的素质，自觉接受新的档案管理知识和技术。同时，也打破了档案工作人员原来陈旧的服务观念，只有当数字档案信息资源服务工作不再是"铁饭碗"，档案工作人员才会有上进心和自我提高的动力。

第三节 加强数字档案信息资源建设

数字档案信息资源开发与建设是发展档案的核心和基础，数字档案信息资源服务的前提必须具有一定数量的档案信息资源。所以，要注重对数字档案信息资源的开发与建设研究。数字档案信息资源服务得以实现的前提和基础是档案信息资源的建设，没有丰富的资源储备，服务工作就无从谈起。数字档案信息资源建设主要包括两方面的内容：一是要全面推进数字档案信息资源建设，形成门类齐全、内容丰富、质量可靠的数字档案信息资源体系；二是整合开发档案信息资源，通过创新档案信息管理方式推动档案信息资源的整合和共享利用。

一、加快数字档案信息资源建设

优化数字档案信息资源配置，搭建资源共享平台。只有优化目前所拥有的信息资源配置，才能充分利用信息资源，实现信息资源的价值。这需要各个数字档案资源信息系统机构相互沟通交流，共建共享信息资源，联合采购电子文献资源，分工合作建设纸质文献资源，共建共享特色数据库，利用现代科学技术建立共享平台，可以借鉴国外的成熟平台，依托CALIS平台建立有效的信息资源共享平台。

长期以来，我国档案部门馆藏结构单一，大部分档案内容都是机关文件，其他档案类型存量较小，难以满足档案用户日趋复杂多样的档案信息利用需求。在新的信息技术现代化背景下，首先要建立结构科学、形式多样、门类丰富、符合标准的馆藏档案信息资源体系。在馆藏档案信息资源建设过程中，要做好以下几方面的工作：（1）要严格执行档案接收进馆的相关规定，做到"应归尽归"，且移交进馆的档案信息资源要符合相关的标准规范。（2）要主动拓宽档案信息资源的广度，增加照片档案、音视频档案、民生档案等档案门类。（3）通过多种方式对馆藏档案信息资源进行深度挖掘与加工，开发其内在的深层次的信息价值，更好地发挥档案信息服务经济发展、服务社会民生的作用。

目前，我国档案部门建设数字信息资源的主要途径是数字化加工和转换，主要包括馆藏档案数字化和各立档单位自身档案的数字化。这两个方面都要严格遵照档案数字化的相关规定和标准开展工作。要制订总的档案数字化工作计划，立足当前、着眼长远，突出重点，循序渐进。要加大人力、财力和物力的投入，形成各级档案部门与有关立档单位之间的协同努力，共同开展档案工作的新局面。

在数字化加工的过程中，要严格审查加工单位是否符合资质；同时，制定严格的数字化加工制度与工作流程，全程监控数字化加工的过程，保证档案信息的安全。要加强对加工成果的检查，确保数字化档案信息的质量。各立档单位自身加工的数字化档案信息要同纸质档案信息一同移交档案馆，通过档案部门与立档单位等多方的共同努力，逐步实现档案资源"存量数字化，增量电子化"。

二、拓展数字档案信息资源的构成

数字档案信息资源的构成主要包括数字化的档案信息资源、其他信息网络内的信息资源和技术信息、信息系统等信息资源。

（一）数字化的档案信息资源

数字化的档案信息资源是数字档案的核心信息资源，是数字档案运行的基础和建设重点。

它主要包括以下三部分：

1. 档案馆自身资源的数字化

档案馆自身丰富信息资源的数字化是数字档案信息资源最主要的来源。档案馆通过数字化加工方式将沉睡在档案馆中的社会记忆变为能够"流动"的信息和知识。

2. 各单位移交的电子文件（档案）

由于信息技术的飞速发展，政府机构和企业单位提高了办公效率，电子文件大量出现，网络归档应运而生。各组织、机构直接将在活动过程中形成的电子文件通过网络移交给档案保管部门。这些直接移交的电子文件（档案）便成为数字档案信息资源的重要来源之一。

3. 档案信息网内的档案信息资源

除了档案馆自身数字化的馆藏以及相关单位移交的电子文件外，档案信息网内的档案信息资源（包括其他档案馆上网的档案信息资源）也应成为数字档案信息资源的重要组成部分，以便互通有无。

（二）其他信息网络内的信息资源

这一部分信息资源主要包括数字图书馆、数字博物馆、其他网站上与档案相关的信息资源等，它是数字档案信息资源的重要补充。

（三）技术信息、信息系统等信息资源

数字档案馆的信息资源除了上述数字化的档案信息资源、其他信息网络内的信息资源外，还应包括数字档案馆工程当中的信息技术、信息系统等。因为信息技术、信息系统是实现数字档案馆资源建设的条件和手段。因此，这些信息都是数字档案信息资源建设和运行中不可或缺的资源。

三、获取数字档案信息资源的方式

有效获取数字档案信息资源主要是指把既定选择范围内的信息资源进行处理，形成标准化高质量的数字化信息资源。信息资源的获取方式主要包括：传统载体档案的数字化、电子文件（档案）的直接转化、其他网络信息资源的获取。

（一）传统载体档案的数字化

档案信息资源大部分是以传统载体纸张、胶片、胶卷等形式存在，档案信息也相应依附在这些载体上。为了进行数字档案信息资源建设，必须要将这些依附在传统载体上的档案信息转化为数字化形式。传统载体档案的数字化主要是纸质档案数字化、照片档案数字化、缩微档案数字化、音频、视频档案数字化等。

1. 传统馆藏资源数字化原则

在大数据信息化背景下，要综合考虑社会对档案信息资源的需求以及档案馆人力、物力和财力的承受能力，对所有传统馆藏档案资源进行数字化既不现实，也没有必要。因而传统档案信息资源的数字化应注重档案信息资源的有效选择。传统馆藏资源的数字化是数字档案信息资源建设的主要来源，但传统馆藏档案信息量庞大，需要进行选择。选择传统馆藏进行数字化必须要坚持以下原则：

（1）用户需求原则

传统档案信息资源上网不是最终目的，而是手段，保管这些信息资源的最终目的是为了利用。因此，在数字化档案工作开展之前，要充分了解社会的需求，才不会在盲目选择档案资源时找不准方向。

（2）特色原则

档案之珍贵，在于其唯一性。受我国行政机构设置的影响，档案的归档在各个地方会出现重复。因而为了吸引用户，提高档案的利用率，减少不必要的资源浪费，各档案馆在资源选择时应尽量选择稀有、具有当地特色、对社会能够产生积极效用的档案。

（3）高龄原则

一般高龄档案因其稀有而受到用户的青睐；同时，高龄档案因其历经时间较长，

载体损坏严重，导致这类档案的利用和保管难度较大，因此，数字档案的出现为解决这个问题提供了技术手段。我国第一历史档案馆和第二历史档案馆通过对这些历史档案的数字化，使用户可以突破时空的限制，充分利用这些高龄档案。因此，对传统馆藏资源的数字化既保护了档案，又提高了档案的利用效率。

（4）计划原则

受资金、人力、物力和财力的限制，很难在数字档案馆建设之初就把所有的高龄档案、有社会需求的传统档案资源全部进行数字化处理。所以，在数字化工作开展之前，要充分了解本馆的馆藏结构，分清数字化档案顺序的轻重缓急，制订好馆藏资源数字化计划。

2. 明确档案数字化的级别

档案数字化有两个级别：目录级别和全文级别。目录级别是将档案的相关内容信息、载体信息按照著录规则制成目录，为用户利用档案提供检索工具。按目录内容可分为：全宗目录、案卷目录和文件目录，采用何种级别的目录视档案资源的价值大小而定。如果是利用率高的数字档案，则需要细化至文件级目录；如果利用率不高或者属于机密档案，则可制定全宗级目录。通过目录对信息资源进行管理，有利于国家对档案资源的实体控制和内容控制。全文级别，是将传统档案通过数字技术扫描成图像，展现档案的原貌。目前，主要的扫描工具是OCR（光学字符识别）识别仪、PDF格式、PDG（超量阅读器）系统等。一般被全文数字化的档案必须是对国家和社会有长久利用价值的档案，如历史档案、有地方特色的档案、按照《档案法》规定的解密且有查考价值的党政机关档案等。

3. 纸质档案数字化

纸质档案数字化是一项技术性很强的工作，需要注意的主要问题如下。

（1）明确纸质档案数字化的实现形式

纸质档案数字化形式主要有以下三种：一是目录文本、正文图像式。这是最简单的数字化形式，只是将档案原文扫描成图像，编制目录索引，建立起目录与图像的链接。这种形式只能实现目录级检索，不能称为"真正的数字档案"。二是全文本式。它将档案中所有文字全部采用文本方式存储，这是真正意义上的数字化档案。三是全文图文对照式。它是目录文本和全文本式的集合，既有目录文本、图像文本，又有全文文本，并建立起三者的链接。对于数字档案信息资源建设而言，最好选择全文图文对照式进行纸质档案数字化。

（2）确定纸质档案数字化要求

档案信息资源有其自身的特殊性，对文献数字化的要求很高。对纸质档案进行数字化转换具体要求有：第一，数字化后的内容绝对真实、全面，要求采用全信息采集策略。第二，技术安全可靠，转化速度快，准确率高，具有可更新性。第三，形象逼真，要求视觉效果同原件尽量接近。第四，数字化成本经济。第五，数字化信息格式标准化、通用化。

（3）选择数字化技术及其实现方式

从目前技术市场来看，占主导地位的数字化技术主要有两种。一是扫描技术。扫描技术是当前文献资源数字化的主要技术之一，广泛应用于档案信息资源数字化过程之中，主要采用OCR扫描技术。二是数码相机录入技术。这种技术是通过数码相机的拍摄方式把纸质档案转换为数字形式，主要应用于载体容易损坏的档案资源转换。纸质档案数字化实现技术方式主要有两种：扫描方式和数码相机录入方式。这两种技术方式均是数字档案信息资源建设不

可缺少的方式。档案数字化应结合我国国情，并与国际互联网接轨，选择先进的转化技术及其转化方式是进行数字档案信息资源建设的关键。

（4）确定数字档案信息格式

数字信息根据不同的用途可分为多种存在格式，如保存格式、浏览格式、预览格式等。纸质档案数字化时，要充分考虑到这些因素，若保存格式作为长期保存，要求保存原始数据形式的内容及表现形式，可采用非压缩格式；浏览格式作为正常存储和显示，要求保证视觉质量，降低传输成本，可采用压缩格式，或从保存格式中派生；预览格式作为预览信息，提供粗略内容表现，可采用大压缩比的格式，可从保存格式或浏览格式中派生。为了保证数字化档案的真实性，以及后期工作的开展，纸质档案数字化采用非压缩的保存格式为好。

另外，在保存格式上，数字化档案还有多种选择。目前数字化信息市场流行的格式有TH、TDF、PTF、HTML、XML、TIFF、BMP、JPEG、GIF、PDF、PDG等，其中北京世纪超星信息技术发展有限责任公司开发研制的PDG格式是当前我国档案资料扫描较为常用的一种。以上这些格式各自都有其优势和不足，要根据具体档案数字化实际需要来应用。

（5）进行数字化处理

纸质档案在确定转换所采用的数据格式之后，要通过数字化处理系统进行正式的转换。目前有影响力的数字化处理系统主要有数字方舟档案数字化加工系统、世纪科怡影像文档数字化加工管理系统、超星数字档案馆系统等。数字化转换单位可以选用已经成熟的处理系统，也可以根据自己工作需要建立自己的数字化处理系统。另外，在数字化处理程序上，一般是由纸质档案整理、准备、登记、校验、进行逐项扫描、格式转换、文件压缩、数字信息校验、存储等步骤构成。

4. 照片档案数字化

照片档案在数字化实现形式、要求、实现技术及方法和程序上，与传统纸质档案数字化有很多相似性，照片档案的数字化工作可以参照纸质档案数字化操作程序进行。

（1）扫描分辨率的确定问题

分辨率越高，单位内的像素点越多，采集到的原稿图像信息就越多，获得的数字图像信息量就越大，图像质量也就越高。因此，扫描分辨率决定数字图像的质量和文件大小。

（2）图像位深的调整问题

位深是数字图像反映颜色精度的重要指标，它是每个像素光亮信息的比特（bits）描述数。位深越大，表现颜色的效果就越好。图像的位深是由扫描仪提供的，专业级的扫描仪都能得到足够的位深。

（3）图像色彩模式选择问题

目前数字图像的色彩模式有 RCB、CMYK、LAB 等几种，照片档案扫描的色彩模式要根据用途和设备要求而定，一般推荐采用 RCB 模式。

（4）文件格式选择问题

作为档案保管的照片具有通用性，在数字化转换时应保留其完整的图像信息，这是确定文件格式的原则。只有保证其清晰度、通用性强的数字图像，才具有保存的价值。

5. 缩微档案数字化

缩微档案数字化是把缩微的胶片（卷）通过缩微胶片扫描装置转换为数字信息的工作过程。其工作要求与纸质档案数字化和照片档案数字化相似，但缩微档案数字化需要专用的设备系统。

6. 音频、视频档案数字化

音频和视频档案主要是指原来以模拟信号记录在各种载体上的音频、视频档案。其数字化工作主要是把模拟信号转换为数字信息，并按一定格式存储在一定载体上。与其他类型档案相比，音频、视频档案数字化工作的要求、过程与其他几种基本相似，主要区别集中在设备要求和技术指标上。

（二）电子文件（档案）转化

随着电子文件使用的普及，由电子文件转化为电子档案的比例日益增大，并成为现代数字档案信息资源最为重要的来源。因此，在进行数字档案信息资源建设时，除了把传统馆藏档案信息资源数字化外，还要做好电子文件（档案）的直接转化工作。电子文件（档案）的转化，并不是所有电子文件的转化，而是把事先选择范围内的电子文件（档案）进行转化并纳入数字档案馆信息资源建设体系之中。

我国档案管理制度是：各企事业单位产生的各类文件在失去现行效用之后，但在短期内还有可能用到，先存至其档案室，到了规定的时间必须移交到各级综合档案馆或者专门档案馆。在信息社会中，为了提高办公效率，节省办公成本，企事业单位和行政管理机构逐步实行无纸化办公，电子档案的数量也随之增加。电子档案的归档模式仍可沿用传统档案从档案室到档案馆的归档模式，但是必须要做一定的改变。因为电子档案是以二进制方式记录，必须依赖一定的技术和设备才能为人类识读，在信息运动过程中存在的不安全风险要比传统档案的风险高。因此，为确保电子档案的真实、可靠、可读和安全，数字档案馆对原生电子档案的控制必须前移。

目前，我国有两类提供暂时性保管数字档案的机构：数字化档案室和电子文件中心。数字化档案室采用适应归档管理的档案管理信息系统，文件形成者直接将其移交至档案室，使电子文件得到及时保存，从形成之初就得到技术的支持，保证真实性。数字化档案室开展室藏档案数字化工作，初步的档案鉴定工作可以减轻进馆档案的鉴定工作量，有利于提高进馆数字档案信息资源的质量。电子文件中心成立的目的是为大量暂时无法确定其价值大小的电子文件管理提供一个中间性、过渡性机构。电子文件中心经过对信息的鉴定、分级整理、确保信息安全的前提下向社会开放，到了归档时间必须向数字档案馆移交。

相对传统载体档案的数字化来讲，电子文件（档案）的转化工作要简单方便得多，其主要工作是做好选择范围内电子文件（档案）的转移工作。这种转移工作有两种形式：其一是电子文件（档案）的直接物理转移，是将档案的载体及内容同时移交至数字档案馆。即把选择范围内的电子文件（档案）从原来的物理位置转移到数字档案馆建设事先准备好的存储位置。其二是电子文件（档案）的"虚拟"转移，即是在物理状态上不移动电子文件（档案）的位置，而是通过关联关系如超级链接等在数字档案信息资源建设体系内建立虚拟馆藏的一种转移。直接物理转移，其工作简洁明了，技术要求低，易操作，但成本大，花费时间长，它只适合于电子文件（档案）比较少的单位；"虚拟"转移，其工作要求高，建立的关联关系必须安全可靠，但它并不需要事先准备存储空间，只需要建立虚拟关联即可，它适合于电子文件（档案）较多的单位。

另外，电子文件（档案）的转化程序也相对简单，转化工作程序主要包括登记、转移、校对等步骤。

（三）网络信息资源的采集

为了提高数字档案馆的适应能力，其信息资源建设也要相应地扩大信息收集范围，从其他网络获取相关信息资源。从其他网络获取信息资源是弥补数字档案馆信息资源不足的一条有效途径，它可以让各数字档案馆在进行信息资源建设时互通有无，共同为用户服务，积极发挥档案信息资源的共享作用。

《档案法》中将"档案"定义为，是指过去和现在的国家机构、社会组织以及个人从事政治、军事、经济、科学、技术、文化等活动直接形成的对国家和社会有保存价值的各种文字、图表、声像等不同形式的历史记录。从档案的定义来看，网络上流动的一切对国家、社会有保存价值的具有原始记录性的信息都是档案信息资源。各地在建设数字档案馆的过程中，明确将网络信息列入数字档案馆的信息来源。例如，江苏省档案局在数字档案馆建设规划中规定，符合归档要求的各种电子政务信息（包括电子公文、电子邮件、提案信息以及在政务网上发布的各类信息）纳入数字档案馆信息采集范围；深圳市在建设数字档案馆之前规定，互联网上其他具有档案价值的信息必须收集至数字档案馆。

从其他网络获取信息资源，其工作程序可以参照电子文件（档案）的转化工作。获取网络信息资源是数字档案信息资源建设的一项常规性的日常工作，但需要注意以下三个方面的问题：（1）从其他网络获取的信息资源是否具有合法性、是否取得了许可权等。（2）对网络信息是直接捕获还是建立链接。直接捕获是一种比较简易的方法，但它涉及所有权等问题容易引起产权纠纷。建立链接是目前获取网络信息资源一种比较常用的方法，但由于网络信息的不稳定性，如地址的变更等，很有可能让用户无法按给定的地址找到所需要的信息。因此，各数字档案馆建设单位最好与其他信息网络建立信息获取、共享等相关协议，实现资源共享。（3）其他网络信息资源只是数字档案信息资源的补充，数字档案信息资源建设必须以档案信息资源建设为主。

在某种程度上来说，网络信息鉴定要比其他来源的信息容易。通过技术了解社会某一事件的关注程度，从关注程度判断网络信息价值。对互联网信息的鉴定还要参考传统档案鉴定理论，来源原则仍然是网络档案信息鉴定的重要原则，在网络档案信息采集过程中，要确保信息的完整、真实可靠和可读。网络档案的采集方法有两种：（1）直接捕获。每一重大事件必定通过很多网页阐明前因后果，如果采用直接捕获网页的方法，在网页保存中要把这一事件看作是一个全宗归类整理，不能打破网页之间的联系及其和源程序之间的关系。（2）建立链接。建立链接的方式可以节省数字档案馆的成本，但是网络的不稳定性、网址的变更、网页链接涉及的知识产权问题都会对网络信息的采集和使用产生影响。与其他来源的信息相比网络档案信息的采集和保存难度更大。

（四）利用大数据开发数字档案资源

随着我国社会的发展，大数据技术得到了快速的发展和推进，实现了大数据技术在档案资源开发中的应用。

1. 开发信息化数字档案资源

首要，以信息化手段开发数字档案资源。信息化不仅仅是将纸质档案信息数据转变为数字化信息，还要使其数字化和网络化。大数据是在计算机技术基础上建立的，信息化手段开发档案资源基础是结合不同地区和行业的需求，建立相应的信息数据系统，以供大数据的信息数据进行数字档案管理保存、处理等，明确系统运行的各项流程内容，先确定主体流程，然后补充各个流程中的细节内容，以及相关的工作标准、管理制度，并按照数字档案自身内容的特殊性、重要性等，对数字档案资源管理系统中的软件功能进行再设计，保证系统运行和软件功能相互匹配，确保档案信息管理的安全性和准确性。另外，建立专业的档案技术团队，定期对技术人员进行技能培训，及时对系统和软件进行功能更新和运行维护，保障大数据下档案资源正常使用的同时，减少由于系统出现问题造成数字档案损坏等问题，维护数字档案内容的管理水平。可见，在实际的工作中，以信息化手段开发数字档案资源，能够实现档案资源开发的最优化，提高数字档案资源的利用效果。

2. 加强信息基础化设施建设

在数字档案信息化管理过程中，有加强各类操作系统、网络设备、存储设备、信息安全系统等基础设施的建设。计算机、设备及网络等硬件可谓是数字档案管理信息化得以实现的必要支持，加强数字档案软硬件基础设施建设和经费投入，逐步购置增加计算机、打印机、刻录机、扫描仪、移动硬盘、密集架等硬件设备；同时，逐步实施数据库、档案查询系统、信息安全软件、局域网等软件建设。在落实安全网络管理系统的构建、信息化平台的搭建之后，才能为数字档案信息化的发展提供科学与可持续的保障。还要进行部分升级空间的预留，积极探索数字档案存储新途径，促进数字档案信息管理和服务质量的提升。

另外，数字档案建设必须要有足够的资金和人才支持，通过引入各类新型的融资资金解决数字档案建设经费问题；同时，还要不断更新档案数据技术，推进数字档案信息资源建设。

3. 培养复合型管理人才

通过多种培训方式培养数字档案管理人才，使其成为具有信息化管理的计算机操作能力的复合型人才。邀请计算机专业人才开展培训活动，为现有数字档案管理人员提供计算机相关的专业化培训机会，帮助他们将专业信息化操作能力及数字档案管理知识掌握，并在数字档案管理工作过程中培养复合型数字档案管理人才，推动数字档案信息化管理建设。

在信息化时代背景下，数字档案管理工作的发展趋于信息化，必须高度重视数字档案的信息化建设，尽快实现数字档案信息化管理，构建档案信息化管理体系，培养复合型管理人才，强化基础设施建设，提升数字档案信息资源的利用率，更好地服务档案用户。

四、加强数字档案信息资源整合

我国数字档案馆一般都具有基础数据库和特色数据库两大类。其中，基础数据库包括政府各单位形成的文件以及人们在工作生活中形成的有价值的原始记录文献。这类档案数据库真实地反映了国家和个人的发展历程和生活面貌，将来也能很好地满足国家和个人利用的需要。因此，建立基础数据库具有极其重要的意义。档案基础数据库的服务对象比较广泛，尤其能够真实再现立档单位的历史，对于将来档案信息资源的查找利用非常有帮助。

不同区域的特色数据库有不同的特征，所以要根据地方实际建立特色数据库。特色数据库建设要紧密联系当地的实际情况，在保持档案的真实性和原始记录性的同时，突出其特色建设特色数据库可以"不拘泥于形式""不拘泥于载体"，无论是文字的、图片的、视频的等各种形式信息资源，还是磁盘上的、光盘上的、网络上的等各种载体，都可被收集进入特色数据库，突破立档单位的特色，突出立档单位的独特性。同时，特色数据库的建设也要服务于社会，不是为建设而建设，而是为服务而建设。

由于数字档案信息资源分散在各个不同地区、不同地方，加之数据结构以及平台之间的差异，导致档案信息资源无法共享。数字档案信息资源的存储数量巨大，但相互之间不能通用，造成档案资源相对贫乏。数字档案馆要加强信息服务的建设，将分散在不同行业、不同部门、不同地区的档案信息资源相互连接起来，实现档案资源的共享。一是各数字档案馆要改变传统保守观念，与其他数字档案馆共享共建数字档案资源。切忌只管理、拥有自己的馆藏而不与外界交流。尽管很多档案馆在建设数字档案，但对于自己的特色馆藏持保护态度，信息资源不共享，严重影响了档案信息资源的整合、共享。在数字档案信息资源服务建设中要秉持一加一大于二的理念，共享资源信息，增大数字档案信息服务资源。二是技术方面可采用统一标准和协议的网格技术，打破了馆际之间、地区之间人为的各种障碍，形成、组建一个资源丰富的数字档案信息资源集成系统，实现对数字档案信息资源的整合，也为数字档案管理提供一个信息分布和集成应用服务的平台。同时，要改善网络传输速度，通过高速网络连接各地档案信息资源，为用户提供无缝的档案信息共享和服务，保证数字档案信息资源共享的效率。

第四节 强化数字档案信息资源安全保护

一、数字档案信息安全保护

（一）形成阶段的保护

在数字档案信息初始阶段，形成数字档案的方式有纸质档案扫描、录入数字信息等，整个过程中必须要保证数字档案真实、准确和完整。

数字档案的生成是保障档案信息真实性的第一步，要在不损坏原件的前提下保证数字档案的完整和真实，要有严格的核对程序。要严格控制参加此项工作的人员人数，选用政治素质高、纪律性强的人员参加此项工作，并要求签署保密协议。数字档案的生成可以采用电子扫描、照相等方式获取档案的数字信息，并按照事先设计好的存储清单存储档案信息，要严格按照国家和地方等有关规定创建数字档案库。存有大量数字档案信息的服务器是数字档案馆的核心硬件，对于它的管理要有专人负责，并且在技术上采用保密存储的方式。服务器通过网络与终端相连，这是一条既方便也危险的信息传输通道，为保证服务器的安全和数字档案的真实性，除给服务器安装防火墙和安装病毒软件外，有些特别重要的档案信息必须采用物理隔断方式，对此应有特别严格的管理手段。在数字档案建立过程中，可借助数字信息处理与识别技术对馆藏档案进行鉴别和分级。对于特别珍贵的文献材料，要优先数字化，以防止文献材料信息的遗失。

（二）储存阶段的保护

首先，要对数字档案信息载体进行常规保护。一般而言，数字档案信息的载体有光盘、硬盘等，这些载体的安全是保证信息安全的基础。比如对光盘的保护需要对其进行定期的清洁，避免被淋湿或高温直晒等。其次，要对数字档案信息存储进行周期性保护。

（三）使用阶段的保护

数字档案信息的使用阶段，是档案信息安全保护的关键期，也是最容易产生安全危险的阶段。首先，要明确数字档案信息系统的安全防护等级，因为数字档案的公开程度不同，所设定的安全保护等级也会不同。其次，要加强对内网中涉密数字档案信息的安全保护。最后，要加强对外网非涉密数字档案信息的安全保护。

二、数字档案信息安全等级保护

随着信息技术的飞速发展，网络的开放性和共享性给数字档案的信息资源利用带来了很多便利的同时也给数字档案信息资源系统的安全保护带来了隐患。病毒的侵入、黑客的袭击等严重影响了数字档案信息资源系统的安全，因此应根据《计算机信息系统安全保护等级划分准则》划分数字档案信息资源系统安全的分级保护。不同档案信息资源的重要程度不同，面向的用户以及公开的范围也不同。针对不同的档案信息系统实施不同级别的安全等级保护制度，按照不同的安全等级划分数字档案信息资源系统，密级程度越高，采用的数字档案信息资源系统安全保护等级就越高。

数字档案信息资源系统安全等级保护是参照《计算机信息系统安全等级保护划分准则》，将数字档案信息资源系统划分为五个等级，并逐级增高，后一级是在前一级的基础上，应用技术手段保护数字档案信息安全。

（一）系统用户自主保护级

数字档案信息资源系统用户自主保护级主要是阻止未授权用户对数字档案信息进行的越权访问。数字档案信息资源系统自主保护级主要是针对用户与信息进行隔离，使用户具有自我安全保护的能力，给用户提供可行的利用手段，通过自主访问控制、身份认证技术和信息完整性验证确定用户的可靠性，避免非法利用者对数字档案信息的读写与破坏。

自主访问控制是对用户进行操作权的限制，包括功能限制和数据权限制，主要防范用户的越权访问，禁止未授权的用户访问有关信息。由于数字档案信息资源用户众多，且拥有不同的身份，分布于全国各地，所以，在提供数字档案信息资源之前，必须采用身份认证技术确认档案用户身份的合法性，防止攻击者假冒合法用户获取访问权限。

目前，身份认证技术主要采用 ID 身份识别技术。对于数字档案信息资源系统的利用可以通过某种形式的身份验证机制确定档案利用者的合法性，然后确定这个利用者的特定权限。可以设定用户账户：用户访问系统的"身份证"，只有合法用户才有账户；设定用户口令，为用户访问系统提供验证；设定用户访问权限，规定用户的权限。身份认证技术是数字档案信息资源系统安全保护最重要的防线，能够禁止非法用户使用数字档案信息，防止数字档案信息被非法篡改、添加或删除。

（二）系统审计保护级

数字档案信息资源系统审计保护级能够对入侵进行评估，是提高信息安全性的重要手段，还能够确定是否有网络攻击发生，包括确定问题、攻击源等。通过对档案信息安全事件的不断收集和分析发现可能的破坏性行为，并采取防范措施。数字档案信息资源系统审计保护级可以利用数据库、操作系统、安全保密产品和应用软件进行审计。对于重要的涉密档案信息应采用授权审计安全技术方案。在授权审计方面，建立系统审计日志，对于档案管理系统的所有访问都有记录，包括记录访问者的 IP 及 MAC 地址、用户名、登录时间、操作时间等相关要素。日志系统不允许从外部访问，确保不会让黑客入侵后删除日志，导致无法追踪相关档案信息记录。还要建立规范的授权审批机制，对系统管理和用户管理人员的授权必须由经办人员报送、主管领导审批，杜绝单人授权，以降低风险。

（三）安全标记保护级

除了审计保护级功能之外，数字档案信息资源系统主要是通过运用强制访问控制，准确标记输出信息的能力，通过测试发现在传输过程中出现的各种错误。一旦有非法访问，会立刻停止档案信息输出。

强制访问控制是一种访问约束机制，按密级和类别管理数字档案信息资源，以保证每个利用者只能访问那些被标明的信息。在强制访问控制下，利用者与数字档案信息都会标记固定的安全属性，在每次进行访问时，数字档案系统能够确定某个用户是否有权访问。数字档案信息资源系统中包含了大量的个人信息，这些个人信息没经过档案所有者的同意是不能公开的，因而运用强制访问确定并控制用户身份是十分必要的。通过强制访问制定用户的管理权限和限定读取数据库中的某类档案信息内容，档案管理人员了解这种访问策略，有助于更好地理解管理系统对用户权限的设定，对输出信息进行标记，促进档案人员对档案信息的安全保护。

（四）结构化保护级

除了具有安全标记保护级功能之外，数字档案信息资源系统还具有隐蔽信道功能。隐蔽信道功能是数字档案信息资源系统管理者应彻底搜索隐蔽存储信道，并根据实际测量或工程估算确定每一个被标识信道的最大宽带，运用可信路径对用户进行初始登录和鉴别。

（五）访问验证保护级

除了具有结构化保护级功能之外，数字档案信息资源系统还具有可信恢复的功能。

数字档案信息资源系统的可信恢复功能，是保证计算机系统失效或中断后，可以进行不损害任何安全保护性能的恢复手段。

（六）数字档案密级与安全等级的关系

根据数字档案信息的密级程度确定档案信息资源系统安全的等级，相对密级低的数字档案信息数据一般采用的安全等级比较低，相对密级较高的数字档案信息数据采用的安全等级比较高。机密级的数字档案信息采用第一级用户自主保护级；秘密级的数字档案信息可选择第二级审计保护级和第三级安全标记保护级；绝密级的数字档案信息采用第四级结构化保护级和第五级访问验证保护级进行安全保护。

三、数字档案资源安全隐患措施

（一）计算机环境安全威胁的措施

计算机是数字档案资源管理和使用的主要机器，也是网络攻击的重要目标。木马、比特币等各种病毒严重威胁着计算系统的安全。而且随着科学信息技术的发展，网络病毒层出不穷、防不胜防，数字档案信息计算系统安全面临严峻挑战。为此，数字档案管理和工作人员在使用档案计算机时，要对计算机进行杀毒，更新病毒数据库进行安全防护，及时高效地针对病毒或者木马以及恶意信息进行检测查杀，每天检测查杀一次，还要及时关注网络病毒的信息，做出有效应对。

（二）网络环境安全威胁的措施

数字档案信息系统有许多涉密内容，如国家机密档案、学生学籍信息档案、个人人事档案等。这些私密档案信息需要一个绝对可靠的网络环境，以确保数字档案资源信息系统的安全。互联网是开放的，信息资源也是有充分的共享互利，网络环境本身就存在了大量木马病毒植入、钓鱼网站等。网络黑客通过一些非法链接或钓鱼站点向某数字档案信息系统实施攻击，窃取敏感档案信息，甚至毁坏档案信息系统。所以，首先要加强档案安全网络防火墙，保障不受网络黑客的侵犯和攻击。其次要部署隔离网关，建立隔离区，对私密性高的档案进行隔离和保护，以防非法入侵，保证信息系统所在的网络环境安全。最重要的是使用者要小心谨慎，不随意点击莫名链接，不随意下载来源不明的文件等。

（三）档案计算机系统操作隐患的措施

数字档案资源信息系统的管理者或使用者在使用系统时，在许多情况下是需要进行密码服务验证的。在数字档案资源信息管理实践中，大多数用户设置密码，最常见的是使用生日手机号等作为登录系统的密码,这样方便记忆,但是这类密码很容易被攻击者所破解,黑客能够轻松入侵数字档案资源信息系统。还有一些使用者为了谋取个人私利,利用职务之便,进入管理系统盗取档案资源。还有众多恶意用户学习黑客技术,进行非授权访问,造成数字档案资源信息系统的安全问题。

针对以上问题,首先,需要加强档案系统密码设置,强制用户使用超过8位数的英文数字大小写等字符来进行密码设置,甚至加入人脸识别、指纹识别等技术,以保障数字档案系统进入安全,防止密码被轻易破解,造成非法登录情况。其次,要严格监管档案工作人员,严格筛选入职,给予不同级别的人员不同程度的使用权限,确保机密档案的安全问题不受威胁。

四、涉密数字档案信息的安全保护

为了做好内网利用中涉密数字档案信息的安全保护工作,首先要正确处理好数字档案保密与利用之间的关系。档案信息保密的目的是为了更好地利用,通过利用才能实现档案信息资源的价值。数字档案信息资源的利用必须是保密基础上的利用,无限制的利用会给档案信息资源安全造成危害。所以,档案保密与利用是对立统一的辩证关系,只有正确处理档案保密与利用之间的关系,才能充分发挥数字档案信息资源的作用,做好档案保密工作,确保数字档案信息资源的保密安全。

(一) 制定相应的标准

1. 开放数字档案的鉴定标准

开放数字档案的鉴定标准主要用于鉴定哪些数字档案属于公开档案,哪些属于保密期满可以对社会大众公开的数字档案。参照这一标准,数字档案服务人员可以向用户提供利用的数字档案的范围。开放数字档案的鉴定标准应包括:(1)鉴定公开档案与保密档案的标准;(2)鉴定保密档案内部各密级的标准;(3)鉴定保密期满数字档案是否对社会开放的标准。

2. 数字档案的数据标准

确定统一的数字档案数据标准能够确保档案信息资源共享,有利于数字档案馆信息资源的整合。数字档案的数据标准内容首先应是移交的档案元数据标准,其次是数字档案馆档案数据处理标准,最后是档案数据的输出标准。

3. 数字档案的使用标准

数字档案信息服务面临的一个重要问题是档案的"过度"使用。通过制定数字档案的使用标准可以解决这一问题,保护档案知识产权。数字档案的使用标准有:(1)

数字档案使用方式和用途的标准；（2）数字档案使用范围的标准；（3）数字档案传播范围和传播方式的标准。

（二）控制利用人员的权限

1. 数字档案利用保密协议书

必须明确告知档案管理人员：档案利用者必须承担保密义务，要求涉密人员签订保密协议书，对违反规定的利用者要依法追究责任。保密协议书分为两种：重大项目涉密人员保密协议书、一般项目涉密人员保密协议书。

2. 涉密数字档案的利用必须事先取得授权

对于涉密等级较高的数字档案信息，档案利用者必须得到主管部门领导和档案部门领导的批准，在申请原因合理的情况下，档案利用者可以利用相关的数字档案信息。

档案利用者只有通过身份识别，才可以查看所需要的数字档案信息。因此，档案管理部门需要定期进行安全保密检查，加强人员培训，提高档案管理人员安全保密意识和专业管理水平。

3. 档案管理操作规程

操作规程要根据职责分离和多人负责的原则，权责明确，各负其责，不能超越自己的管辖范围，而且要严格遵守操作的规定和程序，以防止因错误操作、有意删改等因素造成数字档案信息数据丢失。制定档案工作人员的雇用和解聘制度，针对工作人员的调动和离职人员，要及时调整相应的授权。同时，制定应急措施，保证在紧急情况下如何尽快恢复应急措施使损失减至最小。

（三）控制利用方式

数字档案信息控制利用方式是档案保密工作的一项重要措施，能有效地发现、制止并纠正数字档案信息资源利用过程中发生档案泄密的情况，以保证数字档案信息资源的完整与安全。数字档案信息控制利用主要有以下几个方面。

1. 制度控制

数字档案利用的规章制度包括：借阅制度、复制制度、保密制度等工作规范。参照档案信息利用的规章制度，档案管理部门应建立健全数字档案信息资源利用的规章制度；参照档案工作程序制定数字档案信息资源的保密制度，做好档案信息资源的保密工作程序，使档案管理与保密工作紧密衔接。例如，在查阅档案制度中可针对不同层次的利用人员，确定相应的利用范围，规定相应的审批手续等，真正落实制度化规范的查阅行为。

2. 查阅控制

任何档案利用者查阅数字档案信息数据时，必须出具有效的行政介绍信或相关证明，并说明查阅理由。利用者必须在档案室查阅，不能带出档案馆。查阅完毕之后，应交还档案管理人员。对于保密的数字档案信息资源，应根据不同的档案密级程度采用不同的利用方式。对于密级相对较高的数字档案信息，只能只读，不可抄写和复制。如果符合复制要求的，复制件也要严格控制数量，复制件利用完之后要与原件一同实施安全保密管理。对于涉密的数字档案信息，利用者不能随意插入U盘等设备进行拷贝。涉密便携式计算机及移动存储介质借出档案馆，需要主管领导的审批。任何人对涉密数字档案信息资源无权进行复制和光盘刻录，如果对涉密数字档案信息进行复制和刻录光盘，必须由涉密人员按照保密委员会主管领导批示亲自办理，并加盖密件控制章，填写相关记录，才能进行复制。对于涉密信息系统终端，进行USB口禁用、光驱禁刻录功能，采用集中备份、统一刻录等管理。数字档案信息生成的第一时间，就对其进行彻底的加密和保护，这样无论是使用U盘、DVD/CDR刻录、网络转发、甚至丢失，只要脱离了可信局域网环境，数字档案就会处于不可用状态，彻底解决了数字档案信息资源的窃取行为。

五、非密数字档案信息的安全保护

网络系统中的病毒侵入、黑客的攻击等因素威胁数字档案信息资源的安全，影响数字档案信息的完整性、真实性，导致数字档案信息不能充分发挥其凭证价值，不能满足档案利用者的需求。因此，要加强公共网络利用中的非密数字档案信息资源的安全管理工作。

(一) 防治计算机病毒

《中华人民共和国计算机信息系统安全保护条例》中将"计算机病毒"定义为："编制者在计算机程序中插入的破坏计算机功能或者破坏数据，影响计算机使用并且能够自我复制的一组计算机指令或者程序代码。"计算机病毒是一种具有特殊破坏性的计算机程序，具有计算机复制的能力，通过非授权入侵在可执行程序或数据文件之中。计算机病毒具有传播性它不是独立存在的，而是寄生在计算机的可执行程序之中，威胁数字档案信息资源的安全。计算机病毒对数字档案信息资源的破坏形式多种多样，如计算机中毒后其程序无法运行，档案信息也会遭到更改、破坏。病毒的传染性也很强，如果一台计算机中毒，可能与这台计算机相联网的其他计算机也会被传染，若不及时杀毒，会造成严重后果。因此，要做好计算机病毒防治工作。

1. 杀毒软件

首先，要安装正版杀毒软件，不允许使用来历不明、未经杀毒的软件。不阅读和下载来历不明的电子邮件或文件，严格控制并阻止计算机病毒的来源，保证数字档案信息资源不受病毒感染。对杀毒软件进行设置，可选择开机自动杀毒，适时对服务器和客户端进行查毒、杀毒。其次，查杀计算机病毒。在发现病毒后，可选择自动杀毒或手动杀毒，防毒必须从整体考虑，主动防御，改变被动劣势，从方便管理人员的工作入手，通过网络管理系统的所有机器设备，包括利用查毒功能，检查病毒情况；利用在线报警功能，对网络上的每一台计算机出现故障、病毒入侵时，网络管理人员都能及时知道，并做出相应的防范措施。在检查病毒的同时，还要及时升级木马库，查杀木马，扫描操作系统漏洞，针对漏洞打上补丁。最后要及时更新病毒库。一般是先有病毒，再有杀毒软件。为了更快了解新型病毒的类型，根据病毒的特点，有针对性地进行杀毒。所以，根据档案工作人员的需要和日常习惯，选择适合自己的方式，可采用手动和自动两种方式，及时更新病毒库。

2. 硬件防毒

硬件防毒主要是运用硬盘保护卡，针对存储在服务器上的磁盘、磁盘阵列上的数字档案信息保护，阻止档案信息受到病毒的破坏。硬件防毒主要有硬盘保护卡和新型还原卡。硬盘保护卡又称"硬盘还原卡"。安装硬盘保护卡是一种更直接有效防治计算机病毒的措施。硬盘保护卡的作用是让硬盘的部分或全部分区能恢复先前的内容，任何对硬盘保护分区的修改都无效，这样起到了保护硬盘内数字档案信息的作用。新型还原卡可以直接硬盘读写。与普通还原卡相比，新型还原卡依靠总线硬件直接获得控制权，获得准确计算机数据资源的控制；直接控制硬盘的物理读写能力，实现硬盘硬件读写的驱动和还原算法合二为一，完全避免了普通还原卡不可靠的问题。因此，更多档案管理者选择新型还原卡。

（二）防范黑客攻击

黑客在数字档案信息资源系统中通过后门程序、信息炸弹、拒绝服务、网络监听破解密码等手段执行进程、获取信息数据、获取用户权限、进行非法访问操作、对信息进行复制删除、更改等活动。黑客攻击一般都是从系统中的薄弱环节入侵，带有某种攻击性目的，导致信息系统崩溃，盗取或破坏数字档案信息资源系统中有价值的数字档案信息，严重危害了数字档案信息安全。

1. 防火墙技术

防火墙技术是确保数字档案信息安全的主要技术。防火墙位于两个或多个网络之间，实施网络访问控制间的组件集合。它用于档案馆内部专用网络和外部互联网，以防止网络中的黑客访问档案网络的屏障。在网络边界上通过建立相应的网络通信监控系统隔离内部网络和外部网络，有效监测专用内部网络和因特网之间的任何活动，以阻挡外网的侵入，确保网络环境的安全，有效防止黑客的攻击。

防火墙是网络之间执行访问控制策略的系统，防火墙分为硬件和软件防火墙两种，是硬件和软件的组合体，保护内部网络免受非法用户的侵入、过滤不良信息、防止信息资源的未授权访问。防火墙的实现技术主要有：数据包过滤、代理服务器、监测型防火墙等。

（1）数据包过滤型防火墙

网络上传输的数据都是以"包"为单位进行传输的。数据被分割为一定大小的数据包，每个数据包中都会包含一些特定的信息，其中有数据的源地址、目标地址、源端口和目标端口等。数据包过滤型防火墙通过读取数据包中的地址信息来判断这些"包"的来源，一旦发现有不允许通过的数据包，防火墙便会停止传输。网络管理员根据实际情况制定具体的筛选规则。数据包过滤型防火墙属于防火墙中的初级产品，其优点是简单实用、成本较低。

（2）代理服务器

代理防火墙由服务器和包过滤器路由器组成，是目前较为流行的一种防火墙。它将过滤路由器和软件结合起来，过滤器负责网络互联，并对数据进行严格的选择，然后将筛选过的数据传送给代理服务器，代理服务器起到外部网络申请访问内部网络的中间转接作用，主要控制档案用户能够访问哪些服务类型。

（3）监测型防火墙

这种防火墙使用了一个在网关上执行网络安全策略的软件模块，称为"监测引擎"，对网络通信的各层进行监测，一旦用户访问网关的操作系统时，状态监视器会对其进行分析，再结合网络配置和安全规则做出接纳、拒绝、身份认证、报警、通信加密等方法加以处理。

档案馆将防火墙设定在内外网之间，可以充分利用防火墙功能，自行设定符合本单位要求的安全策略，确定可以通过防火墙的信息类型，对外部网络与内部网络之间交流的数据进行检查，阻止网络中的黑客更改、破坏、拷贝网络信息。

2. 入侵检测

入侵检测是对计算机和网络资源的恶意使用行为进行识别和相应处理的过程，帮助系统对付网络攻击，提升了档案管理员的安全管理能力，保护连接网络的服务器，实时监视可疑的连接和非法访问的闯入，审计系统配置和漏洞、评估敏感系统和数据的完整性、识别攻击行为、对异常行为进行统计、自动收集和系统相关的补丁、进行审计跟踪识别违反安全法规的行为、使用诱骗服务器记录黑客行为等功能，使系统管理员有效监视、审计、评估自己的系统,及时发现攻击行为,对各种非法入侵行为(系统或用户)立即做出反应,如断开网络连接等,为服务器提供主动防护。

3. 漏洞扫描

漏洞扫描技术是自动检测远端或本地主机安全脆弱点的技术,对计算机信息系统进行检查,发现可能被黑客利用的漏洞,发现漏洞及时打补丁,堵塞漏洞。漏洞检测技术通常采用两种策略:被动式策略和主动式策略。其中被动式策略是基于主机的检测,检查系统中不合适的设置、脆弱的口令以及其他与安全规则相冲突的对象。主动式策略是基于网络检测,通过执行一些脚本文件对系统进行攻击,并记录其具体反应,从而发现漏洞。

4. 安全路由

带有防火墙功能的安全路由是指集常规路由与网络安全防范功能于一身的网络安全设备,包括有部分安全路由器和在常规路由平台之上加装安全加密卡或相应的软件安全系统。安全路由广泛用于档案部门,有效阻止了黑客对数字档案信息的破坏。

5. 网关

网关是档案馆用于局域网和互联网之间的转换器,防范互联网的各种侵入和威胁,主要是对内网和外网实行网络隔离和数据隔离。网关可用于不同的通信协议、数据格式或语言,甚至体系结构完全不同的两种系统之间。网桥只是简单地传达信息,而网关对收集到的信息重新打包,以适应目的系统的需求。同时,网关也提供过滤和保证安全功能,最常用的安全网关是包过滤器,对档案利用者的源地址、目的地址、端口号和网络协议进行授权。通过对这些信息的过滤处理,让有许可的档案利用者的信息传输通过网关,并拦截没有许可权利用者的信息进入。与防火墙软件功能相比,安全网关信息处理量大,处理速度快,能够有效防止黑客攻击,能够保证数字档案信息不被盗取、篡改,确保数字档案信息的安全。

六、数字档案安全风险应对策略

根据数字档案安全评估结果,全面分析数字档案形成、保存、管理、流通等各环节存在的问题,以及长期保存及安全利用的不确定因素,结合现有档案管理安全规则,在尽可能减少组织成本的情况下,对威胁数字档案安全的不良因素采取有效保护措施,提升档案信息资源保护能力水平,确保数字档案信息资源安全。

(一)风险预防

风险预防是一种主动应对策略,是一种事前控制,目的在于尽量规避安全事件的发生，是效果最好的安全风险应对策略。基本方法包括：防止不确定因素的出现、消除已经存在的不确定因素、有效管理不确定因素，防止档案信息资源安全发生。

（二）降低风险

降低风险也是一种主动应对档案信息资源安全风险的策略，在安全风险事件发生之前，通过有计划、有准备的控制，削弱不确定因素的威胁，降低安全风险发生的可能性，减缓不确定因素带来的不良后果。在无法完全预防不确定因素带来的不良后果时，合理规避风险也是一种优化选择。根据二八定律，在不确定因素中，只有很小一部分的威胁最大，集中力量控制对数字档案信息影响最大的因素，切断安全风险的连锁与耦合作用，降低档案信息安全风险的整体水平。因此，在数字档案信息安全管理过程中，要加强对造成安全事件的源风险及其影响因素的评估与预防。综合运用预防与降低风险两种策略，有效阻止档案信息资源的安全事件的发生。

（三）转移风险

转移风险虽然不能降低安全风险事件发生的概率或减轻不良后果，但借助法律规定的相关有效协议或合同，组织在安全事故中的部分损失按协议规定，由合作伙伴承担相应的风险后果，相对降低不良因素对组织的影响。

（四）接受风险

接受风险是有意识地选择承担风险后果的一种策略，没有采取措施预防风险事故的发生而是在事故发生之后再进行处理。这种策略通常适用于应对发生概率低、不良后果轻的风险因素。它是一种经济应对风险活动成本的方法。如果风险事故中损失较小，远低于风险应对活动的费用，就采用接受风险策略。

第五节　其他数字档案信息资源安全管理策略

一、提升数字档案网络安全保障能力

数字档案信息资源安全依托于信息网络系统，整个档案业务流程离不开对相关数字档案信息资源的传递，网络系统通信安全是数字档案信息资源信息安全的保障。所以，要从数字档案网络安全管理和技术保护措施两个方面提高数字档案网络安全保障能力。

（一）加强数字档案网络安全管理

网络信息技术的发展为数字档案信息资源服务提供便捷的同时，也给数字档案信息资源的安全管理带来了一定的风险。数字档案信息资源安全需要依靠网络信息技术才能得以运行，会面临网络安全威胁。所以，档案部门要高度重视档案信息资源安全的重要性，加大数字档案信息资源安全网络防控风险的管理力度，提升网络安全保障能力，为用户提供高质量的档案信息资源服务。

要成立网络安全工作领导机构，制定符合自身实际的网络安全保障制度，并严格执行。对档案工作人员进行网络安全知识培训，从档案工作人员和业务工作流程方面加强对网络安全的监管，做到发现问题及时处理。配备专业技术人员进行监督，通过建立责任制度切实提高数字档案信息资源安全防护能力。数字档案信息资源安全运行是一个庞大的系统，离不开专业技术人员的后台支持。信息泄密、病毒入侵等威胁主要是来自档案人员自身管理工作的疏忽、技术落后等原因。因此，数字档案信息安全保障能力的提升应从档案工作人员自身做起，重视档案工作。

（二）强化技术保护措施

数字档案管理部门要对各立档单位产生的数字档案信息资源进行接收；同时，还要强化技术保护措施，实时备份，以确保档案信息资源的安全。另外，社会公众对档案信息资源的远程查询和使用也在不断增加。所以，通过网络进行大量的数字档案信息资源数据交换，为了防止不法分子或别有用心之人盗窃密级或开放限制的档案信息数据，应采取多种技术保护措施，解决网络通信中数字档案信息资源的安全传递问题。

首先，要配备相应的网络安全设施设备，对档案管理系统进行用户权限设置、访问密钥控制；对在网络上的数字档案信息资源采取加密技术等。数字档案网络防御技术主要是针对在线存储的数字档案信息资源，解决网络环境下数字档案信息资源系统及其网络平台容易遭受攻击的问题。数字档案信息资源网络安全的保护措施主要包括：访问控制、数字签名、密钥加密、漏洞检测、防火墙技术等。如访问控制包含入网访问控制、网络权限控制、属性安全控制、网络服务器安全控制、网络端口节点控制等。

采取访问控制可以保护档案信息的知识产权，确保隐私不被泄露。如密钥加密技术，在网络传输中发送者与接受者之间进行密文传递，数字档案信息资源发送者通过加密密钥加密，档案用户接受者再通过解密恢复档案信息。这种加密技术能够使数字化档案在受到保护的范围内授权给档案用户利用。保护数字档案信息资源的安全，防止非法盗用侵权行为的发生。因此，提升数字档案信息安全保障能力，需要高度重视，更需技术保护措施。通过引入全方位的技术保护措施，维护数字档案信息资源馆档案信息的安全。

对于数字档案信息资源安全，工作人员要了解并掌握网络攻击的类型和方式，尤其需要关注本地区或本部门曾经发生的信息安全事件或其他类型的群体事件，在平时做好网络与信息安全的监测，提高数字档案信息资源的安全性。

（三）及时更新安全系统和安全技术

首先，各个计算机系统大多数都会提供免费的补丁和检测服务。数字档案信息服务系统必须要保证使用正版计算机系统和软件，及时检测系统漏洞，主动下载补丁修复漏洞，保证系统在无漏洞的情况下运行。其次，对于病毒的防范，数字档案信息服务要建立全面的病毒防范系统，并同步升级病毒库。凡是有网络和计算机的地方就会有计算机病毒，网络上同时存在不止一种计算机病毒，而且计算机病毒不可能完全被查杀。所以，在数字档案信息服务的每个端口都要安装防病毒的软件，还要及时更新病毒库。同时，要使用正版杀毒软件，正版杀毒软件一般都会对病毒统一管理和升级，能够及时防范和查杀新出现的病毒。要加强数字档案馆信息服务人员学习病毒知识，提高防范病毒的意识和警惕性。

（四）保障云存储环境下数字档案信息安全

1. 基础环境安全保障措施

基础安全保障是指提供云存储服务的平台IT架构层、基础设施和物理环境的安全。

（1）云平台IT架构层安全

为保证云存储平台的可用性和服务的连续性，需要保证存储虚拟化技术的安全可靠，确保虚拟机和虚拟机监视器的正常运转；同时采用有效的多租户隔离方案，避免可能出现的数据混同。

（2）基础设施安全

保障主机和网络的正常运作。存储层中选用网络连接式存储（NAS）等IP存储设备或服务器连接存储（SAS）等直连式存储设备。为保证这些数量庞大且分布于不同地域的存储设备良好运转，需对其进行定期的保养和维护，同时进行防盗防毁、防电磁泄漏、安全电源等保护。

（3）物理环境安全

物理环境的安全是云存储安全的最基本保障，物理环境的好坏直接影响着云存储中心的安全可靠。因此，要保证其具有良好的机房选址、消防报警、电能供给、温湿度控制系统等设施。

2. 技术安全保障措施

技术是保障云端数字档案信息资源安全存储的重要手段，数据加密是现阶段保证数据安全最基本和最有效的方式，数据加密存储应选择安全性能较高的国际通用算法或我国国有商密算法等，积极探索最优的加密方案、数据存储模式，确保数据的安全存取，防止失泄密事件的发生。

另外，除传统的单点登录身份认证技术外，还可采取合适的生物特征识别技术来保障云存储平台的安全性。

3. 管理安全保障措施

从管理角度来看，要依法制定相应的保护信息安全的法律法规、规范云存储服务合同、加强人员管理等手段来保证云端数字档案信息资源的安全性。

二、实施数字档案信息资源服务策略

（一）提升数字档案信息资源服务水平

1. 增加数字档案资金支持

数字档案馆的建设和数字档案信息服务的发展需要大量的资金支持。在现有的政策环境和经济条件下，档案部门应积极行动，争取党委、政府在政策、资金方面对数字档案建设的支持，由政府统一规划和组织实施，同时积极争取信息化项目相关财政资金的支持，大力推进档案自身资源信息服务能力的建设。同时，档案部门也要树立经济效益观念。数字档案馆信息服务虽然是一种公共文化服务，但其本身也具备一定的经济效益属性，档案部门应改变传统观念，主动开发档案信息资源服务的经济效益。一是通过合理的建设、运行与维护减少支出、降低成本；二是通过对档案信息的深加工、宣传等方式让公众认识到数字档案信息的增值价值，进而认同数字档案信息服务的商业属性，从而将档案信息与市场相结合，获取相应的经济效益，继续支撑数字档案信息资源安全的建设与发展，形成良性循环。

2. 提升数字档案网络安全保障能力

网络技术的发展是一把双刃剑，改善了数字档案信息服务的模式；同时，网络安全问题也带来了一定的风险。档案部门要加大防控网络风险的能力，从管理和技术两个层面着手。

（1）在管理层面

要成立网络安全工作领导机构，制定符合自身实际的网络安全保障制度并严格执行，对相应的工作人员进行网络安全知识培训，从人员和业务工作流程的方方面面加强对网络安全的监管，做到发现问题及时处理。

（2）在技术层面

要配备相应的网络安全设施设备，如防火墙、漏洞扫描、安全审计等设备。同时，要对档案信息的存储、保管、利用等各个环节采取相应的技术保障措施。例如，对档案管理系统进行用户权限设置、访问密钥控制；对在网络上流通的数字档案信息采取加密技术；对馆藏的数字档案信息采取异地异质备份等措施保障数字档案信息资源的安全保护和利用。

3. 改进数字档案信息检索工具

要改进档案信息检索工具，及时更新检索数据库。数字档案信息资源检索工具直接影响着用户利用档案的过程和结果，也是影响数字档案信息资源服务质量的一个重要技术因素改进数字档案信息检索工具，首先要建立多项索引，方便用户从不同方面和角度进行检索。如根据档案馆藏内容可横向建立人事档案、科技档案、文书档案等不同门类的索引，纵向可按照年份建立不同的索引。将普通检索和高级检索、专业检索相结合，以适应不同水平的用户使用。

其次，增加多次在结果中检索的功能。对于用一个检索式表达不能实现的检索，可以在结果中继续检索，增加检索的深度。

再次，要及时更新检索的目标数据库，增加检索内容。对于符合公众开放条件的数字档案信息资源，要及时纳入检索目标数据库之中，并经常更新检索档案数据库，以方便用户及时地利用。

4. 加强数字档案网站建设

档案网站建设的首要工作是明确自己的工作任务、分清主次。突出网页的实用性、科学性、人性化，档案网站的网页设计可采用根形结构，主页设置导航和超链接体系，形成完整的信息回路。档案网站建设要紧紧围绕"向社会公众公开档案，服务大众"主题开展网站建设，加强网站档案资源的建设。数字档案工作人员要明确数字档案资源对外公开，档案数据库是档案网站的主体内容，对其进行重点建设，其他政务和行政的内容不应占用过多的网站部分和建设的精力。实时维护档案信息网站；同时，开放数字档案及时在档案信息网站上公开，新进馆的开放档案或者是保密期满的开放档案都应及时在其档案网站上公开。

档案网站服务与信息推送采用RSS（简易或简单信息聚合）技术。用户只需要在RSS阅读器中复制所要定制内容的xml地址，便可以在RSS浏览器中阅读定制内容，设置自动收取更新和自动清理。档案用户可以在统一的界面中浏览来自不同网站的最新内容，将所需信息集中起来，而不需要一一查看各个网站。

（二）构建数字档案个性化服务模式

随着信息技术的飞速发展和公众信息意识的不断增强，社会公众对档案信息的需求逐渐趋向复杂化和多样化，要求档案部门及时掌握档案用户的需求变化，并根据用户的最新需求制定个性化的信息服务模式和方案，以满足用户多样化的利用需求。个性化的档案信息服务模式包括：个性化信息定制服务、档案信息咨询服务以及档案用户反馈网络服务平台的建设等。

1. 开展数字档案信息定制服务

数字档案信息资源定制服务是一种新兴的档案信息服务模式，档案用户能够根据自身的利用需求，自主选择查档的方式、内容以及查询结果的表现形式、档案信息的传输方式等，可以在最大程度上满足用户的需求，改善用户的查档体验。数字档案信息资源定制服务的方式主要有以下几种。

（1）服务界面定制

服务界面定制改变了传统档案网站的刻板服务模式，使用户参与到数字档案信息管理与服务系统的设计中。用户可以根据自己的兴趣爱好和需求设计自己可操控的数字档案管理系统界面，包括界面的布局、板块、内容、呈现方式等；同时，用户拥有对界面进行编辑修改的权限，真正让用户自己掌控自己的信息，提升档案信息服务的用户体验。

（2）服务内容定制

服务内容的定制是指档案用户可以在海量的档案信息资源中自主选择自己所需要的信息领域和信息内容，自主选择信息呈现的时间和方式，如主题定制服务。用户可以根据自己的查档需求、研究内容等，通过档案管理系统向数字档案馆提出主题申请，档案部门在接到申请之后，可以推送与该主题相关的档案信息，以满足学术研究型用户的需求。

（3）移动推送定制

移动互联网的发展产生了新的档案信息传播方式，如微博、微信、移动 App 等。目前，档案部门在努力将移动互联融入档案管理之中。如可以设置信息动态、档案服务、档案博览等栏目，档案用户可以通过扫描二维码等方式关注公众号，根据自身需求，可以在线查阅开放档案信息，也可以浏览馆藏的档案信息资源，加强对数字档案信息服务的了解。

2. 推进数字档案信息咨询服务

不同档案用户的需求不同，不同档案用户对馆藏档案信息资源的了解程度也不相同。因此，在传统档案已有的服务基础上，利用网络环境的优势推进档案信息咨询服务，使档案用户在前期能对馆藏档案资源和服务利用规定有一个明确的了解，这样能够使档案信息服务利用的过程更加高效。完善数字档案信息咨询服务的途径主要有以下两种。

(1) 创新咨询形式

传统档案信息咨询的方式比较单一、不便捷。在信息时代，档案部门应主动转变咨询形式。如可以在档案信息网站醒目的位置设置咨询服务的板块，如"在线咨询""查档指南""常见问题"等栏目，使档案用户能在第一时间掌握有关注意事项。另外，档案部门还应对咨询的内容加以拓展，如可以不定期举办档案知识专题展览，或开展档案用户的在线培训等。

(3) 开展实时咨询服务

在信息网络时代，网络系统交流软件的出现使得实时交流成为可能。数字档案信息服务可以引入网络交流软件，实现档案信息的实时咨询服务。如可以通过网络聊天室、移动 App 等形式实现在线及时交流，及时了解用户需求，第一时间为用户提供档案信息或咨询解答等。

3. 建立用户反馈网络服务平台

国家档案局颁布的《数字档案馆系统测试办法》中，对用户满意度的评价提出明确的指标要求，包括档案利用人次、用户满意的比例等，这一指标体现了档案用户评价在信息服务中的重要性。在实际档案服务利用工作中，要想获得档案用户者的积极评价，档案部门应当通过多种方式不断提升自身的服务水平；同时，还要积极打通用户反馈和评价的各种通道，使档案用户能够及时、合理地表达自己的查档体验，进而改善档案服务工作。这些通道包括：实时评价、电话回访、网络平台调查等形式。信息网络系统反馈平台是一种更为方便快捷的评价方式。

档案用户服务反馈网络平台的主要工作方式是：档案用户在数字档案馆进行查档利用，利用过程结束之后，可以通过专门的窗口对整个服务利用过程进行主观性评价，这一评价会及时反馈给档案管理人员。该机制可以加强档案部门与档案利用者之间的互动交流，使档案管理人员及时了解档案用户的需求和服务体验，进而对档案服务工作做出改进和完善。档案服务反馈机制可以通过多种形式来实现，如在档案网站设置专门的用户反馈栏目或窗口，甚至可以单独开发用户反馈的软件系统，专门用来接收用户的评价和意见。

目前，虽然国内很多地方档案部门在自己的网站上开设了"用户留言""用户评价""公众参与"等栏目，实际上真正收到用户评价和意见建议的却为数不多。因为国内的档案网站上存放的开放档案信息数据比较少，用户在网站上查不到自己想要的信息，久而久之也就不到网站上进行查档利用了。而且很多档案部门在开展信息服务工作过程中，没有严格按照流程进行，很多档案用户不知道查档结束之后，需要对服务利用工作进行评价，还需要档案部门进一步宣传和引导。

由此可见，数字档案信息服务用户的反馈机制还有待完善，只有通过多种方式与档案用户及时交流沟通，为档案用户提供方便快捷档案信息服务，并对其服务进行及时评价，才能更好地了解用户的需求和体验，改善档案信息资源服务的方式，提升档案信息服务质量和水平。因此，要完善我国档案用户服务反馈机制建设。

（三）提高数字档案信息资源共享服务水平

1. 建立健全法规政策

与传统档案管理服务相比，数字档案信息资源共享服务的技术手段、工作内容和方法等方面发生了很大变化，档案管理利用服务方式也发生了很大变化，致使档案信息资源在共享服务过程中会产生许多新问题，这就需要有相关的法律法规明确各种权利和义务关系，引导和支持档案服务的健康发展。因此，要将数字档案信息资源共享纳入国家、政府、地方、行业等的法规政策制定与完善工作中，以法律法规形式引导维护共享服务建设的开展，为数字档案信息资源共享建设提供法律法规的保障。

2. 加强标准规范体系建设

标准规范是数字档案信息共享服务建设的核心，能够保障数字档案信息资源共享快速有序、健康发展，规范和协调数字档案信息共享服务的管理、法制、技术等方面产生的问题。因此，数字档案信息资源共享服务标准规范要严密、科学、合理，必须在原有相关的标准规范基础上，学习和借鉴国内外先进成熟的档案共享服务标准规范体系，并结合地方实际情况制定适合地方特色的共享标准，以规范档案共享服务建设涉及的技术要素、共享运行等要素，并不断补充完善，使其与时俱进，为数字档案信息资源共享提供保障。

3. 加强组织管理保障

目前，我国档案工作的"统一领导、分级管理"模式容易产生条块分割现象，增加了数字档案信息资源共享的困难。档案馆要高度重视数字档案信息资源共享服务建设的意义，根据数字档案信息资源共享服务建设的实际需求，建立科学合理的管理体制，统筹规划，统一管理，分工协作，以档案行政管理部门为组织者，各级档案保管单位为实践者；以专家及档案同行为协助者，以公众为服务对象和评价者，保证数字档案信息资源共享服务建设的质量。

4. 引进先进信息技术

数字档案信息资源共享建设的技术重点是共享实现和共享安全，借助数据存储、访问技术以及网络技术实现档案资源共享，通过身份认证、数据加密等技术保证档案信息资源共享的安全问题。一方面，要关注国内外科学信息技术的最新发展，引进先进技术和设备；另一方面，要加强相关技术的自主研发，采用高端技术确保数字档案信息资源共享的操作流程和传输过程的安全，促进档案资源共享服务自动化、智能化、人性化发展。

5. 提升档案工作者的创新意识

档案工作者的创新理念是档案信息资源共享建设工作的指导思想和关键，在网络化、数字化环境背景下，数字档案信息资源共享已成为档案发展的新趋势，是社会发展对档案工作和档案事业的需求。因此，档案工作人员应正确认识档案发展的新趋势，提升档案服务意识，了解国内外档案信息资源共享服务建设的前沿动态，学习档案服务的先进理念与实践经验，打破传统理念和惯性思维，重视档案利用服务工作，加强档案高效服务管理，适应新的档案服务模式，注重档案用户的需求和体验，积极主动推动数字档案信息资源共享服务工作的健康发展。人才队伍建设是数字档案信息资源共享的关键因素之一，开展各种形式的业务培训，加强对信息开发技术、网络技术等方面的培训，不断提高他们的信息技能。

6. 保障经费投入

数字档案信息资源共享服务建设的各种软硬件配备、升级维护等都需要大量经费，数字档案信息资源共享服务建设需要一定的经费保障。所以，各级档案馆要根据数字档案信息资源共享建设的需要，制定合理的经费预算标准，科学核定数字档案信息资源共享建设的经费；另一方面，各级政府、财政部门要重视和加大对数字档案信息资源共享建设的资金投入，保障档案信息资源共享建设的经济基础，确保数字档案信息资源共享服务的顺利进行。

三、加强数字档案信息资源管理队伍建设

数字档案信息资源安全是由档案工作人员的综合素质决定的，其综合素质包括档案专业理论知识、计算机知识、网络和信息知识等。只有相关档案人员具备以上相关知识，才能确保档案信息资源在储存、管理、应用等环节的安全。随着数字档案信息资源服务水平的提高，对档案信息服务工作人员的要求也越来越高。因此，要加强数字档案信息资源服务人才队伍建设。传统档案服务模式下的人才标准已经不能适应信息时代的要求，为了适应信息技术发展的要求，满足数字档案信息资源安全的需求；而且数字档案信息资源管理离不开计算机及软件人才的后台支持。所以，必须引进相关技术人才，通过各种培训优化档案人员的知识结构，使其适应信息化背景下的档案工作需要。通过招聘方式引进不同专业的所需人员，改变传统只依靠档案技术人员运作的模式，建立内部学习制度，加强档案专业人才与技术人才交流学习。

（一）提升数字档案管理人员职业道德

良好的职业道德及职业认同感有利于调动档案人员的主观能动性，使他们自觉、自发地做好数字档案教育，从而保障数字档案信息资源的安全。因此，要加强数字档案人员的思想政治工作，使其树立职业荣辱观，提升他们的职业道德素养，档案人员的职业道德应包括以下几个方面：（1）爱岗敬业。要求数字档案从业人员热爱数字档案工作，对本职工作尽心尽责、尽忠职守；（2）诚实守信。要求数字档案从业人员具有较好的思想品德，注重信誉；（3）廉洁自律。要求数字档案从业人员公私分明，不为诱惑所折腰；（4）坚持原则。要求数字档案从业人员遵守相关档案法律法规，切实按相应规则办事；（5）提高技能。要求数字档案从业人员持续学习，强化自身专业技能；（6）参与管理。要求数字档案从业人员不仅关注本职工作，而且要参与到整个组织的管理中去，敢于提出合理建议；（7）强化服务。要求数字档案从业人员要树立良好服务意识，切实保障服务质量，维护本行业社会形象。

（二）树立正确的档案管理理念

1. 转换档案工作人员职业观

档案工作者要树立正确的职业观，不断提高自身素质，不仅要熟悉档案专业知识，还要提高计算机技术、网络知识和信息的鉴别能力。

数字档案业务人员不仅要熟练掌握传统档案管理的技术、技能，还要具备现代化、数字化、网络化管理的基本技能，拥有较高水平的信息化管理人才。档案管理工作人员应包括计算机专业人才，负责网络和应用系统管理维护，具体掌握网络技术、网站建设维护技术、数据库应用技术、档案资料数字化技术、多媒体采编技术等，其他工作人员应能够独立操作计算机，掌握网络应用技能、档案管理系统操作技能等。

数字档案业务人员要拓宽档案专业知识面，在加强业务知识学习的同时，将综合性的学科知识融入其中，加强计算机和网络知识的教育，使其具有档案、图书、经济信息、科技信息、信息开发服务等方面的技能，培养以档案信息管理为主、具有多方面才能的人才，使档案工作人员能够主动适应工作对象、环境和手段的发展变化。

2. 更新服务理念

档案工作方法和技能的更新以观念的更新为先导。档案工作者要树立档案信息意识、服务意识，成为档案信息资源的管理者、分析和组织者、提供和传播者、信息利用的导航者。数字档案信息资源服务要求工作人员树立正确的服务理念，不能固守传统档案信息服务理念坐等用户上门，才提供服务。数字档案信息资源服务工作人员应更新服务理念，增强服务意识，积极主动地"走出去"，积极推广数字档案信息资源服务业务，让数字档案信息资源服务被更多的用户和社会大众所知悉、认同和应用。

同时，数字档案信息资源服务人员还要增强服务意识，保持良好的服务态度，营造良好的信息服务环境，吸引更多潜在数字档案信息用户。

(三) 引进高层次技术人才

随着现代信息技术的快速发展，传统纸质档案的管理模式已不能适应数字档案信息资源的管理，为了适应新科技发展水平的要求，档案部门要及时引进信息技术相关人才，通过招考招聘等方式引进计算机、网络、信息等相关专业人才，并对他们进行相关工作培训，使其尽快适应档案相关业务工作，将自身的技术能力与档案业务工作有机结合起来，更好地发挥技术手段在档案信息资源安全中的作用。

档案部门要引进和培养档案专业人才，加强档案人才队伍建设，提高应对突发事件的处理能力。即使档案设备条件很好，如果缺乏相应的专业人才，没有人能够熟练操作和使用就难以应对突发灾害。

引进专门的技术人员是一种快捷的人才队伍建设方式。数字档案馆引进专业人才主要有以下几种方式：（1）招聘，数字档案馆通过公开招聘，选择所需要的不同专业人才，这是最普遍的一种引进人才方式；（2）劳务派遣，由于我国档案馆自身体制限制，招聘需要层层报批，招聘档案工作人员的数量要严格限制，不可招聘大量工作人员。因此，档案馆可以与专门的计算机技术公司合作，将他们的技术人员派遣到档案馆，以帮助数字档案馆完成技术上的工作和难题，数字档案馆只需要支付一定的费用即可。遵循数字档案馆用人、技术公司管人的原则；同时，还可以避免人事上的问题和争议。

(四) 加强档案专业知识培训

数字档案信息资源安全保障是由档案工作人员的素质决定的。档案工作人员的专业知识培养是数字档案信息安全保护的主要环节。在新时代数字档案背景下，档案工作要求相关人员不仅要掌握基本档案理论知识，而且必须了解自己档案工作涉及领域的知识，了解档案业务知识、数字档案载体及传输所依赖的信息技术和网络技术的知识、档案管理知识等，要从专业的角度理解专门档案，从档案角度管理专门档案，学会利用相关内控、风险评估等管理知识，确保数字档案的信息数据安全，促进数字档案健康发展。

档案部门要建立定期交流学习制度，相关数字档案业务主体或档案行业协会建立档案人员定期继续教育，定期对档案管理人员进行档案理论知识培训，强化他们的专业知识培训增加他们的知识储备。数字档案管理各环节的工作人员要熟知相关的档案管理知识。通过培训等多种途径打造一支职业道德素养高、专业技能扎实的数字档案人才队伍，才能保障数字档案信息资源的安全。

使各单位或部门内部进行定期交流学习,加强档案业务人才与信息技术人才之间的交流,为不同专业人员打建交流学习平台,使不同知识背景的档案人员交流各自的学习与工作经验,大家互相学习,取长补短,共同进步,让每个档案工作人员成为综合性的全能人才。档案部门还可搭建各种平台,通过异地交流学习、开办专题学习班等形式,开展档案管理技术知识或档案业务知识深层学习,不断提升数字档案信息管理水平。

通过这种方式有利于档案知识与其他专业知识融会贯通,使信息技术人才更好地发挥自身专业技能和创新能力,为数字档案馆服务建言献策;同时也让传统档案工作人员不断掌握信息技术,能够独当一面。

第七章 专门档案管理工作实践

第一节 专门档案的内涵

专门档案是指在一定的专业领域或专门业务活动中产生的，记载特定的专业信息，具有稳定的文件名称、格式和形成规律，有各自的整理和管理办法的各种门类档案的总称。专门档案一般具有较强的现行效用，为特定的专业活动提供基本数据和信息。

一、专门档案的定义

中国档案学会文书处理和档案室学术委员会对专门档案下了这样的定义：专门档案，是指在某些专业范围内产生，有比较稳定的文件名称、格式和形成规律，有各自的整理和管理办法的各种门类档案的总称。也有一些专家学者对专门档案的定义进行了解释，如专门档案是指除文书档案和科技档案之外的，所有在专门活动中形成的档案。如会计档案、人事档案、诉讼档案、医院的病历档案、婚姻登记和工商注册登记档案等。……它具有极强的自我独立性和规律性。但是，人们对专门档案的定义方式和切入点不尽相同。有的采用直接描述型的定义模式，力图指明专门档案的外延特点；有的试图采用揭示型的定义模式，洞悉专门档案的内在规定性；有的采用排除法来定义专门档案；有的则认为"科技档案"也是一种专门档案，而且是"突出的一类专门档案"。

这些专门档案的定义，基本上已经形成了几点认识方面的共识，即专门档案是档案家族中的一大门类，它具有与普通档案不同的一些特点，它的形成规律不同于普通档案。综合这些观点，可以认为，专门档案是人们通过创造性劳动选留并保存下来，具有证据价值和信息价值的专门记录。专门记录是指机关、企业、事业单位及其他社会组织，在从事某些专业性活动时，为了实现相关的职能目标而制作和使用的，具有比较稳定的文种和记录目的的各种载体类型的，归档保存的专门文件（或第一手资料）。

这个两段式的定义主要包括六个方面的内涵。

第一，专门档案是专门文件（资料）中的具有证据价值和信息价值的，经归档固化的部分。

第二，人们只有通过创造性的选留活动才能实现留存专门档案的工作目标。

第三，专门档案形成于人们所从事的各种特定的专业性活动领域。

第四，专门档案具有比较稳定的文件（资料）名称、格式和特有的形成规律。

第五，专门档案具有突出的现实使用价值和工具功能。

第六，专门档案是由专门文件构成的记录证据体系，具有非常重要的专业信息价值。

二、专门档案的共性与特性

（一）专门档案的共性

专门档案的共性是指它同文书档案和科技档案等共同具有的属性，其中主要包括以下几方面。

第一，历史记录性。专门档案是特定专业活动的社会历史记录，是人类社会历史记忆的一个重要组成部分。

第二，原始性。专门档案是与人类从事某项社会活动相伴而生的记录物，无论是其形成过程，还是其所承载的数据、信息内容，都具有原始性的特征。

第三，有机联系性。专门档案是由有密切历史联系或逻辑联系的文件构成的有机生命体，因而具有个体文件或其松散联合体等所无法比拟的整体性功能。

第四，定向积累性。专门档案的形成和积累同全宗里的其他门类的档案一样，首先由其形成者进行必要的集中，然后经过合理的筛选、整理编目后，交由一定的机关档案管理机构或文档中心集中管理，最后具有长远保存价值的专门档案。

第五，凭证性和参考性。专门档案是有关组织和单位专业性活动过程及其内容的真实凭证，也可以为我们从事有关的专业性活动提供可资参考的丰富的素材和营养。

（二）专门档案的特性

同普通档案相比，专门档案还具有某些个性特征，具体如下。

1. 专业性

专门档案的专业性主要体现在形成领域和内容性质两个方面。专门档案主要是各种单位或组织在从事某些专业性活动时形成的，涉及的社会活动领域比较专业。各种类型的专门档案,都是伴随着一定的专业性活动,并作为这种活动的数据和信息记录而形成的,如房屋普查档案、农业普查档案、工业普查档案、卫生防疫防病档案、审计档案等。专门档案的内容性质也具有明显的专业性,在哪一种专业性活动中形成的专门档案,就真实地反映了哪一种专业性活动的客观数据和信息,并成为完成这项专业性活动的必要工具和手段。专门档案的专业性特点,不仅是区分它与普通档案的重要依据,同时也是合理有效地管理好各种专门档案的基本前提和依据。

2. 现实性

人们形成某种专门档案的最初设计(或设想),尤其是人们所从事的各种专业性活动,决定了各种专门档案都具有突出的现实使用价值。

3. 独立性

专门档案的独立性,或称"自我独立性",是指专门档案有时可以作为各全宗的一个相对独立的部分而存在并发挥作用。每一种专门档案都是围绕着特定的某一项专业活动过程形成的,较为完整、客观地记录了该项活动的有关原始业务数据和信息,因此可以相对独立地起到支撑有关专业性活动正常开展的作用。总之,专门档案在形成过程、内容属性及作用性质等方面,都表现出较为突出的独立性特征。

4. 规范性

专门档案的名称、格式,以及形成过程和内容组织等方面,均具有较为突出的规范性特征。

三、专门档案的利用价值

专门档案的利用价值,是指各种类型的专门档案所含有的数据、信息、知识,对满足人类从事各种相应的专业性管理活动、业务活动、研究活动等所具有的有用性和有益性。这种利用价值的客观存在,是人们自觉地形成、积累和保存管理专门档案的重要驱动力之一。

对专门档案的利用价值可以依据不同的标准进行不同的分类。

第一,根据专门档案利用价值实现的领域,可以将其划分为

经济与财产管理价值、人类资源管理价值、司法监督价值、产权保证价值、审计监督价值、地名规范与管理价值、婚姻管理价值、商标管理价值、信用保证价值、税收保障价值、艺术管理与规范价值、教学管理价值、标准保证价值、诉讼管理价值、土地管理价值、统计监督价值、信访管理价值、出版管理价值、病人管理与医疗研究价值等。

第二,根据专门档案利用价值的显现程度,可以将其划分为现实社会已认识和把

握的利用价值与尚未认识和把握的潜在利用价值。

第三，根据专门档案利用价值的性质不同，可以将其划分为政治价值、经济价值、文化价值、财务价值、法律价值等。

第四，根据专门档案利用价值所涉及的效益大小，可以将其划分为一般价值和重要价值或重大价值。

第五，根据专门档案利用价值实现的时间长短，可以将其划分为短期价值、长期价值、永久价值，或现实价值与长远历史价值。

第六，根据专门档案利用价值的基本构成，可以将其划分为现实专业性活动的管理工具价值、专业性活动过程与结果的记忆价值、社会历史文化研究价值等。

四、专门档案的功能

专门档案对各种现实的专业性社会活动及有关的社会历史文化研究所具有的作用能力，就是其功能所在。这里主要介绍专门档案的两个普遍功能。

（一）数据和信息储备功能

专门档案是有关专业性活动原始性信息的存储器或资源库，是各种专业性活动的"历史记忆"。合理且有效地保存这种历史记忆，对于各项专业性活动连续有效地进行，是非常重要的。但要注意的是，专门档案所承载的数据和信息，具有相对凌乱、琐碎和不系统的特点，这些原始信息需要必要的加工、整序和激活，才能显现出真正的价值。因此，专门档案是一种"信息源"，但并不一定就是"资源"，只有那些按照一定的目的或目标提取、加工、整合、激活之后的专门档案信息，才能成为一种有用的资源。

（二）依据功能

要想实现有效的专业管理，就必须进行科学合理的决策规划、计划指挥、组织协调、监督检查，而这些管理活动的正常有效进行，必须依赖源于专门档案的数据和信息的支撑。

首先，专门档案是进行科学、合理的专业管理工作决策与规划的依据之一。专门档案是管理者了解现实和预测未来的重要依据，因为其中的经验、教训、成就、缺陷和不足等方面的信息一旦被挖掘、激活，就会成为一种重要的支持科学合理规划的依据性信息资源。

其次，专门档案是计划指挥的依据之一。制定计划时必须利用好现有的专门档案所提供的信息，从中找出有用的数据和信息。

再次，专门档案是组织协调的重要依据之一。专门档案是围绕着各项专业性活动形成的，既是这些活动的组成部分和证据，同时也是这些活动健康发展的必要保证。

最后，专门档案是实现专业监督和有效检查的重要依据之一。管理者必须注意从专门档案中获得相关的专业性活动的记录，并以此为根据，切实掌握有关专业性活动的真实情况，适时、合理地开展有效的监督检查工作。

五、专门档案的作用

专门档案的作用，就其结果而言，具有积极和消极之分。充分认识到这一点，有助于在实际工作中合理地组织专门档案数据和信息的流动，有效地控制这些专门数据和信息的使用对象和范围，尽可能促进专门档案的各种积极作用的发挥，同时有效地抑制或避免专门档案的各种消极作用的发生。

专门档案的积极作用主要包括以下几点。

（一）保障专业数据和信息

专门档案之中所包含的专业性数据和信息，是人们有效从事和组织各种专业性活动的必要条件和保障，是人们有效开展相关专业性活动的重要条件，具有现实的管理工具意义。所以，各有关单位和部门应注意在平时的专业性活动中留下记录，并加以积累保存，合理组织，以便在适当的时机发挥其积极作用。

（二）维系专业工作的正常进行

在现实社会活动中，人们需要利用专门档案中的数据和信息来达到有效管理各项专业性活动，实现各种专业工作目标的目的。认识专门档案的这种作用，有助于人们在现实的专业性活动中注意通过建立和健全相关的专业文件或专业记录的形成、积累、整序和归档等方面的制度，保证相关专门档案的齐全、完整和有机联系；同时也有助于我们在开展各项专业性活动的过程中，自觉地发挥所形成的专门档案的工具作用，避免"资源"的闲置。

（三）监督检查各项专业工作的合法进行

为了有效地维护国家和人民的根本利益，我国的审计、税收、公安、司法等部门必须利用有关的专门档案，加强监督和检查，做到警钟长鸣，防患于未然。另外，在各单位和部门之中，为了及时、有效地了解相关问题或工作的进展情况，确保工作的质量与合法性，也可以利用专门档案所记录的数据和信息，进行定期或不定期的监督和检查活动。

（四）再现历史，佐证历史

各种专门档案都存留着宝贵的历史记忆，是各项专业性活动的"记忆库"，是人们研究各种专业性活动历史的宝贵史料。利用这些专门档案，人们可以总结有关专业性活动的经验、教训，发现专业性活动的一般规律和基本特点，从而使当今的专业工作者有条件做到"以史为鉴"，避免走弯路。

第二节 会计档案的管理工作

一、会计档案概述

会计档案是指单位在进行会计核算等过程中接收或形成的，记录和反映单位经济业务事项的，具有保存价值的文字、图表等各种形式的会计历史记录，包括纸本会计档案、电子会计档案等种类。

（一）会计档案的特征

会计档案同其他门类的档案，都是人类社会活动的历史记录，为此也具有原生性、记录性、文化性、信息性、知识性、有机联系性、凭证性、真实性和可靠性等共性。但是会计档案作为一种专门性的档案资源，也具有特性，如突出的专业性、形成过程的序时性、承载内容的合规性、数据记录的平衡性、会计记录与会计资料格式的规范性、会计信息对软硬件环境的依赖性、会计信息的易复制性和易更改性等。

（二）会计档案的价值

会计档案的价值，是指会计档案对人类社会的现实实践活动和长远的历史文化建设所具有的积极意义。会计档案的价值构成，主要包括以下几个方面。

第一，会计档案是制定财务计划的重要数据源。

第二，会计档案是进行科学经济决策的信息源。

第三，会计档案是维护正常经济、工作秩序的法定证据，是实施会计审计、会计监督的必要条件，也是促成新经济活动的信息支持源泉。

第四，会计档案是研究社会经济文化存在与发展规律的重要文献源。

第五，会计档案是开展历史研究的记忆库。

第六，会计档案是储备会计工作经验、技术、智慧和教训的知识库。

二、会计档案人员对现行会计记录、会计资料的监督与控制

会计档案人员对现行会计记录（资料）监督与控制工作应遵循以下几方面。

首先，会计档案人员对会计记录（资料）的形成、积累、整理和归档工作进行监督，有着坚实的理论依据。为了保证作为会计档案保存的会计信息具有较高的质量（如完整性、系统性和可靠性等），会计档案管理人员必须切实地履行监督和指导职责，加强对会计记录（资料）的形成、积累、整理和归档工作的指导。

其次，实践依据。如果会计档案人员始终处于会计信息管理和控制的"后台"，而对会计记录（资料）和现行的会计文件（资料）的设计、形成、积累、平时使用，以及整理和归档等"前台"的工作漠不关心、缺乏认识、疏于监督和控制，那么就很难切实地保证会计档案及其所承载信息的完整性、系统性和可靠性。

最后，法规制度依据。实行有效的前端控制，会计档案机构和会计档案人员还必须以相关的法规制度为依据。其中最为重要的依据就是《中华人民共和国会计法》（以下简称《会计法》）以及《会计档案管理办法》等法规性文件。

三、会计档案的收集

会计档案的收集，就是按照国家有关法律、法规和制度的要求，将具有一定保存价值的会计记录（资料）整理归档，定期移交给档案机构集中管理的一项档案业务活动。

会计文件（资料）的归档制度是确保一个立档单位会计档案系统积累和质量的一项重要的业务制度。该项业务工作制度的建设必须明确规定两个方面的基本内容：其一就是要规定相关的业务工作内容，解决做什么的问题；其二就是要规定完成归档工作事项的相关保证措施，解决如何做到的问题。

（一）会计文件（资料）归档制度的一般内容设计

会计文件（资料）的归档制度内容可以分为归档范围、归档时间、归档要求、归档份数和归档手续等。

1. 归档范围

归档范围就是哪些会计记录和会计文件（资料）可以作为会计档案保存，哪些会计记录、会计文件（资料）不能作为会计档案保存。一般来说，根据会计档案鉴定标准（保管期限表）的规定，具有一定保存价值的会计凭证、会计账簿、会计报告及其他会计记录（资料），均应作为会计档案保存。

2. 归档时间

归档时间就是会计人员或会计机构应当向本单位档案人员或档案部门移交整理好

的会计档案的时间。一般情况下，当年形成的会计档案，在会计年度终了后，可由单位会计管理机构临时保管一年，再移交单位档案管理机构保管。特殊情况下，因工作需要确需推迟移交的，应当经单位档案管理机构同意。单位会计管理机构临时保管会计档案最长不超过三年。

3. 归档要求

归档要求就是对会计文件（资料）归档的职责，以及会计档案保管单位的质量等所提出的相关要求。一般性的归档要求是：归档的会计文件（资料）、会计记录应齐全、完整，保持文件（资料）之间的有机联系，适当区分保存价值，便于日后会计档案的保管和会计档案信息资源的开发利用。

4. 归档份数

归档份数是指归档的会计文件（资料）、会计记录的实际份数。一般性质的会计文件（资料）和会计记录，只要归档一份即可。但是特殊的会计档案，一般应留有安全副本或备份文件，以防不测。

5. 归档手续

在移交会计档案时，交接双方必须按规定履行一定的移交手续，具体做法是：档案人员应当根据会计档案移交清册，详细清点案卷；经认真核对无误后，交接双方应在会计档案移交清册上履行签字手续，交接双方各存一份。

（二）会计文件（资料）归档制度的保证措施设计

会计文件（资料）归档制度的保证措施的设计，是为了有效地保证上述各项规定事项能够得到切实的贯彻施行。一般情况下，应将有关类型的会计记录或会计文件（资料）的积累和归档，纳入会计人员的岗位职责范围，把归档工作落实到人，以保证归档的会计档案的质量。具体分工各单位可以根据具体情况加以确定。

（三）会计核算系统中电子会计档案收集管理制度

单位的会计档案包括贮存在磁盘（软盘和硬盘）上的会计文件（资料）和会计凭证、会计账簿、会计报表等书面形式的会计核算文件。会计核算系统内数据文件及其备份和作为会计档案打印输出的各种凭证、账册、报表，应按有关财会制度使用、收集。要注意的是，必须加强会计档案的保密工作，任何人如有伪造、非法涂改变更、故意毁坏数据文件、账册、备份磁盘的行为，将受到行政处分，情节严重者，将追究其法律责任。各类会计档案的出借，必须经过会计主管审批同意并签章，如果对备份磁盘的操作可能危及该备份磁盘的完整性，应制作该备份磁盘的复制件，使用复制件进行操作。

四、会计档案的整理

整理工作是会计档案管理工作的一项主要业务活动。无序的、不系统的、无条理的会计档案，不但不便于安全保管，也不便于科学地组织会计信息资源的开发利用工作。整理可以为会计档案的合理保管和利用，提供一个最基本的物理性的会计文件（资料）有机体系。

（一）会计档案整理的内容

会计档案的整理，就是对全宗内的会计档案进行分类、组合、排列和编目的活动。简单地说，会计档案的整理工作，就是对有关的会计档案进行整序的活动。会计档案整理工作的内容主要包括以下几项。

1. 会计档案的组卷

会计档案的组卷，就是依据各个终端类内会计文件（资料）之间的相互联系，在适当鉴别会计文件（资料）或会计记录的保存价值的基础上，按照便于保管和利用的基本要求，将互有联系的、保密等级和保存价值相同或相近的会计记录、会计文件（资料）组合在一起的活动。

2. 会计档案的排列

会计档案的排列主要包括案卷内文件（资料）或记录的排列，以及案卷的排列等工作内容。

3. 会计档案的编目

会计档案的编目就是通过一定的方式或方法，将会计档案的分类、组合及排列的整理工作成果固定下来的活动。

（二）会计档案的组卷

所谓组卷，又称立卷，就是将互有联系的、保存价值和保密等级相同或相似的纸本会计记录、会计文件（资料）组合成会计档案保管单位的活动过程。

1. 纸本会计核算文件（资料）、记录的立卷方法

纸本会计核算专业文件（资料）和记录的立卷方法的选择，必须方便会计文件（资料）和记录的保管与利用。对于已经形成的会计核算专业文件和记录，可以由会计人员或会计机构按照归档制度的要求，视不同情况，采取平时归卷和年终调整立卷相结合的方法，进行整理立卷。

（1）凭证的立卷方法

会计凭证是各单位经费收支的原始记录，是会计记账的依据。在实践中可根据会

计凭证数量的多寡，采取每月订一本或每月订数本的做法加以整理。每本会计凭证的厚度最好不超过2厘米。具体的做法可分为如下几种情况。

第一，较大单位如果所形成的凭证数量过多，可以把不同类型的会计凭证，如收款凭证、付款凭证、转账凭证等，分别制作传票，分别编写页号，并分别装订。

第二，会计凭证装订时一定要注意去掉金属物，加上封面与封底，在左侧用脱脂棉绳装订，然后在封面上做好编目工作。会计凭证封面上的张数，应填写凭证中记账凭单的张数；记账凭单的附据张数，应当以每件反映金额的原始单据为单位进行计算。

第三，其他种类的会计凭证，如送款单、付款委托书、缴款书、医疗报销单等，应当根据会计制度的有关要求，按照时间顺序编写页号，并装订成册。

第四，对于一些不便随同记账凭证一同装订或保管的价值明显不同的原始凭证，如涉外凭证、工资名册、对资改造凭证等，应当抽出单独装订。

第五，装订人员和主管会计人员都应在整理好的会计凭证上签章。

（2）账簿的立卷方法

会计账簿的整理立卷比较简单，这是由于会计账簿在形成时，一般都有固定的格式和明确的分类，所以在年终结账、决算后稍加整理，一本账簿就可以成为一个案卷。整理立卷时应当注意以下几点。

第一，死页账中的空白页不能折账去掉，应保持账簿本身的完整性。

第二，跨年度使用的固定资产账簿，应在使用完的那一个年度立卷。

第三，重新整理的账簿，应在账簿封面上标明立卷部门、案卷题名、年度、页数、目录号、全宗号、目录号、案卷号、保管期限等事项。

第四，活页账可以折账，会计人员将账中的空白账去掉后可重新组织，并应当在账页的右上角编上页码，加上账簿封面和封底，用脱脂线绳装订成册；有的活页账账页较少，可将科目内容相近的账页按类别排列编号，合并装订成册。

（3）财务报告的立卷方法

财务报告主要包括月度财务报告、季度财务报告、年度财务报告，其主体部分主要是各种会计报表。在立卷时，一般可以按照月报、季报、年报的种类分别立卷，也可以按照报表的性质分别立卷（如一般分析、小结检查、总结等）。

2. 纸本会计档案的立卷编目

会计档案的立卷编目，是指通过一定的方式和方法，将会计档案组卷工作的系统化成果固定下来的一项业务活动。其编目工作的内容主要包括以下几个方面。

（1）拟制案卷题名

各类案卷一般都应当拟制有规范的题名，以便为日后查找和利用提供一个基本的检索标识。会计档案的案卷题名一般应包括立档单位或责任者因素、时间因素、会计档案文种因素等。

（2）填写卷内目录

除了订本账、会计凭证外，其他会计档案的案卷均应填写卷内目录。卷内目录应用于永久和定期（保存年限在10年以上者）保管的案卷，按照格式用耐久或比较耐久的书写字迹材料书写或打印。

（3）案卷封面其他项目的编目

第一，立卷部门。应填写具体的内部机构的名称。

第二，类别。应填写会计报表、会计账簿、会计凭证等不同的类别名称。

第三，起止时间。应填写会计记录或会计文件（资料）的最早和最晚形成时间。

第四，档案号。应填写全宗号＋目录号＋卷号或册号，或者年度号＋分类号＋案卷号或册号等。

（4）备考表的编目

备考表的内容一般包括本卷需要说明的情况和本单位财务负责人、立卷人或经办会计人员的签章…其中，前者主要包括归档前的情况，如页数、价值、保管情况、相关文件的档案号等；归挡后的情况，如鉴定后卷内文件的变更情况、保管状况（字迹状况、载体状况等）。另外，案卷中文件的缺损、补充及移出等需要说明的情况，也可以写入备考表。

（5）卷脊的编目

卷脊的编目项目一般包括全宗号、目录号、册号、类别、保管期限、凭证号辱。

3. 纸本会计档案排列

会计档案的排列一般是根据会计档案分类方案所确立的分类体系，实行分类排列的方法。会计档案的排列方法主要是年度—类别—保管期限排列法、年度—保管期限—组织机构分类排列法、年度—会计类型分类排列法、会计文件（资料）或会计记录形式分类排列法这四种。

4. 纸本会计档案案卷目录的编制

（1）会计档案号的编制方法

会计档案数量庞大，保管期限多样，利用频繁，为了会计档案的统计、保管和查找利用创造条件，必须对所有的会计档案案卷进行编号。因此，在案卷的排列编号上要尽量适应本单位会计档案形成的特点。常见的编号方法主要有两种。

第一，不需要向档案馆移交会计档案的单位的会计档案号。这种方法是按会计报表、会计账簿、会计凭证和其他会计档案四大类，根据保管期限不一、载体大小不一的具体情况，加设属类给予区别，分别从1号开始逐年流水编号。会计档案案卷的档案号的一般模式为：

会计档案号—会计档案代字（代号或代码）+ 大类号和属类号 + 案卷号

三部分之间用"—"连接，用以确定会计档案案卷的物理顺序和空间位置。

第二，高等院校财会档案号。根据《高等学校档案工作规范》的要求，高等院校财会档案号一般可以采用以下模式：

财会档案号—年度代号 + 财会档案分类号 + 案卷号

有的单位也采用双位制的编号形式来编制会计档案的二级类目的分类号。如果各个类别还需要进一步划分，那么所形成的三级类目就应当用自然数依次在各个二级类目范围内分别编制流水分类号。

（2）会计档案案卷目录的编制

为了保证会计档案案卷目录的质量，编制会计档案案卷目录工作一般应当由会计部门负责完成，这也是会计管理工作的一个有机组成部分。编制会计档案的案卷目录，通常的做法有以下几种。

第一，一个单位一个会计年度形成的会计档案，应按会计核算与其他会计文件（资料）等大类各编一本目录。

第二，按会计凭证、会计账簿、会计报表和其他会计文件（资料）四大类各编一本目录。

第三，一个单位一个会计年度形成的会计档案，按保管期限降级排列编一本目录。

值得注意的是，保管期限不同的案卷，一般应该分别编制案卷目录，尤其是永久保管的会计档案，应单独编制案卷目录。

会计档案案卷目录的著录项目主要有顺序号、案卷编号、原凭证号、案卷题名、起止年月日、张数（页数）、保管期限、存放位置和备注，在实际工作中也可以根据管理和检索会计档案信息的需要增加或减少其中的有关著录项目。

会计档案的案卷目录要编制一式四份，其中一份由会计部门保管供日常使用。其他三份案卷目录，一年后连同会计档案一同移交本单位的档案室或档案人员。

五、会计档案的鉴定

（一）会计档案鉴定工作的内容

会计档案鉴定工作是会计档案管理工作中的关键性业务环节。它一般包括以下几个方面内容。

第一，会计档案价值的鉴定工作。该项业务工作一般是根据国家财政主管部门和国家档案局统一制发的会计档案保管期限表，结合本单位或本部门会计工作和会计文件（资料）或会计信息记录的具体特点和形成与利用规律，编制具体的会计档案保管期限表，并以此为依据开展对本单位会计档案的实际保存价值的鉴定活动。

第二，会计档案质量的鉴别与审核工作。应当根据国家会计立法、《会计档案管理办法》、企业或事业单位会计制度等法规文件的要求，切实做好会计文件（资料）或会计记录的质量核查工作，以便确保归档会计文件（资料）或会计记录的质量。

（二）会计档案鉴定工作的意义

会计档案鉴定工作的意义主要表现在以下几个方面。

第一，会计档案鉴定有利于实现会计信息的优化。合理的会计档案鉴定可以有效地清除会计信息中的垃圾信息和不必要的冗余信息，从而有效地净化会计档案有机体，并使之更加充满生机。

第二，会计档案鉴定有利于合理地使用有限的人力、物力和财力资源。为了使社会和单位的有限资源得到最为有效的利用，会计部门和档案部门都必须努力做好会计文件（资料）、会计记录或会计档案的鉴定工作。只有如此，才能使有限的人力、物力和财力真正用于具有一定保存价值的会计档案的管理上。

第三，会计档案鉴定有利于在发生突然事件时及时抢救重要的会计档案。档案的管理会面临许多自然的或人为的突发事变，如地震、洪水、泥石流、火灾等，如果抢救不及时，档案就会遭受严重的损失。所以，会计档案的管理必须充分考虑这方面的因素，将重要的、具有长远保存价值的会计档案经过鉴定挑选出来，集中保存。

第四，会计档案鉴定有利于保证电子会计文件（资料）和记录的证据价值。在会计信息化时代，我们开展会计档案的鉴定工作的主要目的是更好地维护会计信息记录的真实性、完整性和可读性等。电子会计文件（资料）或记录只有真正确定了其真实性、完整性和可读性，才能保证它成为历史的证据，并获得证据价值。

（三）会计档案鉴定工作的组织管理要求

会计档案鉴定工作应当由国家机关、社会团体、企业、事业单位和其他组织（以下简称单位）档案管理机构牵头，组织单位会计、审计、纪检监察等机构或人员共同进行。

单位应当定期对已到保管期限的会计档案进行鉴定，并形成会计档案鉴定意见书。经鉴定仍需继续保存的会计档案，应当重新划定保管期限；保管期满，确无保存价值的会计档案，可以销毁。

（四）会计档案鉴定规则

1. 高龄规则

高龄会计档案的销毁应当慎重。一个单位早期的会计档案的重新鉴定，应当充分估计到这些会计档案对于该单位早期历史研究所具有的价值，而不应当简单地参照现行的会计档案保管期限表做草率的决定。

2. 客观性规则

会计档案鉴定应当避免主观性的决断。会计档案的鉴定必须以有关的标准，以及对会计档案本身保存价值的合理预测为依据来进行。

3. 整体性规则

会计档案的鉴定应当充分考虑全宗档案的整体性。会计档案作为各有关单位全宗的一个有机的组成部分，应当在鉴定时注意从全宗的整体意义上衡量具体会计档案的保存价值。

4. 双重价值规则

鉴定会计档案的价值，必须首先认识清楚会计档案所具有的对其形成者和社会的双重价值属性。一方面，会计档案在形成之初，主要的作用对象就是本单位的利用者或有关审计单位的利用者；另一方面，一些具有长远保存价值的会计档案又对我们的子孙后代研究社会经济文化历史具有重要的查考价值。

5. 当机立断规则

对于依据鉴定标准反复甄别确无保存价值的、准备剔除销毁的会计档案，应当及时处置。

6. 未结禁销规则

凡是事关未结事项的会计档案，一律不得剔除销毁。

7. 依附性规则

凡是对于存取电子会计档案具有支持作用的信息化系统设计文件、应用程序软件、购买的商业化信息化软件等，其保存期限应当同它们所支持的有关会计档案的保存期限相同。

8. 可靠性规则

作为会计档案保存的电子会计档案，必须有完整的反映其生成和保存、维护过程的元数据。

（五）会计档案鉴定标准

一般来说，会计档案价值鉴定的一般性标准，主要包括两种类型，即会计档案自身的属性和保存状况标准、社会利用需要标准等。

1. 会计档案自身的属性和保存状况标准

第一，来源标准。即会计档案形成者的社会地位及所承担职能的重要性。

第二，内容标准。即会计档案所记录内容的重要性。

第三，时间标准。即会计档案的产生或形成的年代、时期的重要性。年代久远的会计档案具有宝贵的文化遗产价值。

第四，形式标准。即会计档案的文种的重要性。特殊形式的会计文件（资料）、记录应当选样留存。

第五，完整性标准。会计档案越完整，其整体价值越大；会计档案不完整，残存会计档案的个体价值会有所提高。

第六，依附价值标准。命令文件、程序文件、系统维护文件及其他支持会计记录信息管理系统的软件，它们的保存价值主要取决于有关系统的生命周期以及该系统生成的文件的保存周期。

第七，法律遵从标准。相关法律、行政规章、业务管理规程等所要求的会计档案最低保存年限，各单位在开展会计文件（资料）、会计记录的鉴定实践时必须注意遵循。

2. 会计档案鉴定的社会利用需要标准

第一，本单位财会工作、经济管理工作、经济决策工作的需要。

第二，审计单位检查、核实有关经济事务的需要。

第三，公检法部门依法调查有关经济案件的需要。

第四，单位员工的查询需要。

第五，历史研究的需要。

值得注意的是，鉴定会计档案的保存价值不能根据当时的利用需求强度、利用者人数的多寡等因素轻易决断。

六、会计档案的合理处置

会计档案的处置就是已满一定保管期限的会计档案或立档单位发生变化时，对原单位形成的会计档案作出续存、销毁、移交决定的一项会计档案管理活动。一般情况下，可以按照以下方法处置已满一军保管期限的会计档案。

（一）基本要求

第一，单位应当定期对已到保管期限的会计档案进行鉴定，并形成会计档案鉴定意见书。经鉴定仍需继续保存的会计档案，应当重新划定保管期限；保管期满，确无保存价值的会计档案，可以销毁。

第二，会计档案鉴定工作应当由单位档案管理机构牵头，组织单位会计、审计、纪检监察等机构或人员共同进行。

（二）单位发生变动时会计档案的处置要求

单位发生变动时对会计档案的处置，按照《会计档案管理办法》的规定，应符合如下要求。

第一，单位因撤销、解散、破产或其他原因而终止的，在终止或办理注销登记手续之前形成的会计档案，按照国家档案管理的有关规定处置。

第二，单位分立后原单位解散的，其会计档案应当经各方协商后由其中一方代管或按照国家档案管理的有关规定处置，各方可以查阅、复制与其业务相关的会计档案。

第三，单位合并后原各单位解散或者一方存续其他方解散的，原各单位的会计档案应当由合并后的单位统一保管。单位合并后原各单位仍存续的，其会计档案仍应当由原各单位保管。

第四，单位分立中未结清的会计事项所涉及的会计凭证，应当单独抽出由业务相关方保存，并按照规定办理交接手续。

第五，单位因业务移交其他单位办理所涉及的会计档案，应当由原单位保管承接业务单位可以查阅、复制与其业务相关的会计档案。对其中未结清的会计事项所涉及的会计凭证，应当单独抽出由承接业务单位保存，并按照规定办理交接手续。

第六，单位分立后原单位存续的，其会计档案应当由分立后的存续方统一保管，其他方可以查阅、复制与其业务相关的会计档案。

第七，建设单位在项目建设期间形成的会计档案，需要移交给建设项目接收单位的，应当在办理竣工财务决算后及时移交，并按照规定办理交接手续。

第八，移交会计档案的单位，应当编制会计档案移交清册，列明应当移交的会计档案名称、卷号、册数、起止年度、档案编号、应保管期限和已保管期限等内容。

第九，单位之间交接会计档案时，交接双方应当办理会计档案交接手续。

第十，交接会计档案时，交接双方应当按照会计档案移交清册所列内容逐项交接，并由交接双方的单位有关负责人负责监督。交接完毕后，交接双方经办人和监督人应当在会计档案移交清册上签名或盖章。

（三）电子会计档案的处置要求

电子会计档案应当与其元数据一并移交，特殊格式的电子会计档案应当与其读取平台一并移交。档案接收单位应当对保存电子会计档案的载体及其技术环境进行检验，确保所接收电子会计档案的准确、完整、可用和安全。

第三节 人事档案的管理工作

一、人事档案概述

人事档案是在组织人事管理活动中形成的，经组织审查或认可的，记录、反映个人经历和德能勤绩的，以个人为单位立卷归档保存的文字、音像等形式的档案。简言之，人事档案是记录和反映个人德能勤绩等综合情况的，经组织认可归档保存的档案。

（一）人事档案的特点

在市场经济条件下，我国的政治体制和人事制度已有较大改革，与此相关的人事档案也发生了相应变化，形成了一些特点。认真总结、分析并针对其特点开展工作，可以取得事半功倍的效果。

现代人事档案的主要特点归纳起来主要有以下几点。

1. 人事档案内容更加丰富全面

当前，市场经济发展迅速，对人才的要求也越来越高，主要表现为政治素质、业绩、专长、现实表现等各方面都要优秀。这一要求反映在人事档案中，不仅包括政治表现、工作经历、个人学习，也包括能力素质、技能优势、工作业绩、发明创造、职称考核、他人评价等。所以，为了更好地为社会用人提供参考，人事档案的管理工作一定要与市场经济要求以及现代人事制度相结合，扩大归档范围，使人事档案内容更加丰富全面，更贴合实际需要。

2. 干部档案是人事档案的主体

这里所说的干部指的是在党政机关工作的国家公务员。公务员作为我国干部队伍的主体，他们的档案是我国人事档案的主要组成部分，对其进行管理，是我国人事档案管理的重中之重。只有做好了公务员档案的管理工作，才能为其他企业干部、事业单位干部人事档案管理提供参考标准。所以，要以相关政策和用人制度等为管理依据做好对国家公务员档案的管理工作。

3. 流动人员人事档案规模逐渐增大

社会的飞速发展使得人才流动速度加快，尤其是国家在人事、户籍等方面进行了相应的制度改革之后，人才流动更加频繁，这就形成了大规模的人事档案。这类人事档案是企事业单位招聘时了解人才、考察人才、选拔人才的重要依据，非常重要。

4. 人事档案的作用范围更广

在市场经济条件下，人事档案是个人各方面情况的综合反映，是体现自身价值的证据，它与个人生活和切身利益密不可分；而对于离开原单位寻求新的发展机遇的人们，更需要人事档案作依据。

（二）人事档案的作用

人事档案对国家经济建设、人才选拔与使用、人才预测等方面都具有重要价值与作用。具体来讲，人事档案的价值与作用主要表现在以下几个方面。

1. 人事档案是考察和了解人才的重要依据

各项事业建设与工作中都需要各种人才。在考察和了解人才时，需要全面分析、权衡利弊、择其所长、避其所短，做到善用人者无弃人，善用物者无弃物。知人是善任的基础，而要真正地做到知人，就得历史地、全面地了解人。查阅人事档案是了解人才状况的重要依据之一，可以较全面地了解这个人的经历、做过哪些工作、取得了哪些成绩、有何特长、有何个性、道德品质如何、进取精神和事业心是否较强等各方面情况。

2. 人事档案是落实人员待遇和澄清人员问题的重要凭证

人事档案是历史的真凭实据，许多表格、文字材料都是当时的组织与相对人亲自填写的，具有无可辩驳的证据作用，在确定或更改人员参加工作或入党入团时间、调整工资级别、改善生活待遇、落实人事政策、平反冤假错案、评定人员职称等方面都需要人事档案作凭证。

3. 人事档案是开发；使用人才及人才预测的重要手段

社会主义市场经济体制的建立，各级人才市场的诞生，使得各种层次、各种形式、各种渠道的人才交流日益增多，科技人员、高校教师、各类专业人才的流动日益频繁，为人才开发创造了有利条件，人事档案对于新单位领导掌握调入者的基本情况，正确使用新的人才将起到重要作用。同时，由于人事档案能较全面、准确地反映人才各方面情况，所以能够从人事档案中了解全国、一个地区、一个系统或一个单位人才的数量、文化程度、专业素质等方面数据，国家及地方有关部门可以根据人事档案进行统计分析，进而作出准确的人才预测，制定出长远的人才培养计划。

4. 人事档案是推行和贯彻国家公务员制度的重要依据

人事档案记载着个人的自然状况、社会关系、历史和现实表现，没有个人档案的出具，就无法保证今后机关工作的严肃性。在推进干部交流轮岗、健全干部激励机制、加强干部宏观管理、完善国家公务员制度等方面，都离不开人事档案。

5. 人事档案是人力资源管理部门对求职者总体与初步认识的工具之一

人事档案中对一个人从上学起一直到现在的经历、家庭状况、社会关系、兴趣爱好以及现实表现都记录在里面。人力资源部门从人事档案中可以了解到个人在以往的教育、培训、经验、技能、绩效等方面的信息，可以帮助人力资源部门寻找合适的人员补充职位。

6. 人事档案是维护个人权益和福利的法律信证

在当今的社会活动中，有许多手续需要人事档案才能办成，它是维护个人权益和福利的信证：（1）公有企事业单位招聘、录用人才需要人事档案作依据。（2）社会流动人员工作变化时需要人事档案作依据。（3）民生及社会保险工作中需要人事档案作保障。（4）报考研究生和出国都需要人事档案。（5）职称评定、合同鉴证、身份认定、参加工作时间、离退休等，都需要档案作为信证。

7. 人事档案是研究和撰写各类史志及人物传记的重要材料

人事档案以独特的方式记载着相对人成长的道路和生平事迹，也涉及社会上许多重要事件和重要人物，是难得的史料。它为研究党和国家人事工作、党史、地方史、思想史、专业史，编写人物传记等提供丰富而珍贵的史料，是印证历史的可靠材料。

二、人事档案管理工作的原则

人事档案管理原则是在人事档案工作实践中逐步形成起来的，在市场经济条件下，人事档案管理还应坚持以下这些原则。

（一）集中统一，分级负责管理人事档案

集中统一、分级负责管理人事档案既是人事档案的管理原则，也是人事档案的管理体制。"集中统一"是指人事档案必须集中由组织、人事、劳动部门统一管理，具体业务工作由直属的人事档案部门负责，其他任何部门或个人不得私自保存人事档案，严禁任何个人保存他人的人事档案材料，违反者要受到追究。"分级管理"是指全国人事档案工作，由各级组织人事部门根据其管理权限负责某一级人员的人事档案材料，并对人事档案工作进行指导、检查与监督。

（二）维护人事档案真实、完整与安全

维护人事档案真实、完整与安全，既是人事档案管理中需坚持的基本原则之一，又是对人事档案管理工作最基本的要求。所谓"真实"，是指人事档案管理中不允许不实和虚假人事材料转入人事档案。所谓"完整"，是指保证人事档案材料在数量上和内容上的完整无缺。所谓"安全"，是指人事档案实体安全与信息内容的安全。

（三）便于人事工作和其他工作利用

人事档案工作的目的是为了提供利用，这也是衡量和检验人事档案工作的重要标准。必须将这一原则贯穿到人事档案工作的各个环节中去，成为制定方针措施和安排部署工作的依据和指南。

（四）坚持人、档统一和适度分离

人、档统一是指个人的管理单位和人事档案的管理单位必须相一致，这样做有利于个人的有关材料及时收集、整理归档，也便于档案的利用，这就要求人事调动或管理权限变更时，档案应及时转递，做到人档一致。这种"档随人走"的做法一直被视为中外人事档案管理的一大差异及我国人事档案管理上的一大优势，是人事档案的相对集中与传统人事档案管理原则与体制的核心特征——人员的超稳定相连的必然结果，这一原则在过去是唯一的，是必须坚持的。但在特定条件下也可以分离，但一定要适度。例如，借助计算机技术和网络通信技术将分管于不同处所的某人的人事档案在信息的查询与利用这两方面实现集中，这样既可满足人事工作对人事档案的需求，同时又可解决现代社会条件下人们对保管人事档案实体的要求。

三、人事档案管理模式

在计划经济体制下，我国人事档案工作只有封闭式这一种管理模式。随着社会主义市场经济体制的建立与发展，国家人事制度的改革，国家公务员制度的推行，流动人员的大量产生，使得开放式这种新管理模式应运而生。所以，现在我国人事档案管理中主要有机构内部封闭式和社会化开放式两种管理模式。

（一）封闭式管理模式

封闭式人事档案管理模式是指人事档案由单位内部设置的人事档案室（处、科）按照干部管理权限集中统一管理，主要是领导或组织上使用，一般不对外使用。这种模式有利于本单位人事档案的收集和管理，有利于人事档案的保密，便于本单位领导及时使用其人事档案，但利用服务面较小，档案信息资源开发与发挥作用受一定的局

限，比较封闭和内向。

（二）开放式管理模式

开放式人事档案管理模式是指人事档案不是由本机构管理，而是由人才交流中心和社会上的有关机构管理。这一管理模式具有以下几大特点。

1. 社会性

人事档案是人事管理的重要组成部分。开放式的管理模式由人才交流中心和社会有关机构管理，这使得人事档案管理与服务对象也具有了社会性。

2. 广泛性和丰富性

开放的人事档案管理使得管理机构社会化，这就扩大了人事档案的来源，广泛的档案资料来源又使得人事档案内容更为复杂、丰富多样。

3. 多样性

企业招聘人才，或者是各类毕业生就业，都会涉及人事档案的利用。利用者这种对人事档案的多样化需求以及多样化利用，使得人事档案也呈现出多样性，这主要表现在内容多样化、载体多样化、传递方式多样化这几个方面。

4. 开放性

科技的飞速发展，尤其是互联网、信息技术的飞速发展，强化了人事档案管理手段与方式的现代化特点，人事档案管理一改单一的管理方式，实现了开放式的交流，实现了网络化管理与服务。

四、人事档案规范化管理的途径

为了实现人事档案规范化管理的目标，我们认为应该寻求以下途径。这里主要是从宏观的角度而言。

（一）建立健全人事档案法规体系和制度

与人事档案相关的法律、行政法规、行政规章以及规范性文件，就是人事档案的法规体系。在我国，目前已经初步建立了以《档案法》为代表的一整套人事档案管理法规体系，极大地推动、促进了我国人事档案的规范化管理。因此，要建立健全人事档案法规体系和制度，强化管理执法力度，依法治档，确保人事档案规范化管理工作落到实处。

此外，还要加强人事档案法规的制度建设，这也是科学、规范管理人事档案的重要举措。

（二）积极开展人事档案工作目标管理活动

根据党的组织路线、人事劳动工作政策和国家档案工作的方针、政策、法规及规定的要求，以及人事档案事业发展现状和近期发展规划，设计人事档案工作的基本内容和等级标准，按照规定的办法和程序进行考评，认定等级，这就是人事档案目标管理。作为人事档案现代化、科学化管理的有效措施，人事档案目标管理要以党的基本路线为指导，以人事档案的法律、法规为依据，努力提高管理水平，提高档案的利用率，从而更好地为建设社会主义物质文明和精神文明服务。

（三）建立高素质、高能力、德才兼备的管理干部队伍

建立一支政治素质高、业务能力强、知识面广、德才兼备的干部队伍，是人事档案规范化管理目标得以实现的保证。所以，要重视对人事档案管理工作人员的培训和在教育，强化工作人员的知识与能力，充实管理干部队伍，并保持队伍的连续性和稳定性。

五、人事档案管理方法

尽管人事档案类型多样，但各类人事档案都有共同之处，由此形成了人事档案管理的一般方法。各类人事档案都包含收集、鉴定、整理、管理、保管、提供利用等基本环节，这是人事档案管理方法的共性。

（一）人事档案的收集

所谓人事档案收集工作，就是指人事档案管理部门通过各种渠道，将分散在有关部门所管人员已经形成的符合归档范围的人事档案材料收集起来，汇集成人事档案案卷的工作。

人事档案收集是人事档案部门取得和积累档案的一种手段，是人事档案工作的基础，是实现人事档案集中统一管理的基本途径，也是人事档案发挥作用的前提。

1. 人事档案材料的收集范围

人事档案材料的收集必须有明确的范围。根据干部人事档案材料收集归档规定的精神，主要涉及以下范围。

首先，从内容上看，各类人事档案需要收集的基本材料包括履历、自传或鉴定材料、政审材料、入党入团材料、纪检案件材料、司法案件材料、奖励材料、考核及考察材料以及职务任免调级材料等。

其次，从载体形式上来看，各类人事档案需要收集的基本材料主要包括以纸张为

载体记录个人信息的档案和记录人事档案或者人事档案信息的光盘（光盘塔）、磁盘、数据磁带等。

要注意的是，下列材料不属于收集之列。

第一，不真实的材料，如来源不明、虚假材料，以及自相矛盾、含糊其辞的材料。

第二，手续不全的材料，如正在处理、悬而未决或未经审核、签字盖章的材料。

第三，经过区分，应属于文书档案、诉讼档案等其他档案的材料。

第四，应属于个人保存的材料，如独生子女证、日记、私人信件、病历及各种奖状、证书等。

第五，重份材料。

2. 人事档案材料的收集来源

人事档案材料的收集来源，具体来讲主要有以下两大方面。

（1）单位形成的人事档案材料

主要包括：组织、人事、劳动部门，党、团组织和政府机关，纪检、监察、公安、检察院、法院、司法部门，人大常委、政协等有关部门，科技、业务部门，教育、培训机构，部队有关部门和民政部门，审计部门（或行政管理部门），统战部门，卫生部门等。

（2）个人形成的人事档案材料

主要包括以下几方面。

第一，干部档案中，相对人形成的人事档案材料有：自传及属于自传性质的材料、干部履历表、干部登记表、自我鉴定表、干部述职登记表、体格检查表、干部的创造发明、科研成果、著作和论文的目录、入党入团申请书、党员团员登记表等。

第二，学生档案中，相对人自己形成的人事档案材料有：学生登记表、毕业生登记表、学习鉴定表、体格检查表、学历（学位）审批表、入党入团申请书、党员团员登记表等。

第三，工人档案中，相对人自己形成的人事档案材料有：求职履历材料、招工登记表、体格检查表、职工岗位培训登记表、工会会员登记表、入党入团申请书、党员团员登记表等。

3. 收集人事档案材料的要求与方法

第一，收集人事档案材料的要求主要包括保质保量、客观公正、主动及时、安全保密等。

第二，收集人事档案材料的方法主要有针对性收集、跟踪性收集、经常性收集、集中性收集、内部收集、外部收集等。

4. 人事档案的收集制度

人事档案材料的收集，是一项贯彻始终的经常性工作，不能单纯依靠突击工作，应当建立起必要的收集工作制度。

（1）归档（移交）制度

归档制度，是关于将办理完毕的人事档案材料归档移交到人事档案机构或档案专管人员保存的规定。其内容包括归档范围、归档时间、归档要求。

（2）转递制度

转递制度主要指对于调动工作离开原单位人员档案转到新单位的规定。原单位的人事档案部门，应及时将本单位调入其他单位工作人员的人事档案材料，转递至新单位的人事档案部门，以防丢失和散乱。

（3）清理制度

人事档案部门根据所管档案的情况，定期对人事档案进行清理核对，将所缺材料逐一登记下来，有计划、有步骤地进行收集。

（4）催要制度

人事档案部门在日常工作中应当经常与有关单位进行联系，主动催促并索要应当归档的人事档案材料。

（5）及时登记制度 V

为了避免在收集工作中人事档案材料的遗失和散落，人事档案部门一定要做好档案材料的收集登记制度。

（6）检查制度

根据所管辖人事档案的数量状况，人事档案管理部门应在每季度、半年或一年对人事档案进行一次检查核对，如果发现缺少的材料，应当填写补充材料登记表，以便补齐收全。

5. 收集人事档案材料的注意事项

人事档案的形成规律和特点决定了人事档案的收集与其他档案有所不同，所以，在收集人事档案材料时应注意以下几方面问题。

（1）持续收集

人事档案的收集工作应持续进行。这是因为在个人的生命历程中，一个人出生、成长、读书、就业会产生相关的关于其学历、工作经历、职务职称、考核、奖励（或惩罚）等直接反映其个人自然状况、个人专长和社会地位、社会活动情况、政治信仰等方面的材料。这些材料随着个人的成长和持续的社会活动而不断增加，因此，必须连续不断地对其收集、补充，才能保证人事档案的完整、齐全，反映个人学习、工作、品质和才学的全貌。

(2) 定向收集

人事档案应根据其来源进行定向收集。这是因为人事档案材料的形成情况比较复杂，有的是在个人活动中形成的，有的是在各部门人事活动中形成的，这就造成相关材料分散在部门和个人手中。所以，在收集人事档案材料时，应根据个人经历和社会实践活动的实际情况，向经常产生人事档案资料的一定单位和部门实行定向收集。

(3) 定时收集

定时收集是按照一定的时间规律定期向有关部门进行收集。人事档案之所以要根据单位的工作活动规律进行定时收集，是因为各单位的工作活动（如人事任免、职称评定、表彰先进等）具有一定的时间规律性，这些活动都会产生大量的人事材料。所以，在收集人事档案材料时，要掌握单位的工作活动规律和人事档案的产生特点，了解和掌握形成干部档案材料源的信息，沟通渠道，建立联系制度，及时收集新产生的人事档案材料。

(4) 追踪收集

人事档案材料不是孤立形成的，一项活动、一次事件，都会产生一系列互有联系的人事档案材料。因此，在收集人事档案材料时，应根据人事档案的形成规律、现有档案或掌握的线索进行追踪收集，将一次事件或一项活动中形成的与当事人有关的人事材料收集齐全。

（二）人事档案的鉴定

人事档案的鉴定是指以一定的原则和规定为依据，来鉴别、取舍所收集的人事档案材料的真伪和价值，把有保存价值的材料归档，不应当归档的材料销毁或转送其他部门。作为人事档案材料归档前的最后一次审核，鉴定材料是人事档案管理工作的首要环节，是正确贯彻人事政策的一项措施，对其他各项业务工作具有积极的促进作用，有利于应对突然事变和确定人事档案的保存期限，提高人事档案的质量和利用率，满足社会长远需要。

1. 人事档案鉴定的依据

人事档案鉴定的依据主要有以下两方面。

第一，人事档案的内容。即对人事档案的内容进行鉴别，对其真伪和价值进行甄别和取舍。

第二，人事档案的主体。即对人事档案形成者的社会地位、影响力及其主管部门进行判定，决定其在何处保管以及保管期限。

2. 人事档案鉴定工作的内容

人事档案鉴定的内容，主要包括对收集起来的人事档案材料进行真伪的鉴别，将具有保存价值的材料归入档案；制定人事档案价值的鉴定标准，确定人事档案的保管期限；挑出有价值的档案继续保存，剔除无须保存的档案经过批准后销毁；为进行上述一系列工作所做的组织安排。

3. 人事档案鉴定的程序

人事档案的鉴定一般分为三个阶段进行。

（1）归档鉴定

归档鉴定是对收集到的人事材料进行分析、鉴别和筛选，按照归档要求将有价值的材料归档，将无价值的、重复的和不真实的材料剔除。这是最为关键的鉴定环节，是人事档案质量的保证。

（2）进馆鉴定

进馆鉴定主要是对单位移交的有一定社会地位或社会影响力的人物的档案进行审核。

（3）销毁鉴定

销毁鉴定是指对保管期限已满的人事档案进行审查，决定其是否销毁或继续保留。

4. 人事档案保管期限

人事档案的价值具有一定的时效性。档案的时效性，决定了人事档案的保管期限。人事档案期限可分为永久、长期、短期三种，也可以分为永久与定期两种。对不归档材料的处理主要有四种方法：转、退、留、毁。

5. 人事档案材料的审核

人事档案材料的审核，是指对已归档和整理过的档案，进行认真细致的审查核定，审核档案材料是否齐全、完整，是否有缺失、遗漏，有无涂改伪造情况；审核档案材料是否手续完备，填写是否规范；审核档案材料中有无错装、混装的现象，审核档案材料归档整理是否符合要求等，以确保人事档案材料完整齐全、内容真实可靠、信息准确无误的工作。

6. 人事档案的销毁

人事档案的销毁是指对无保存价值的人事档案材料的销毁，是鉴定工作的必然结果。销毁档案，必须有严格的制度，非依规定的批准手续，不得随意销毁。凡是决定销毁的档案，必须详细登记造册，作为领导审核批准以及日后查考档案销毁情况的依据。

7. 人事档案鉴别的方法

人事档案的鉴别，是人事档案管理部门对收集起来准备归档的材料进行审查，甄别材料的真伪，判定材料的保存价值，确定其是否归入干部档案的工作。

第一,判断是否属于人事档案。在收集来的材料中,常会出现人事档案与文书档案、司法档案、科研档案相互混淆的情况,鉴别时应首先将它们区别开来。对其中有保存价值的文件、资料,可交文书档案或转有关部门保存。不属于人事档案,比较重要的证件、文章等,退给本人。无保存价值又不宜退回本人的,应登记报主管领导批准销毁。

第二,判断是否属于本人的档案材料。人事档案是以个人为单位整理立卷的,归档的每一份材料都应确属其人,要避免张冠李戴的错误。我国同名同姓的人很多,在鉴别时发现有同名异人、张冠李戴的,应及时清理出来。另外,除了区别同名异人外,还应注意一人多名现象,判明其学名、曾用名、化名、字、号、笔名等,尽量将同一个人的档案集中。

第三,检查材料是否齐全、完整。应检查关于某一事件、某一活动的材料是否齐全,如政审材料一般应具备审查结论、调查报告、上级批复、主要证明材料、本人的交代等。处分材料一般应具备处分决定(包括免予处分的决定)、调查报告、上级批复、个人检讨或对处分的意见等。上述材料,属于成套的,必须齐全;每份归档材料,必须完整。

第四,检查材料是否真实、准确。人事档案的内容必须真实、准确,能够实事求是地反映个人的实际情况。鉴别时对头尾不清、来源和时间不明的材料,要查清注明后再归档,凡是查不清楚或对象不明确的材料,不能归档。对那些虚假材料,一经发现,应立即剔除。

第五,审查材料是否处理完毕,手续完备。归入人事档案的材料必须是已经处理完毕的材料。凡规定须由组织盖章的,要有组织盖章。审查结论、处分决定、组织鉴定、民主评议和组织考核中形成的综合材料,应有本人的签署意见或由组织注明经过本人见面。任免呈报表须注明任免职务的批准机关、批注时间和文号。出国、出境审批表,须注明出去的任务、目的及出去与返回的时间。凡不符合归档要求,手续不完备的档案材料,须补办完手续后再归档。

第六,鉴别时,发现档案中缺少的有关材料,要及时进行登记并收集补充。

(三) 人事档案的整理

1. 人事档案整理的要求

整理人事档案时,必须按照因"人"立卷、分"类"整理。具体整理过程中,需要做到两方面:第一,分类准确,编排有序,目录清楚;第二,整理设备齐全,安全可靠。

2. 人事档案的正本和副本

正本是由全面反映一个人的历史和现实情况的材料构成的,由主管部门保管,是相对人的全部原件材料,具有较高的保存价值,其中双重管理的领导干部的档案,一般都要长久保存。副本是正本的浓缩,是一个人的部分材料,由正本中的部分材料构成,为重份材料或复制件，由主管部门或协管部门保管。人事档案分建正本和副本，有利于干部人事档案材料的分级管理。

3. 人事档案材料的编目

人事档案的编目，是指填写人事档案案卷封面，保管单位内的人事档案目录、件、页号等。人事档案目录具有重要作用，可以固定案卷内各类档案的分类体系和类内每份材料的排列顺序及其位置，避免次序混乱，巩固整理工作成果。人事档案卷内目录一般应设置类号、文件题名（材料名称）、材料形成时间、份数、页数、备注等著录项目。

4. 人事档案的复制与技术加工

（1）人事档案材料的复制

人事档案材料的复制，就是采用复印、摄影、缩微摄影、临摹等方法，制成与档案材料原件内容与外形相一致的复制件的技术。人事档案材料的复制范围，主要指建立副本所需的材料，如圆珠笔、铅笔、复写纸书写的材料、字迹不清的材料、利用较频繁的材料。人事档案材料的复制，应该符合一定的要求，忠实于人事档案原件，字迹清晰，手续完备。

（2）人事档案材料的技术加工

人事档案材料的技术加工，就是对于纸张不规则、破损、卷角、折皱的材料，在不损伤档案历史原貌的情况下，对其外形进行一些技术性的处理。加工方法包括档案修裱、档案修复、加边、折叠与剪裁等。

（3）人事档案材料的装订

人事档案材料的装订，是指将零散的档案材料加工成册。经过装订，能巩固整理工作中分类、排列、技术加工、登记目录等工序的成果。

（4）验收

验收是对装订后的人事档案按照一定的标准，全面、系统地检验是否合格的一项工作。其方法包括自验、互验、最后验收。

（四）人事档案的保管

1. 人事档案的存放与编号方法

（1）姓氏编号法

将同姓的人的档案集中在一起，再按照姓氏笔画的多少为序进行编号的方法叫姓氏编号法。编号时需要注意：每一姓的后面要根据档案递增的趋势留下一定数量的空号，以备增加档案之用；姓名需用统一的规范简化字，不得用同音字代替；档案的存放位置要经常保持与索引名册相一致。

(2) 四角号码法

所谓四角号码法,就是按照姓名的笔形取其四个角来进行编号的方法。

(3) 组织编号法

将人事档案按照该人员所在的组织或单位进行编号存放的方法称为组织编号法。这种编号方法的具体过程如下。

第一,将各个组织机构或单位的全部人员的名单进行集中,并按照一定的规律(例如按照职务、职称、姓氏等)将各个组织的名单进行系统排列。

第二,依据常用名册人员或编制配备表的顺序排列单位次序,并统一编号,登记索引名册。

第三,将索引名册上的统一编号标注在档案袋上,按编号顺序统一存放档案。

(4) 拼音字母编号法

拼音字母编号法是按照人事档案中姓名的拼音字母的次序排列的编号方法,其基本原理就是"音序检字法",排列次序一般有三个层次:先排姓,按姓的拼音字母的顺序排列;同姓之内,再按其名字的第一个字的拼音字母的次序排列;如果名字的第一个字母相同,再按这个名字的第二个字的首字母进行排列。

(5) 职称级别编号法

职称级别编号法是将不同的职称级别和职位高低进行顺序排列,然后依次存放的编号方法。这种编号存放的方法,就是将高级干部、高级知识分子和其他特殊人员的档案同一般人员的档案区分开来单独存放。具体操作过程与组织编号法基本相同。

2. 人事档案保管设施与要求

根据安全保密、便于查找的原则要求,对人事档案应严密、科学地保管。人事档案部门应建立坚固的、防火、防潮的专用档案库房,配置铁质的档案柜。库房内应设立空调、去湿、灭火等设备;库房的防火、防潮、防蛀、防盗、防光、防高温等设施和安全措施应经常检查;要保持库房的清洁和库内适宜的温度、湿度;人事档案管理部门,要设置专门的档案查阅室和档案管理人员办公室。档案库房、查档室和档案人员办公室应三室分开。

(五) 人事档案的转递

人事档案管理部门必须随着该人员主管单位的变化及时将其人事档案转至新的主管或协管单位,做到人由哪里管,档案也就在哪里管,档案随人走,使人事档案管理的范围与人员管理的范围相一致,这就是人事档案的转递工作。人事档案的转递工作是人事档案管理部门接收档案的一个主要途径,也是一项基础性的工作。

1. 转递工作的基本要求

第一，人事档案转递过程中必须注意档案的安全，谨防丢失和泄密现象的发生。

第二，必须在确知有关人员新的主管或协管单位之后才能办理人事档案转递手续。

第三，及时要求人事档案的转递应随着人员的调动而迅速地转递，避免档案与人员管理脱节和"无人有档""有档无人"现象的发生。

2. 转递工作的方式

人事档案转递工作的方式分为转入和转出两种。

（1）转入

所谓转入，就是指人事档案随着人员的调动而从原单位转到新单位。作为人事调动过程中的一个重要环节，人事档案的转入要办理如下转入手续。

首先，审查转递人事档案材料通知单。

其次，审查档案材料是否本单位所管的干部或工人的。

再次，审查清点档案的数量，看档案材料是否符合档案转递单开列的项目，是否符合转入要求，有无破损。

最后，经上述三个步骤后，确认无误，在转递人事档案材料通知单的回执上盖章。

（2）转出

人事档案的转出主要有零散转出和整批转出两种。

所谓零散转出，顾名思义，就是少量转出，即日常工作中频繁少量人事档案材料的转出。作为转出的主要方式，零散转出的操作是由机要交通来完成的。

所谓整批转出，就是将批量的人事材料转出。这种转出方式一般是由专人、专车送取。

第四节　科技档案的管理工作

一、科技档案概述

科技档案是指在科技和生产活动中形成的，具有查考利用价值，已经归档保存的图纸、图表、文字材料、计算材料、照片、影片、录像带、磁带、光盘等各种类型和载体的科技文件材料。科技档案具有专业性、成套性、多样性、现实效用性、科技成果性。

（一）科技档案的类型

科技档案种类繁多，大体说来可以分成如下六大类。

1. 工业生产技术档案

工业生产技术档案是在工业产品的设计、研制、生产活动中形成的科技档案。工业生产技术档案内容丰富，形式多样，涉及的专业面很广。不同专业领域和不同部门产生的工业生产技术档案，在内容构成上有很大的不同。工业生产技术档案的基本特点是以产品型号成套。

2. 农业生产技术档案

在农、林、牧、副、渔等行业的生产、技术活动中形成的科技档案就是农业生产技术档案，它具有周期长、地域性强的特点。

3. 基本建设档案

在基本建设工程的规划、设计、施工和改建、维修活动中形成的科技档案，就是基本建设档案，简称基建档案。基建档案的种类有很多，按照不同的分类方法可分为不同的类型。例如，以工程对象性质为分类依据，可将基建档案分为三类：工农业生产基建档案、军事国防工程基建档案和民用工程基建档案；以内容为分类依据，可将其分为施工档案、竣工档案、工程规划与设计档案。

4. 设备档案

设备档案是各种机器仪表和仪器仪表的档案材料。设备档案是在各个专业、各种不同企业和事业单位都存在的科技档案。按设备来源，设备档案可分为自制设备档案和外购设备档案两种。设备档案的基本特点也是以型号成套的。

5. 自然科学研究档案

自然科学研究档案是指科技研究部门、高等院校、生产建设单位在自然科学技术研究活动中形成的科技档案，简称科研档案。科研档案按科研性质可分为基础科学研究档案、技术科学研究档案和应用科学研究档案三种类型。

6. 自然现象观测档案

自然现象观测档案是在对地质、地貌、水文、气象、天文、地震等自然现象观测和研究活动中形成的档案，主要包括地质档案、测绘档案、水文档案、气象档案、天文档案、地震档案等。自然现象观测档案的显著特点是包含有大量的数据和图表。

（二）科技档案工作的原则

科技档案工作的基本原则具体应包括如下几方面。

1. 科技档案要实行集中统一管理

科技档案实行集中统一管理，表现在如下三个方面：（1）在一个单位内部，科技档案应集中管理，不能为个人或部（2）科技档案工作应制定统一的管理制度。（3）国家科技档案工作按专业分级实行统一管理。

2. 科技档案工作要达到完整、准确、系统与安全的要求

所谓完整，是指科技档案应齐全成套，不能残缺不全。

所谓准确，是指科技档案忠实地记录了科技、生产活动的原貌，其记载的数据、过程和结果不应有差错和出入。

所谓系统，是指要保持科技档案之间的有机联系，不能杂乱无章，任意分割。

所谓安全，是指创造良好的保管条件，尽可能延长科技档案载体的寿命，并保证其信息内容的安全，严守国家科技机密，不失密、泄密。

3. 科技档案工作应促使科技档案信息的有效利用

科技档案作为科技、生产活动的记录和成果，蕴藏了大量的、有价值的科技信息，是科技和生产活动参照和借鉴的科技信息源。科技档案的利用必须及时，应在其形成后的短期内提供利用，这样才能发挥充分科技档案的作用。

二、科技档案的收集

（一）科技文件材料的归档

科技文件材料归档制度的核心内容是确定科技文件材料的归档范围，即具体划定哪些科技文件材料应当归档，哪些不必归档。确定科技文件材料归档范围的标准与普通档案大致相同，即看它是否具有保存或利用价值。凡是直接记述和反映本单位科技、生产活动，具有现实和长远查考价值的科技文件材料，都应列入归档范围；反之，不得擅自归档。

与普通文书不同，科技文件材料没有固定的归档时间。应根据科技文件材料的不同类型和特点、不同的形成规律和利用需求来确定合适的归档时间。一般来说，有随时归档和定时归档两种。随时归档适用于机密性强的科技文件材料和外来材料（外购设备的随机图纸、文字说明。委托外单位设计的文件材料等）。定时归档又分为按项目结束时间归档、按子项目结束时间归档、按工作阶段归档和按年度归档。凡是需要归档的科技文件材料，由科技业务部门和有关科技人员收集齐全，核对准确，并加以系统整理，组成保管单位，方可归档。

（二）专业档案馆对科技档案的收集

1. 决定专业档案馆收集范围的因素

不同级别、不同性质的专业档案馆收集科技档案的范围不同，在确定专业档案馆的进馆范围时，应考虑专业档案馆的性质和任务、档案的价值、现实利用的需要等因素。

2. 专业档案馆收集科技档案的方式

专业科技档案馆对科技档案的收集方式不同于综合性档案馆，实行相关单位主送制和科技档案的补送制。

（1）相关单位主送制

即对不同种类及不同项目的科技档案，按照国家有关规定，分别确定报送单位，主送单位报送档案中的不足部分由其他有关单位补充移交。实行相关单位主送制，可在保证馆藏完整性的前提下，避免馆藏档案的大量重复，提高馆藏质量。

（2）科技档案补送制

建立补送制的目的，是为了及时反映进馆档案所涉及的科技、生产项目的发展、变化情况，保持馆藏科技档案的完整性和准确性。

3. 零散科技档案的收集

科技档案部门保存的一些科技档案由于管理制度的漏洞而存在残缺不全的现象，有关某一项目的部分科技档案散落在各业务技术部门或个人手中，影响了科技档案的完整性和成套性。对此，各单位应在科技管理工作的业务整顿、科技成果的清理鉴定等工作中，组织必要的技术力量，对各种零散的科技文件材料进行清理、核对、收集，并作必要的补测、图纸补绘工作。

三、科技档案的整理

（一）科技档案的组卷

科技档案的组卷应遵循如下要求。

第一，科技档案的组卷要遵循科技文件材料的形成规律，保持案卷内科技文件材料的系统联系，并要便于档案利用和保管。

第二，产品、科研课题、基建项目、设备仪器按其部件、结构、阶段等分别组卷。

第三，与产品、科研课题、基建项目、设备仪器关系密切的管理性文件，应列入产品、科研课题、基建项目、设备仪器类中组卷。

第四，要保证案卷内所反映问题的科技文件材料的齐全完整。

第五，案卷内科技文件材料必须准确反映生产、科研、基建和有关管理活动的真实内容。

第六，案卷内科技文件材料的制作和书写材料必须易于长期保存。

（二）科技档案的排列

第一，产品按设计（含初步设计、技术设计）、试制、小批量生产试制、批量生产、产品创优等工作程序排列，也可按其产品系列、结构（部件或组件）排列。

第二，科研课题按准备阶段、研究实验阶段、总结鉴定阶段、成果申报奖励和推广应用等时间阶段排列。

第三，基建工程按依据性材料、基础性材料、工程设计（含初步设计、技术设计、施工设计）、工程施工、工程竣工验收等排列。

第四，设备按依据性材料、设备开箱验收、设备安装调试、设备运行维修、随机图样等排列。随机图样也可单独组卷。

第五，管理性科技文件材料按问题、时间或重要程度排列。

第六，案卷内科技文件材料排列要求文字材料在前，图样在后。

（三）科技档案的编号

科技档案保管单位之间的排列是通过卷、册、袋、盒的编号来固定其次序的。科技档案编号是科技档案类别代号及其保管单位顺序号的组合体。

科技档案类别代号由科技档案种类代号及该种科技档案的分类类目代号组成。科技档案种类代号一般是以科技档案种类名称的第一个汉字的汉语拼音声母作为该类科技档案的代号。若第一个汉字的汉语拼音声母同另一类科技档案的相同，则可选用第二个汉字或其他具有代表性含义的汉字的汉语拼音声母作为代号。

科技档案分类号可采用现成的号码如工程代号、课题代号、型号等，也可自行编制。

（四）科技档案的登录

科技档案经分类和排列后，要将它按保管单位登记到目录簿上。以固定其排列次序和位置，巩固科技档案整理的成果，揭示其内容和成分。科技档案的登录一般需填写科技文件材料目录、科技档案保管单位登录簿和科技档案总登录簿。

四、科技档案的鉴定

科技档案的鉴定就是对科技档案的价值进行鉴别，对科技档案的质量进行核查，根据科技档案价值大小来确定其保管期限，将有价值的档案加以妥善保存，将失去保存价值或保存价值不大的档案剔除销毁。

（一）科技档案鉴定的内容

科技档案的鉴定不是一次完成的，而是分阶段进行的，每个阶段的鉴定工作有不同的内容，具体如下。

第一，归档时的鉴定包括：核查归档材料的完整性和准确性，保证归档的科技文件材料的质量；决定科技文件材料的取舍，剔除无保存价值的科技文件材料；根据有关规定和要求，判定科技文件材料价值大小，确定其保管期限。

第二，结合业务整顿或技术普查进行的鉴定包括：清理库存的档案，对尚未确定保管期限的档案进行鉴定；对已经鉴定的进行核查，重新审定其保管期限；剔除某些保管期限已满，完全失去了保存价值的科技档案。

第三，进馆后的再鉴定包括：对已过保管期限的科技档案进行审查，将确实再无保存价值的档案剔除销毁；对仍有保存必要的科技档案，予以延长保管期限；对保管期限划分不当的科技档案，重新划定保管期限，酌情延长或缩短原定的保管期限。

（二）科技档案价值鉴定的要素

1. 项目性质

科技档案是围绕一定的科技项目产生的，是特定项目生产与科技活动的历史记录和成果反映。因此，项目性质就成为影响科技档案价值的主要因素。项目的性质可从项目的技术水平、项目的级别、项目的社会影响、项目的经济指标等方面来考虑。

2. 档案自身的特点和状况

（1）档案内容

凡是反映科技、生产活动的主要过程、基本面貌和重要成果，记录了某种事实的各种技术报告、设计文件、工艺文件、依据性文件和原始性文件，都具有重要的保存价值。

（2）档案形成时间

分析时间因素对科技档案的影响，要从科技档案的性质、种类及利用需求等方面综合考虑。

（3）档案来源

它是指科技档案的形成者对价值的影响。档案形成者的科学成就、知名度、形成单位的地位和性质都是影响科技档案价值的重要因素。

（4）档案的质量状况

科技档案的质量要求是：科技文件材料完整、准确，书写材料优良、字迹工整、图样清晰，签署手续完备，外形完好，等等。

3. 档案的利用需要与利用率

不同的科技档案所具有的功能不同，社会利用需要不同，对其价值大小起制约作用。此外，科技档案在保存期间的利用率也可以作为鉴定科技档案价值的一个标准。一般情况下，科技档案的利用率越高，其保存价值就越大。但不能仅仅据此就销毁那些利用率很低而具有潜在价值的科技档案。

4. 实物状况

一部分科技档案如产品档案、基建档案、设备档案等保存价值在很大程度上依赖于其实物对象的状况。实物处于正常运转、使用阶段时，其档案的现实利用价值就高；若实物损毁或废弃不用，其档案的现实利用价值就会受到很大影响。

（三）科技档案的鉴定程序和方法

1. 科技档案鉴定的准备工作

首先，制定鉴定工作计划。计划的内容包括：本次鉴定工作的目的和要求；所要鉴定的科技档案的范围；同其他有关工作的衔接和协调；计划工作量，所需人力和时间；保管期限表的选用和编制要求，等等。

其次，成立鉴定小组。《科学技术档案工作条例》规定："鉴定工作要在总工程师或科研负责人的领导下，由科技领导干部、熟悉有关专业的科技人员和科技档案人员共同进行，应根据此要求成立鉴定小组。

最后，编制科技档案保管期限表。科技档案保管期限表，是以表册形式列举科技档案的种类、内容、来源和形式，并注明其保管期限的一种指导性文件。它可以提高鉴定工作的效率。

2. 科技档案保管期限的确定

确定科技档案保管期限的基本原则如下。

第一，在工作查考、科学研究、经验总结等方面具有长远利用价值的科技档案，应永久保存。

第二，在一定时期内具有利用价值的科技档案，应定期保存。

第三，介于上述两种保管期限之间的科技档案，其保管期限一律从长。

五、科技档案的保管

科技档案中既有文字材料，如说明书、计算书、任务书、技术报告、技术总结、科技论文等，更有大量的图纸（底图、蓝图）、表格、照片、影片、缩微胶片、录音带、录像带等特殊形式和载体的档案。其中，文字材料的保管与普通档案大致相同，而对图纸和其他载体形式档案的保管则有特殊的要求。底图和蓝图是科技档案中最常见、数量最大、使用最频繁的档案。

（一）底图的保管

底图用于晒图，是制作蓝图的基础。底图的制成材料比较特殊，描图纸是用油、蜡等物浸透过的，经过晒图机高温的影响，加上反复复印使用，其机械强度和耐久性越来越低。底图禁止折叠存放，以免出现折痕，影响图面的清晰度和准确度，并缩短其保管寿命。为保护底图不被撕破，可用胶纸通过压力机将底图四边包上。

底图的存放方法有两种：平放和卷放。平放方法能保证底图的平整，取放方便，但占用空间大；卷放方法能够节约空间，但取放不方便，容易造成底图的磨损。这种方法适用于特大特长幅面底图的存放。

（二）蓝图的保管

蓝图纸张的机械性能比底图好，可以折叠。蓝图的折叠有一定的要求：一般以四号图纸幅面大小进行折叠，左面要留出装订线；折叠的图纸要向图纸正面以手风琴式方法折叠，不宜反折或卷筒式折叠；图纸的标题栏应露在右下角外面，以便查阅。

（三）科技档案的保管制度

1. 保密制度

科技档案中，涉及国防、军工、尖端技术和国民经济建设中重要项目的档案，是国家机密的重要部分，须做好保密工作。科技档案的保密制度包括：准确划分科技档案的保密范围和机密等级；严格选用机密科技档案保管人员，制定保密纪律和规章制度；对于不同机密等级的科技档案确定不同的利用范围和利用手续，采取必要的控制机密档案利用的措施，履行严格的审批手续；对绝密的科技档案实行单独保存，专人、专柜保管；定期或不定期地进行保密检查。

2. 检查制度

为了及时发现工作中存在的问题，应形成固定的检查制度，对检查发现的问题，进行补救处理。

检查工作的内容包括：科技档案登记的"账"和"物"是否相符；科技档案库房管理与安全状况；科技档案保密工作情况；各项制度的贯彻执行情况等。应组织专门的检查小组，做好检查记录和检查总结。

3. 更改和补充制度

科技档案的更改、补充工作，一般由技术部门和有善技术人员承担，由科技档案部门进行监督和协助。科技档案的更改和补充方法、程序，依科技档案的特点和各单位的具体情况而定。注意，不是所有的科技档案都需要更改和补充，这项制度只针对某些现实性特别强的科技档案，如基建档案、产品档案、设备档案等。

参考文献

[1] 吴蓓. 档案管理与信息资源[M]. 长四、档案馆对二、三级单位形成档案的接收春：吉林文史出版社，2017.05.

[2] 金晓光. 档案信息资源的开发与利用[M]. 延吉：延边大学出版社，2017.07.

[3] 四川省档案局. 档案工作实践与探索[M]. 成都：四川人民出版社，2017.06.

[4] 李鹤飞，李宏坤，袁素娟. 高校图书情报与档案信息管理[M]. 北京：经济日报出版社，2017.12.

[5] 周耀林，赵跃. 面向公众需求的档案资源建设与服务研究[M]. 武汉：武汉大学出版社，2017.06.

[6] 胡昌平. 信息资源管理研究进展[M]. 武汉：武汉大学出版社，2017.06.

[7] 丁杰. 大数据与档案管理[M]. 北京：九州出版社，2017.07.

[8] 陈新红，孙雅欣. 科学基金项目档案管理调查研究·以科技信息资源管理为视角[M]. 北京：知识产权出版社，2018.08.

[9] 王运彬. 基于价值全面实现的档案信息资源配置[M]. 北京：社会科学文献出版社，2018.12.

[10] 闭线林. 地方院校民生档案信息资源建设与管理研究[M]. 延吉：延边大学出版社，2018.09.

[11] 冯向阳，尹丽华，张瑞. 互联网环境下档案与图书信息化资源管理[M]. 长春：吉林文史出版社，2018.11.

[12] 刘亚静. 档案管理信息化与自动化探索[M]. 天津：天津科学技术出版社，2018.06.

[13] 左婷婷. 高校档案公共服务与信息化管理[M]. 吉林出版集团股份有限公司，2018.06.

[14] 王辉，关曼苓，杨哲. 大数据环境下档案信息化管理[M]. 延吉：延边大学

出版社，2018.07.

[15] 周林兴．面向社会的档案信息资源规划研究[M]．北京：人民出版社，2019.

[16] 刘著．图书馆档案信息资源开发与整合[M]．延吉：延边大学出版社，2019.07.

[17] 杨阳．高校档案管理信息化建设[M]．长春：吉林文史出版社，2019.01.

[18] 范杰，魏相君，敖青泉．信息化视角下高校教学档案的建设与管理[M]．长春：东北师范大学出版社，2019.04.

[19] 陈超．档案工作的美学研究[M]．延吉：延边大学出版社，2019.08.

[20] 四川省档案馆．让档案"靓"起来[M]．武汉：武汉大学出版社，2019.03.

[21] 金虹．干部人事档案管理实务[M]．杭州：浙江工商大学出版社，2019.08.

[22] 张玉霄．数字档案信息资源安全管理研究[M]．长春：吉林大学出版社，2020.08.

[23] 蒋冠，冯湘君．服务质量导向型数字档案资源建设模式研究[M]．北京：知识产权出版社，2020.08.

[24] 徐世荣．档案信息化建设与管理创新研究[M]．长春：吉林文史出版社，2021.10.

[25] 张林华．基于区域性远程服务实践的档案资源共享研究[M]．武汉：武汉大学出版社，2021.02.

[26] 郭美芳，王泽蓓，孙川．档案信息化建设与管理[M]．长春：吉林人民出版社，2021.06.

[27] 周杰，李笃，张淼．文书工作与档案管理[M]．延边大学出版社有限责任公司，2021.08.

[28] 赵丽颖，芦利萍，张晨燕．档案管理实务与资料整理[M]．吉林人民出版社，2021.08.

[29] 赵吉文，李斌，朱瑞萍．数字图书馆建设与档案管理[M]．汕头大学出版社有限公司，2021.04.

[30] 郝飞，袁帅，李伟媛．现代档案管理与实践应用研究[M]．吉林人民出版社，2021.11.

[31] 李蕙名，王永莲，莫求．档案保护学与科技档案管理工作[M]．沈阳：辽宁大学出版社，2021.05.

[32] 高莉．图书馆管理与档案资源建设[M]．长春：吉林人民出版社，2021.06.